读客精神成长文库

100个书单丰富你的灵魂

欢迎你从《人间喜剧》进入读客精神成长文库!

浩瀚的经典文学史,
就是全人类共同的精神成长史,
大师们从各个角度探索,解析,塑造并丰富着
人类的精神世界。
读客从个人成长的角度出发,
为你重新梳理浩若烟海的文学经典,
汲取大师与巨匠淬炼的精神力量:

爱
天真,孤独
自由,尊严,恐惧
好奇,欲望,理性,幽默
乐观,勇气,幻想,善恶,信仰
……

追随读客精神成长文库的100个书单,
了解人类精神成长的脉络,
完成你自己的精神成长。

读客精神成长文库
100个书单丰富你的灵魂

> 经典不厌百回读，读客立足于国人的精神需求，提供有质量、有价值、有体系的精神成长经典文库，希望更多的读者从中获得乐趣，获得进益。
>
> 文洁若
>
> 二〇一八年二月二十日

文洁若

著名翻译家，是中国翻译日文作品最多的人。很多日本作家如川端康成，三岛由纪夫的作品，都是经由她首次介绍给中国读者。与丈夫萧乾合译《尤利西斯》，造就了一段文坛佳话。

2002年获日本政府颁发的"勋四等瑞宝章"，2012年获"翻译文化终身成就奖"。

人之所以为万物的灵长，宇宙的精华，就因为他会读，他爱读，爱读经典，尝读精经典，万代不衰。

柳鸣九 2018年三月十日
怕金森手书

柳鸣九

中国社会科学院研究员，教授。
在法国文学史、西方文学思潮、文学理论与美文作评，文学名著翻译以及学者散文写作方面均有丰厚劳绩，有"著作等身""学术胆识卓越"的美誉。
其论著与译作已汇集为《柳鸣九文集》（15卷），共约600万字。
2006年被评选为中国社会科学院最高学术称号"终身荣誉学部委员"。

愿"读客经典"成为用人类创造的全部知识财富来丰富读者头脑的精神宝藏！

郭家申
2018年2月23日
于北京中国社科院
外国文学研究所

郭家申

俄语翻译家，毕业于莫斯科大学文学语言系。
历任中国社会科学院外国文学研究所副所长、编审。
长达60年的翻译经验，累计翻译字数约500万字，翻译作品达30部。
译著有：《外国当代戏剧选》《艺术创造的本性》《高尔基自传三部曲》《一个沉思默想的女人》《迷惘的微笑》等。话剧译本《华沙曲》获辽宁省翻译奖。

阅读经典，就是立足于高起点，
含英咀华，涵奋精神，行健致远。

罗新璋

罗新璋

1957年毕业于北大西语系。
1963年转入国家外文局《中国文学》杂志社从事中译法文学翻译工作，1980年调入中国社会科学院外国文学研究所，从事法国文学创作。
曾花四年时间手抄200多万字的傅雷译文，在翻译时更是字斟句酌，力求精益求精，享有"傅译传人"的美誉。
主要译有《红与黑》《特利斯当与伊瑟》《列那狐的故事》《猫球商店》等。

> 寄语"读家文库"
>
> 普及世界文学经典
> 广播人类文明的果实
>
> 巴蜀译翁（杨武能）
> 二〇一八年春于广西北海

巴蜀译翁（杨武能）

1938年生于重庆，师从叶逢植，张威廉，冯至等先生，国家社科基金重大研究项目"歌德及其汉译研究"首席专家。

先后荣获联邦德国总统颁授的德国"国家功勋奖章"，联邦德国终身成就奖性质的洪堡学术奖金，以及国际歌德研究领域的最高奖歌德金质奖章。

著作译作数量众多，影响较大的包括《浮士德》《少年维特的烦恼》《格林童话全集》《魔山》等。

名著是人类的精品食粮，提供给人立足世上的能量。我自称"心0后"，是最大的受益者。读好书和译好书，从1980年至今，每天都收集新的快乐时光，组成不断升值的人生。

读者自有精神成长路线图，希望更多读者按图索骥，从中受益。

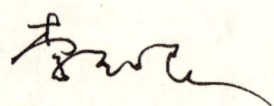

李玉民

从事纯文学翻译近40年，出版作品上百部，总计翻译字数达2500万字。
主要译作有：《巴黎圣母院》《悲惨世界》《缪塞戏剧选》《艾吕雅诗选》等；主编《纪德文集》（5卷），《加缪文集》（3卷）。
在李玉民的译作中，有半数作品是他首次向中国读者介绍的。

周克希

复旦大学数学系毕业后,在华东师大数学系任教二十八年,又在译文出版社当过十年编辑。译有普鲁斯特、福楼拜、圣埃克絮佩里、大仲马和萨勒纳弗等人的小说。著有随笔集《译边草》《译之痕》《草色遥看集》。

我们说一本书是经典,就意味着我们一生中绝不能会不止一次地阅读它。好的读书写的所以常来更多的经典佳作。

周克希

每一部经典文学作品，都是人类的重要精神基因。读者用经典文学陶冶的精神成长基因，希望你们让更多的读者通过文字认识世界，找到自己灵魂的归属。

谭晶华

谭晶华

　　文学博士，教授，博士生导师。原上海外国语大学常务副校长，现任该校学术委员会主任。中国日本文学研究会会长，上海翻译家协会会长。出版众多著作，论文，辞典和教材，文学名著译作120多部（篇），350余万字。

读客经典精神成长库将人类精神文明的精华做个系统的梳理，让经典更直接地与个体成长结合起来，是一种独到的做法。

黄宜思
2018.2.23

黄宜思

　　中国政法大学教授，著名翻译家黄雨石之子。译有《罗马帝国衰亡史》《澡盆故事》《远航》《六便士之家》《罗马史》等。于2008年和2009年两度担任中国翻译协会主办的全国"韩素音青年翻译奖"竞赛评委。

> 与好书为友，拥抱每个能陶冶你心性的机会；
> 携经典作伴，在读客经典中找到你下一本书。
>
> ——曹明伦

曹明伦

四川大学教授，博士生导师，中国作家协会会员，中国翻译协会理事，成都翻译协会会长，国务院政府特殊津贴专家。译有《爱伦·坡集》《弗罗斯特集》《培根随笔集》《莎士比亚十四行诗集》等多种英美文学经典。

> 希望读客经典为读者提供经典的精神享受。
>
> ——姚锦清

姚锦清

上海外国语大学高级翻译学院教授，上海市语委英译专家。参编《20世纪欧美文学史》《外国文学名著赏析辞典》及《外国抒情诗赏析辞典》。主要译作有《布赖顿硬糖》《心灵的激情——弗洛伊德传记小说》等。

> 愿读客经典使青年朋友们快快成长,成年人永远年轻!
>
> 王之光
> 2018.2.22

王之光

  浙江大学教师,长期从事文学和文化翻译教学与实践,已经出版的有《发条橙》《索多玛的120天》《小妇人》《圣经故事》《法国电影》等,还有汉译英作品如《台湾简史》《中美关系史》等。

> 阅读经典,丰实人生。
> 愿读客经典走进千万读者中。
>
> 陈求实
> 二〇一八年二月

陆求实

  中国翻译协会专家会员,上海翻译家协会理事,致力于日本文学译介多年,译有夏目漱石、谷崎润一郎、吉川英治、渡边淳一、村上春树、岛田雅彦等人作品,曾获"上海翻译新人奖""上海优秀中青年文艺家""上海文艺家荣誉奖",2011年荣获日本"野间文艺翻译奖"。

悦读写经典

读经典，提升人生境界，
汲取文化精华。

吴刚

上海外国语大学高翻学院副院长，教授，英美文学博士，上海市翻译家协会理事。出版有《霍比特人》《美与孽》《莎乐美》等翻译作品30多部。

在这个文库里，总能找到下一本要读的书：有你读过但值得重读的书，有你听说过正打算读的书，也有可将发现弃今可能影响你一生的书。

姚向辉

青年译者，译作有《教父》《七杀简史》《漫长的告别》《马耳他之鹰》等。

> 愿我的孩子，我孩子的孩子，都能看着读客经典，进入世界文学的瑰奇殿堂。
>
> ——汪洋

汪洋

  毕业于北京大学，翻译家，外国文学资深编辑。从事英，日文文学翻译，编辑工作十余年，已出版译著有《D之复合》《人类灭绝》《鹰翼行动》《百年法》《亲爱的提奥——梵高传》《红字》等，涵盖推理，科幻，军事，惊悚，艺术史及经典文学等领域。

> 品经典之作，读经典译文，祝读客经典多出精品。愿更多读者在阅读经典中找到自我，收获未来！
>
> ——刘勇军

刘勇军

  知名青年翻译家，译风简练而深邃。译有《月亮与六便士》《刀锋》《不安之书》《生命不息：归来》《日出酒店》《遗失的时光》等经典作品。

人间喜剧
欧也妮·葛朗台

[法]巴尔扎克 著　傅雷 译

文匯出版社

《人间喜剧》（精选集）编校说明

巴尔扎克的《人间喜剧》一共包括91部小说，塑造了2400多个典型人物，描摹了一个时代，一个世界的人间百态。因其数量之庞大，内容之广阔，成为人类文学史上罕见的文学丰碑，被誉为一部"社会百科全书"。

本套《人间喜剧》（精选集）收录巴尔扎克《高老头》《亚尔培·萨伐龙》《欧也妮·葛朗台》《比哀兰德》《贝姨》《邦斯舅舅》《猫球商店》《夏倍上校》《奥诺丽纳》《禁治产》《于絮尔·弥罗埃》《都尔的本堂神甫》《赛查·皮罗多盛衰记》《搅水女人》《幻灭》共计15篇。其中《猫球商店》一篇译者为罗新璋，其余篇目译者为傅雷。

傅雷，中国著名的翻译家，作家，教育家，美术评论家。法语翻译界泰斗，精通文学，音乐，绘画等多门艺术，译文优美精确，特色鲜明。先生的译文被誉为"傅雷体华文语言"，成为我国翻译界推崇备至的范文，至今无人企及。

罗新璋，编校审核初版《傅雷译文集》，曾花四年时间手抄200多万字的傅雷译文，在翻译时更是字斟句酌，力求精益求精，将法文的美妙准确地传达出来，享有"傅译传人"的美誉。他翻译的法语经典名著《红与黑》是公认的最佳译本。

1938年傅雷开始翻译巴尔扎克的作品；1949年之后，傅雷几乎把翻译的所有心力都倾注在了巴尔扎克身上；1954年，傅雷决定每年至少译一部巴尔扎克的作品，以"把顶好的都译过来，大概在十余种"。截至1965年，傅雷一共翻译15篇，其中一篇《猫儿打球号》在文革中遗失。"傅译传人"罗新璋《猫球商店》深得先生译法精髓，本套《人间喜剧》采用罗新璋译本并入其余14篇，以示"适合我国读者阅读的"巴尔扎克作品原貌。

在编校方面，为方便读者阅读，仅对一些旧译人名，地名，异体字，标点符号作了修改，其余为了尊重傅雷译本，均保持原貌。

读客图书

目 录

欧也妮·葛朗台

01	中产阶级的面目	003
02	巴黎的堂兄弟	035
03	内地的爱情	055
04	吝啬鬼许的愿·情人起的誓	093
05	家庭的苦难	139
06	如此人生	176
	结 局	198

比哀兰德

01	比哀兰德·洛兰	203
02	洛兰家的历史	211
03	洛格龙家的历史	216
04	退休针线商的病理	228
05	比哀兰德初见世面	253
06	穷表妹投靠阔亲戚的故事	266
07	家庭中的专制	285
08	比哀兰德和布里谷的爱情	313
09	家族会议	327
10	判 决	346

欧也妮·葛朗台

01

中产阶级的面目

某些内地城市里面,有些屋子看上去像最阴沉的修道院,最荒凉的旷野,最凄凉的废墟,令人悒郁不欢。修道院的静寂,旷野的枯燥和废墟的衰败零落,也许这类屋子都有一点。里面的生活起居是那么幽静,要不是街上一有陌生的脚声,窗口会突然探出一个脸孔像僧侣般的人,一动不动的,黯淡而冰冷的目光把生客瞪上一眼的话,外地客人可能把那些屋子当作没有人住的空屋。

索漠城里有一所住宅,外表就有这些凄凉的成分。一条起伏不平的街,直达城市高处的古堡,那所屋子便在街的尽头。现在已经不大有人来往的那条街,夏天热,冬天冷,有些地方暗得很,可是颇有些特点:小石子铺成的路面,传出清脆的回声,永远清洁,干燥;街面窄而多曲折;两旁的屋子非常幽静,坐落在城脚下,属于老城的部分。

上了三百年的屋子,虽是木造的,还很坚固,各种不同的格式别有风光,使索漠城的这一个区域特别引起考古家与艺术家的注意。你走过这些屋子,不能不欣赏那些粗大的梁木,两头雕出古怪的形象,盖在大多数的底层上面,成为一条黝黑的浮雕。

有些地方，屋子的横木盖着石板，在不大结实的墙上勾勒出蓝色的图案，木料支架的屋顶，年深月久，往下弯了；日晒雨淋，椽子已经腐烂，翘曲。有些地方，露出破旧黝黑的窗槛，细巧的雕刻已经看不大清，穷苦的女工放上一盆石竹或蔷薇，窗槛似乎就承受不住那棕色的瓦盆。再往前走，有的门上钉着粗大的钉子，我们的祖先异想天开的，刻上些奇形怪状的文字，意义是永远没法知道的了：或者是一个新教徒在此表明自己的信仰，或者是一个旧教徒为反对新教而诅咒亨利四世。也有一般布尔乔亚刻些徽号，表示他们是旧乡绅，掌握过当地的行政，这一切中间就有整部法兰西历史的影子。一边是墙壁粉得很粗糙的，摇摇欲坠的屋子，还是工匠卖弄手艺的遗物；贴邻便是一座乡绅的住宅，半圆形门框上的贵族徽号，受过了一七八九年以来历次革命的摧残，还看得出遗迹。

这条街上，做买卖的底层既不是小铺子，也不是大商店，喜欢中世纪文物的人，在此可以遇到一派朴素简陋的气象，完全像我们上代里的习艺工场[1]。宽大低矮的店堂，没有铺面，没有摆在廊下的货摊，没有橱窗，可是很深，黑洞洞的，里里外外没有一点儿装潢。满板的大门分做上下两截，简陋的钉了铁皮；上半截往里打开，下半截装有带弹簧的门铃，老是有人开进开出。门旁半人高的墙上，一排厚实的护窗板，白天卸落，夜晚装上，外加铁闩好落锁。这间地窖式的潮湿的屋子，就靠大门的上半截，或者窗洞与屋顶之间的空间，透进一些空气与阳光。半人高的墙壁下面，是陈列商品的地位。招徕顾客的玩意，这儿是绝对没有

---

[1] 当初教会设立来救济贫苦妇女的。（如无特殊说明，本书注释均为译者注）

的。货色的种类要看铺子的性质：或者摆着两三桶盐和鳘鱼，或者是几捆帆布与绳索，楼板的椽木上挂着黄铜索，靠墙放一排桶箍，再不然架上放些布匹。

你进门吧，一个年轻漂亮的姑娘，干干净净的，戴着白围巾，手臂通红，立刻放下编织物，叫唤她的父亲或母亲来招呼你，也许是两个铜子也许是两万法郎的买卖，对你或者冷淡，或者殷勤，或者傲慢，那得看店主的性格了。

你可看到一个做酒桶木材的商人，两只大拇指绕来绕去的，坐在门口跟邻居谈天。表面上他只有些起码的酒瓶架或两三捆薄板；但是安育地区所有的箍桶匠，都是向他码头上存货充足的工场购料的。他知道如果葡萄的收成好，他能卖掉多少桶板，估计的准确最多是一两块板上下。一天的好太阳教他发财，一场雨水教他亏本：酒桶的市价，一个上午可以从十一法郎跌到六法郎。

这个地方像都兰区域一样，市面是由天气做主的。种葡萄的，有田产的，木材商，箍桶匠，旅店主人，船夫，都眼巴巴的盼望太阳；晚上睡觉，就怕明朝起来听说隔夜结了冰；他们怕风，怕雨，怕旱，一会儿要雨水，一会儿要天时转暖，一会儿又要满天上云。在天公与尘世的利益之间，争执是没得完的。晴雨表能够轮流的教人愁，教人笑，教人高兴。

这条街从前是索漠城的大街，从这一头到那一头，"黄金一般的好天气"这句话，对每份人家都代表一个收入的数目。而且个个人会对邻居说："是啊，天上落金子下来了。"因为他们知道一道阳光和一场时雨带来多少利益。在天气美好的节季，到了星期六中午，就没法买到一个铜子的东西。做生意的人也有一个葡萄园，一方小园地，全要下乡去忙他两天。买进，卖出，赚头，一切都是预先计算好的,生意人尽可以花大半日的工夫打哈哈,说长道短,刺探旁人的私事。某家的主妇买了一只竹鸡,邻居就要问她的丈夫是否煮得恰到好处。一个年轻的姑娘从窗口探出头来,绝没有办法不让所有的闲人瞧见。因此大家的良心是露天的,那些无从窥测的,又暗又静的屋子,并藏不了什么秘密。

一般人差不多老在露天过活:每对夫妇坐在大门口,在那里吃中饭,吃晚饭,吵架拌嘴。街上的行人,没有一个不经过他们的研究。所以从前一个外乡人到内地,免不了到处给人家取笑。许多有趣的故事便是这样来的,安越人的爱寻开心也是这样出名的,因为编这一类的市井笑料是他们的拿手。

早先本地的乡绅全住在这条街上,街的高头都是古城里的老宅子,世道人心都还朴实的时代——这种古风现在是一天天的消灭了——的遗物。我们这个故事中的那所凄凉的屋子,就是其中之一。

古色古香的街上,连偶然遇到的小事都足以唤起你的回忆,全部的气息使你不由自主的沉入遐想。拐弯抹角的走过去,你可以看到一处黑魆魆的凹进去的地方,葛朗台府上的大门便藏在这凹坑中间。

在内地把一个人的家称作府上是有分量的;不知道葛朗台先生的身世,就没法掂出这称呼的分量。

葛朗台先生在索漠城的名望,自有它的前因后果,那是从没在内地耽留过的人不能完全了解的。葛朗台先生,有些人还称他做葛朗台老头,可是这样称呼他的老人越来越少了,他在一七八九年上是一个很富裕的箍桶匠,识得字,能写能算。共和政府在索漠地区标卖教会产业的时候,他正好四十岁,才娶了一个有钱的木板商的女儿。他拿自己的现款和女人的陪嫁,凑成两千金路易,跑到区公所。标卖监督官是一个强凶霸道的共和党人,葛朗台把丈人给的四百路易往他那里一送,就三钱不值两钱的,即使不能算正当,至少是合法的买到了区里最好的葡萄园,一座老修道院,和几块分种田。

索漠的市民很少革命气息,在他们眼里,葛朗台老头是一个激烈的家伙,前进分子,共和党人,关切新潮流的人物;其实箍桶匠只关切葡萄园。上面派他当索漠区的行政委员,于是地方上的政治与商业都受到他温和的影响。

在政治方面,他包庇从前的贵族,想尽方法使流亡乡绅的产业不致被公家标卖;商业方面,他向革命军队承包了一二千桶白酒,代价是把某个女修道院上好的草原,本来留作最后一批标卖的产业,弄到了手。

拿破仑当执政的时代,好家伙葛朗台做了区长,把地方上的公事应付得很好,可是他葡萄的收获更好;拿破仑称帝的时候,他变了光杆儿的葛朗台先生。拿破仑不喜欢共和党人,另外派了一个乡绅兼大地主,一个后来晋封为男爵的人来代替葛朗台,因为他有红帽子嫌疑。葛朗台丢掉区长的荣衔,毫不惋惜。在他任内,为了本城的利益,已经造好几条出色的公路直达他的产业。他的房产与地产登记的时候,占了不少便宜,只征很轻的税。自从他各处的庄园登记之后,靠他不断的经营,他的葡萄园变成地方上的顶儿尖儿,这个专门的形容词是说这种园里的葡萄能够酿成极品的好酒。总而言之,他简直有资格得荣誉团的勋章。

免职的事发生在一八〇六年。那时葛朗台五十七岁,他的女人三十六,他们的独养女儿才十岁。

大概是老天看见他丢了官，想安慰安慰他吧，这一年上葛朗台接连得了三笔遗产，先是他丈母特·拉·古地尼埃太太的，接着是太太的外公特·拉·裴德里埃先生的，最后是葛朗台自己的外婆，香蒂埃太太的：这些遗产数目之大，没有一个人知道。三个老人爱钱如命，一生一世都在积聚金钱，以便私下里摩挲把玩。特·拉·裴德里埃老先生把放债叫作挥霍，觉得对黄金看上几眼比放高利贷还实惠。所以他们积蓄的多少，索漠人只能以看得见的收入估计。

于是葛朗台先生得了新的贵族头衔，那是尽管我们爱讲平等也消灭不了的，他成为一州里"纳税最多"的人物。他的葡萄园有一百阿尔邦[1]，收成好的年份可以出产七八百桶酒，他还有十三处分种田，一座老修道院，修院的窗子，门洞，彩色玻璃，一齐给他从外面堵死了，既可不付捐税，又可保存那些东西。此外还有一百二十七阿尔邦的草原，上面的三千株白杨是一七九三年种下的。他住的屋子也是自己的产业。

这是他看得见的家私。至于他现金的数目，只有两个人知道一个大概。一个是公证人克罗旭，替葛朗台放债的，另外一个是台·格拉桑，索漠城中最有钱的银行家，葛朗台认为合适的时候跟他暗中合作一下，分些好处。在内地要得人信任，要挣家业，行事非机密不可；老克罗旭与台·格拉桑虽然机密透顶，仍免不了当众对葛朗台毕恭毕敬，使旁观的人看出前任区长的资力何等雄厚。

索漠城里个个人相信葛朗台家里有一个私库，一个堆满金路

---

[1] 每个阿尔邦约等于三十至五十一亩，视地域而定。每亩等于一百平方公尺。

易的密窟,说他半夜里瞧着累累的黄金,快乐得无可形容。一般吝啬鬼认为这是千真万确的事,因为看见那好家伙连眼睛都是黄澄澄的,染上了金子的光彩。一个靠资金赚惯大利钱的人,像色鬼,赌徒,或帮闲的清客一样,眼风自有那种说不出的神气,一派躲躲闪闪的,馋痨的神秘模样,决计瞒不过他的同道。凡是对什么东西着了迷的人,这些暗号无异帮口里的切口。

葛朗台先生从来不欠人家什么;又是老箍桶匠,又是种葡萄的老手,什么时候需要为自己的收成准备一千只桶,什么时候只要五百只桶,他预算得像天文学家一样准确;投机事业从没失败过一次,酒桶的市价比酒还贵的时候,他老是有酒桶出卖,他能够把酒藏起来,等每桶涨到两百法郎才抛出去,一般小地主却早已在一百法郎的时候脱手了。这样一个人物当然博得大家的敬重。那有名的一八一一年的收成,他乖乖的囤在家里,一点一滴的慢慢卖出去,挣了二十四万多法郎。讲起理财的本领,葛朗台先生是只老虎,是条巨蟒:他会躺在那里,蹲在那里,把俘虏打量个半天再扑上去,张开血盆大口的钱袋,倒进大堆的金银,然后安安宁宁的去睡觉,好像一条蛇吃饱了东西,不动声色,冷静非凡,什么事情都按部就班的。

他走过的时候,没有一个人看见了不觉得又钦佩,又敬重,又害怕。索漠城中,不是个个人都给他钢铁般的利爪干净利落的抓过一下的吗?某人为了买田,从克罗旭那里弄到一笔借款,利率要一分一,某人拿期票向台·格拉桑贴现,给先扣了一大笔利息。市场上,或是夜晚的闲谈中间,不提到葛朗台先生大名的日子很少。有些人认为,这个种葡萄老头的财富简直是地方上的一宝,值得夸耀。不少做买卖的,开旅店的,得意扬扬的对外客说:

"嘿,先生,上百万的咱们有两三家;可是葛朗台先生哪,连他自己也不知道究竟有多少家私!"

一八一六年的时候,索漠城里顶会计算的人,估计那好家伙的地产大概值到四百万;但在一七九三到一八一七中间,平均每年的收入该有十万法郎,由此推算,他所有的现金大约和不动产的价值差不多。因此,打完了一场牌,或是谈了一会葡萄的情形,提到葛朗台的时候,一般自作聪明的人就说:"葛朗台老头吗?……总该有五六百万吧。"要是克罗旭或台·格拉桑听到了,就会说:

"你好厉害,我倒从来不知道他的总数呢!"

遇到什么巴黎客人提到洛岂尔特或拉斐德那般大银行家,索漠人就要问,他们是不是跟葛朗台先生一样有钱。如果巴黎人付之一笑,回答说是的,他们便把脑袋一侧,互相瞪着眼,满脸不相信的神气。

偌大一笔财产把这个富翁的行为都镀了金。假使他的生活起居本来有什么可笑,给人家当话柄的地方,那些话柄也早已消灭得无形无踪了。葛朗台的一举一动都像是钦定的,到处行得通;他的说话,衣着,姿势,瞪眼睛,都是地方上的金科玉律;大家把他仔细研究,像自然科学家要把动物的本能研究出它的作用似的,终于发现他最琐屑的动作,也有深邃而不可言传的智慧。譬如,人家说:

"今年冬天一定很冷,葛朗台老头已经戴起皮手套了:咱们该收割葡萄了吧。"

或者说:

"葛朗台老头买了许多桶板,今年的酒一定不少的。"

葛朗台先生从来不买肉，不买面包。每个星期，那些佃户给他送来一份足够的食物：阉鸡，母鸡，鸡子，牛油，麦子，都是抵租的。他有一所磨坊租给人家，磨坊司务除了缴付租金以外，还得亲自来拿麦子去磨，再把面粉跟麸皮送回来。他的独一无二的老妈子，叫作长脚拿侬的，虽然上了年纪，还是每星期六替他做面包。房客之中有种菜的，葛朗台便派他们供应菜蔬。至于水果，收获之多，可以大部分出售。烧火炉用的木材，是把田地四周的篱垣，或烂了一半的老树砍下来，由佃户锯成一段一段的，用小车装进城，他们还有心巴结，替他送进柴房，讨得几声谢。他的开支，据人家知道的，只有教堂里座椅的租费，圣餐费，太太和女儿的衣着，家里的灯烛，拿侬的工钱，锅子的镀锡，国家的赋税，庄园的修理，和种植的费用。他新近买了六百阿尔邦的一座树林，托一个近邻照顾，答应给一些津贴。自从他置了这个产业之后，他才吃野味。

这家伙动作非常简单，说话不多，发表意见总是用柔和的声音，简短的句子，搬弄一些老生常谈。从他出头露面的大革命时代起，逢到要长篇大论说一番，或者跟人家讨论什么，他便马上结结巴巴的，弄得对方头昏脑涨。这种口齿不清，理路不明，前言不对后语，以及废话连篇把他的思想弄糊涂了的情形，人家当作是他缺少教育，其实完全是假装的；等会故事中有些情节，就足以解释明白。而且逢到要应付，要解决什么生活上或买卖上的难题，他就搬出四句口诀，像代数公式一样准确，叫作："我不知道，我不能够，我不愿意，慢慢瞧吧。"

他从来不说一声是或不是，也从来不把黑笔落在白纸上。

人家跟他说话，他冷冷的听着，右手托着下巴颏儿，肘子靠在左手背上；无论什么事，他一朝拿定了主意，就永远不变。一点点儿小生意，他也得盘算半天。经过一番勾心斗角的谈话之后，对方自以为心中的秘密保守得密不透风，其实早已吐出了真话。他却回答道：

"我没有跟太太商量过，什么都不能决定。"

给他压得像奴隶般的太太，却是他生意上最方便的遮身牌。他从来不到别人家里去，不吃人家，也不请人家；他没有一点儿声响，似乎什么都要节省，连动作在内。因为没有一刻不尊重旁人的主权，他绝对不动人家的东西。

可是，尽管他声音柔和，态度持重，仍不免露出箍桶匠的谈吐与习惯，尤其在家里，不像在旁的地方那么顾忌。

至于体格，他身高五尺，臃肿，横阔，腿肚子的圆周有一尺，多节的膝盖骨，宽大的肩膀；脸是圆的，乌油油的，有痘瘢；下巴笔直，嘴唇没有一点儿曲线，牙齿雪白；冷静地眼睛好像要吃人，是一般所谓的蛇眼；脑门上布满皱裥，一块块隆起的肉颇有些奥妙；青年人不知轻重，背后开葛朗台先生玩笑，把他黄黄而灰白的头发叫作金子里掺白银。鼻尖肥大，顶着一颗布满血筋的肉瘤，一般人不无理由的说，这颗瘤里全是刁钻促狭的玩意儿。这副脸相显出他那种阴险的狡猾，显出他有计划的诚实，显出他的自私自利，所有的感情都集中在吝啬的乐趣，和他唯一真正关切的独养女儿欧也妮身上。而且姿势，举动，走路的功架，他身上的一切都表示他只相信自己，这是生意上左右逢源养成的习惯。所以表面上虽然性情和易，很好对付，骨子里他却硬似铁石。

他老是同样的装束，从一七九一年以来始终是那身打扮。笨重的鞋子，鞋带也是皮做的；四季都穿一双呢袜，一条栗色的粗呢短裤，用银箍在膝盖下面扣紧，上身穿一件方襟的闪光丝绒背心，颜色一会儿黄一会儿古铜色，外面罩一件衣裾宽大的栗色外套，戴一条黑领带，一顶阔边帽子。他的手套跟警察的一样结实，要用到一年零八个月，为保持清洁起见，他有一个一定的手势，把手套放在帽子边缘上一定的地位。

关于这个人物，索漠人所知道的不过这一些。

城里的居民有资格在他家出入的只有六个。前三个中顶重要的是克罗旭先生的侄子。这个年轻人，自从当了索漠初级裁判所所长之后，在本姓克罗旭之上又加了一个篷风的姓氏，并且极力想叫篷风出名。他的签名已经变作克·特·篷风了。倘使有什么冒失的律师仍旧称他"克罗旭先生"，包管在出庭的时候要后悔他的糊涂。凡是称"所长先生"的，就可博得法官的庇护。对于称他"特·篷风先生"的马屁鬼，他更不惜满面春风的报以微笑。所长先生三十三岁，有一处名叫篷风的田庄，每年有七千法郎进款；他还在那里等两个叔父的遗产，一个是克罗旭公证人，一个是克罗旭神甫，属于都尔城圣·马丁大寺的教士会的；据说这两人都相当有钱。三位克罗旭，房族既多，城里的亲戚也有一二十家，俨然结成一个党，好像从前佛罗棱斯的那些梅迭西斯一样；而且正如梅迭西斯有巴齐一族跟他们对垒似的，克罗旭也有他们的敌党。

台·格拉桑太太有一个二十三岁的儿子，她很热心的来陪葛朗台太太打牌，希望她亲爱的阿道夫能够和欧也妮小姐结婚。银行家台·格拉桑先生拿出全副精神从旁协助，对吝啬的老头儿不断的暗中帮忙，逢到攸关大局的紧要关头，从来不落人后。这三位台·格拉桑也有他们的帮手，房族和忠实的盟友。

在克罗旭方面，神甫是智囊，加上那个当公证人的兄弟做后援，他竭力跟银行家太太竞争，想把葛朗台的大笔遗产留给自己的侄儿。克罗旭和台·格拉桑两家暗中为争夺欧也妮的斗法，成为索漠城中大家小户热心关切的题目。葛朗台小姐将来嫁给谁呢？所长先生呢，还是阿道夫·台·格拉桑？

对于这个问题，有的人的答案是两个都不会到手。据他们说，老箍桶匠野心勃勃，想找一个贵族院议员做女婿，凭他岁收三十万法郎的陪嫁，谁还计较葛朗台过去、现在、将来的那些酒桶？另外一批人却回答说，台·格拉桑是世家，极有钱，阿道夫又是一个俊俏后生，这样一门亲事，一定能教出身低微索漠城里都眼见拿过斧头凿子，而且还当过革命党的人心满意足，除非他夹袋里有什么教皇的侄子之流。可是老于世故的人提醒你说，克罗旭·特·篷风先生随时可以在葛朗台家进出，而他的敌手只能在星期日受招待。有的认为，台·格拉桑太太跟葛朗台家的女太太们，比克罗旭一家接近得多，久而久之，一定能说动她们，达到她的目的。有的却认为克罗旭神甫的花言巧语是天下第一，拿女人跟出家人对抗，正好势均力敌。所以索漠城中有一个才子说：

"他们正是旗鼓相当，各有一手。"

据地方上熟知内幕的老辈看法，像葛朗台那么精明的人家，绝不肯把家私落在外人手里。索漠的葛朗台还有一个兄弟在巴黎，非常有钱的酒商；欧也妮小姐将来是嫁给巴黎葛朗台的儿子的。对这种意见，克罗旭和台·格拉桑两家的羽党都表示异议，说：

"一则两兄弟三十年来没有见过两次面；二则巴黎的葛朗台先生对儿子的期望大得很。他自己是巴黎某区的区长，兼国会议员，禁卫军旅长，商事裁判所推事，自称为跟拿破仑提拔的某公爵有姻亲，早已不承认索漠的葛朗台是本家。"

周围七八十里，甚至在安越到勃洛阿的驿车里，都在谈这个有钱的独养女儿，七嘴八舌，议论纷纷，当然是应有之事。

一八一七年初，有一桩事情使克罗旭党彰明较著的占了台·格拉桑党上风。法劳丰田产素来以美丽的别庄，园亭，小溪，池塘，森林出名，值到三百万法郎。年青的法劳丰侯爵急需现款，不得不把这所产业出卖。克罗旭公证人，克罗旭所长，克罗旭神甫，再加上他们的羽党，居然把侯爵分段出售的意思打消了。公证人告诉他，分成小块的标卖，势必要跟投标落选的人打不知多少场官司，才能拿到田价；还不如整块儿让给葛朗台先生，既买得起，又能付现钱。公证人这番话把卖主说服了，做成一桩特别便宜的好买卖。侯爵的那块良田美产，就这样给张罗着送到了葛朗台嘴里。他出乎索漠人意料之外，竟打了些折扣当场把田价付清。这件新闻一直传播到南德与奥莱昂。

葛朗台先生搭着人家回乡的小车，到别庄上视察。以主人的身份对产业瞥了一眼，回到城里，觉得这一次投资足足有五厘利，他又马上得了一个好主意，预备把全部的田产并在法劳丰一起。随后，他要把差不多出空了的金库重新填满，决意把他的树木，森林，一齐砍下，再把草原上的白杨也出卖。

葛朗台先生的府上这个称呼，现在你们该明白它的分量了吧。那是一所灰暗，阴森，静寂的屋子，坐落在城区上部，靠着坍毁的城脚。

门框的穹窿与两根支柱，像正屋一样用的混凝土，洛阿河岸特产的一种白石，质地松软，用不到两百年以上的。寒暑的酷烈,把柱头,门洞,门顶,都磨出无数古怪的洞眼,像法国建筑的那种虫蛀样儿,也有几分像监狱的大门。门顶上面,有一长条硬石刻成的浮雕,代表四季的形象已经剥蚀,变黑。浮雕的础石突出在外面,横七竖八的长着野草,黄色的苦菊,五爪龙,旋覆花,车前草,一株小小的樱桃树已经长得很高了。

褐色的大门是独幅的橡木做的,没有油水,到处开裂,看上去很单薄,其实很坚固,因为有一排对花的钉子支持。一边的门上有扇小门,中间开一个小方洞,装了铁栅,排得很密的铁梗锈得发红,铁栅上挂着一个环,上面吊一个敲门用的铁锤,正好敲在一颗奇形怪状的大钉子上。铁锤是长方形的,像古时的钟锤,又像一个肥大的惊叹号;一个玩古董的人仔细打量之下,可以发现锤子当初是一个小丑的形状,但是年深月久,已经磨平了。

那个小铁栅,当初在宗教战争的时代,原是预备给屋内的人探望来客的。现在喜欢东张西望的人,可以从铁栅中间望到黑魆魆的半绿不绿的环洞,环洞底上有几级七零八落的磴级,通上花园:厚实而潮湿的围墙,到处渗出水迹,生满垂头丧气的杂树,倒也另有一番景致。这片墙原是城墙的一部,邻近人家都利用它布置花园。

楼下最重要的房间是那间"堂屋",从大门内的环洞进出的。在安育,都兰,裴里各地的小城中间,一间堂屋的重要,外方人是不大懂得的。它同时是穿堂,客厅,书房,上房,饭厅;它是日常生活的中心,全家公用的起居室。本区的理发匠,替葛朗台先生一年理两次发是在这里,佃户,教士,县长,磨坊伙计上门的时候,也是在这间屋里。室内有两扇临街的窗,铺着地板;古式嵌线的灰色护壁板从上铺到下,顶上的梁木都露在外面,也漆成灰色;梁木中间的楼板涂着白粉,已经发黄了。

壁炉架上面挂着一面耀出青光的镜子,两旁的边划成斜面,显出玻璃的厚度,一丝丝的闪光照在哥特式的镂花钢框上。壁炉架是粗糙的白石面子,摆着一座黄铜的老钟,壳子上有螺钿嵌成的图案。左右放两盏黄铜的两用烛台,座子是铜镶边的蓝色大理石,矗立着好几支玫瑰花瓣形的灯芯盘;把这些盘子拿掉,座子又可成为一个单独的烛台,在平常日子应用。

古式的座椅,花绸面子上织着拉·封丹的寓言,但不是博学之士,休想认出它们的内容:颜色褪尽,到处是补丁,人物已经看不清楚。四边壁角里放着三角形的酒橱,顶上有几格放零星小件的搁板,全是油腻。两扇窗子中间的板壁下面,有一张嵌木细工的旧牌桌,桌面上画着棋盘。牌桌后面的壁上挂一只椭圆形的晴雨表,黑框子四周有金漆的丝带形花边,苍蝇肆无忌惮的钉在上面张牙舞爪,恐怕不会有多少金漆留下的了。

壁炉架对面的壁上,挂两幅水粉画的肖像,据说一个是葛朗台太太的外公,特·拉·裴德里埃老人,穿着王家禁卫军连长的制服;一个是已故香蒂埃太太,挽着一个古式的髻。窗帘用的是都尔红绸,两旁用系有大坠子的丝带吊起。这种奢华的装饰,跟葛朗台一家的习惯很不调和,原来是买进这所屋子的时候就有的,连镜框,座钟,花绸面的家具,红木酒橱等等都是。

靠门的窗洞下面,一张草坐垫的椅子放在一个木座上,使葛朗台太太坐了可以望见街上的行人。另外一张褪色樱桃木的女红台,把窗洞的空间填满了,近旁还有欧也妮的小靠椅。

十五年以来,从四月到十一月,母女俩就在这个位置上安安静静的消磨日子,手里永远拿着活计。十一月初一,她们可以搬到壁炉旁边过冬了。只有到那一天,葛朗台才答应在堂屋里生火,到三月三十一日就得熄掉,不管春寒也不管早秋的凉意。四月和十月里最冷的日子,长脚拿侬想法从厨房里腾出些柴炭,安排一只脚炉,给太太和小姐挡挡早晚的寒气。

全家的内衣被服都归母女俩负责,她们专心一意,像女工一样整天劳作,甚至欧也妮想替母亲绣一方挑花领,也只能腾出睡眠的时间来做,还得想出借口来骗取父亲的蜡烛。多年来女儿与拿侬用的蜡烛,吝啬鬼总是亲自分发的,正如每天早上分发面包和食物一样。

也许只有长脚拿侬受得了她主人的那种专制。索漠城里都羡慕葛朗台夫妇有这样一个老妈子。大家叫她长脚拿侬,因为她身高五尺八寸。她在葛朗台家已经做了三十五年。虽然一年的工薪只有六十法郎,大家已经认为她是城里最有钱的女仆了。一年六十法郎,积了三十五年,最近居然有四千法郎存在公证人克罗旭那儿做终身年金。这笔长期不断的积蓄,似乎是一个了不得的数目。每个女佣看见这个上了六十岁的老妈子有了老年的口粮,都十分眼热,却没有想到这份口粮是辛辛苦苦做牛马换来的。

二十二岁的时候,这可怜的姑娘到处没有人要,她的脸丑得叫人害怕;其实这么说是过分的,把她的脸放在一个掷弹兵的脖子上,还可受到人家称赞哩;可是据说什么东西都要相称。她先是替农家放牛,农家遭了火灾,她就凭着天不怕地不怕的勇气,进城来找事。

那时葛朗台正想自立门户,预备娶亲。他瞥见了这到处碰壁的女孩子。以箍桶匠的眼光判断一个人的体力是准没有错的:她体格像大力士,站在那儿仿佛一株六十年的橡树,根牢固实,粗大的腰围,四方的背脊,一双手像个赶车的,诚实不欺的德行,正如她的贞操一般纯洁无瑕;在这样一个女人身上可以榨取多少利益,他算得清清楚楚。雄赳赳的脸上生满了疣,紫膛膛的皮色,青筋隆起的胳膊,褴褛的衣衫,拿侬这些外表并没吓退箍桶匠,虽然他那时还在能够动心的年纪。他给这个可怜的姑娘衣着,鞋袜,膳宿,出了工钱雇用她,也不过分的虐待,糟蹋。

长脚拿侬受到这样的待遇暗中快活得哭了,就一片忠心的服侍箍桶匠。而箍桶匠当她家奴一般利用。拿侬包办一切:煮饭,蒸洗东西,拿衣服到洛阿河边去洗,担在肩上回来;天一亮就起身,深夜才睡觉;收成时节,所有短工的饭食都归她料理,还不让人家捡取掉在地下的葡萄;她像一条忠心的狗一样保护主人的财产。总之,她对他信服得五体投地,无论他什么想入非非的念头,她都不哼一声的服从。一八一一年那有名的一年[1]收获季节特别辛苦,这时拿侬已经服务了二十年,葛朗台才发狠赏了她一只旧表,那是她到手的唯一礼物。固然他一向把穿旧的鞋子给她(她正好穿得上),但是每隔三个月得来的鞋子,已经那么破烂,不能叫作礼物了。可怜的姑娘因为一无所有,变得吝啬不堪,终于使葛朗台像喜欢一条狗一样的喜欢她,而拿侬也甘心情愿让人家把链条套上脖子,链条上的刺,她已经不觉得痛了。

要是葛朗台把面包割得过分小气了一点,她绝不抱怨;这份人家饮食严格,从来没有人闹病,拿侬也乐于接受这卫生的好处。而且她跟主人家已经打成一片:葛朗台笑,她也笑,葛朗台发愁,挨冷,取暖,工作,她也跟着发愁,挨冷,取暖,工作。

---

[1] 该年制成的酒为法国史上有名的佳酿;是年有彗星出现;经济恐慌;工商业破产者累累。所谓有名的一年是总括上列各项事故而言。

这样不分彼此的平等,还不算甜蜜的安慰吗?她在树底下吃些杏子,桃子,枣子,主人从来不埋怨。

有些年份的果子把树枝都压弯了,佃户们拿去喂猪,于是葛朗台对拿侬说:"吃呀,拿侬,尽吃。"

这个穷苦的乡下女人,从小只受到虐待,人家为了善心才把她收留下来;对于她,葛朗台老头那种教人猜不透意思的笑,真像一道阳光似的。

而且拿侬单纯的心,简单的头脑,只容得下一种感情,一个念头。三十五年如一日,她老是看到自己站在葛朗台先生的工场前面,赤着脚,穿着破烂衣衫,听见箍桶匠对她说:"你要什么呀,好孩子?"她心中的感激永远是那么新鲜。

有时候,葛朗台想到这个可怜虫从没听见一句奉承的话,完全不懂女人所能获得的那些温情;将来站在上帝前面受审,她比圣母玛利亚还要贞洁。葛朗台想到这些,不禁动了怜悯,望着她说:

"可怜的拿侬!"

老佣人听了,总是用一道难以形容的目光瞧他一下。时常挂在嘴边的这句感叹,久已成为他们之间不断的友谊的链锁,而每说一遍,链锁总多加上一环。出诸葛朗台的心坎,而使老姑娘感激的这种怜悯,不知怎么总有一点儿可怕的气息。这种吝啬鬼的残酷的怜悯,在老箍桶匠是因为想起在佣人身上刮到了多少好处而得意,在拿侬却是全部的快乐。"可怜的拿侬!"这样的话谁不会说?但是说话的音调,语气之间莫测高深的惋惜,可以使上帝认出谁才是真正的慈悲。

索漠有许多家庭待佣人好得多,佣人却仍然对主人不满意。于是又有这样的话流传了:

"葛朗台他们对长脚拿侬怎么的,她会这样的忠心?简直肯替他们拼命!"

厨房临着院子,窗上装有铁栅,老是干净,整齐,冷冰冰的,真是守财奴的灶屋,没有一点儿糟蹋的东西。拿侬晚上洗过碗盏,收起剩菜,熄了灶火,便到跟厨房隔着一条过道的堂屋里绩麻,跟主人们在一块。这样,一个黄昏全家只消点一支蜡烛了。老妈子睡的是过道底上的一个小房间,只消有一个墙洞漏进一些日光;躺在这样一个窝里,她结实的身体居然毫无亏损,她可以听见日夜都静悄悄地屋子里的任何响动。像一条看家狗似的,她竖着耳朵睡觉,一边休息一边守夜。

屋子其余的部分,等故事发展下去的时候再来描写;但全家精华所在的堂屋的景象,已可令人想见楼上的寒碜了。

一八一九年,秋季的天气特别好;到十一月中旬某一天傍晚时分,长脚拿侬才第一次生火。那一天是克罗旭与台·格拉桑两家记得清清楚楚的节日。双方六位人马,预备全副武装,到堂屋里交一交手,比一比谁表示得更亲热。

早上,索漠的人看见葛朗台太太和葛朗台小姐,后边跟着拿侬,到教堂去望弥撒,于是大家记起了这一天是欧也妮小姐的生日。克罗旭公证人,克罗旭神甫,克·特·篷风先生,算准了葛朗台家该吃完晚饭的时候,急急忙忙赶来,要抢在台·格拉桑一家之前,向葛朗台小姐拜寿。三个人都捧着从小花坛中摘来的大束的花。所长那束,花梗上很巧妙的裹着金色繸子的白缎带。

每逢欧也妮的生日和本名节日[1],照例葛朗台清早就直闯到女

---

[1] 西俗教徒皆以圣者之名命名。凡自己取名的圣者的纪念日,称为本名节日。

儿床边，郑重其事的把他为父的礼物亲手交代，十三年来的老规矩，都是一枚稀罕的金洋。

葛朗台太太总给女儿一件衣衫，或是冬天穿的，或是夏天穿的，看什么节而定。这两件衣衫，加上父亲在元旦跟他自己的节日所赏赐的金洋，她每年小小的收入大概有五六百法郎，葛朗台很高兴的看她慢慢地积起来。这不过是把自己的钱换一只口袋罢了，而且可以从小培养女儿的吝啬。他不时盘问一下她财产的数目——其中一部分是从葛朗台太太的外婆那里来的，盘问的时候总说：

"这是你陪嫁的压箱钱呀。"

所谓压箱钱是一种古老的风俗，法国中部有些地方至今还很郑重的保存在那里。裴里，安育那一带，一个姑娘出嫁的时候，不是娘家便是婆家，总得给她一笔金洋或银洋，或是十二枚，或是一百四十四枚，或是一千二百枚，看家境而定。最穷的牧羊女出嫁，压箱钱也非有不可，就是拿大铜钱充数也是好的。伊苏屯地方，至今还谈论曾经有一个有钱的独养女儿，压箱钱是一百四十四枚葡萄牙金洋。凯瑟琳·特·梅迭西斯嫁给亨利二世，她的叔叔教皇克雷门七世送给她一套古代的金勋章，价值连城。

吃晚饭的时候，父亲看见女儿穿了新衣衫格外漂亮，便喜欢得什么似的，嚷道：

"既然是欧也妮的生日，咱们生起火来，取个吉利吧！"

长脚拿侬撤下饭桌上吃剩的鹅，箍桶匠家里的珍品，一边说：

"小姐今年一定要大喜了。"

"索漠城里没有合式的人家喔。"葛朗台太太接口道，她一眼望着丈夫的那种胆怯的神气，以她的年龄而论，活现出可怜的女人是一向对丈夫服从惯的。

葛朗台端相着女儿，快活的叫道：

"今天她刚好二十三了，这孩子。是咱们操心的时候了。"

欧也妮和她的母亲心照不宣的彼此瞧了一眼。

葛朗台太太是一个干枯的瘦女人，皮色黄黄的像木瓜，举动迟缓，笨拙，就像那些生来受折磨的女人。大骨骼，大鼻子，大额角，大眼睛，一眼望去，好像既无味道又无汁水的干瘪果子。黝黑的牙齿已经不多几颗，嘴巴全是皱褶，长长的下巴颏儿往上钩起，像只木底靴。可是她为人极好，真有裴德里埃家风。克罗旭神甫常常有心借机会告诉她，说她当初并不怎样难看，她居然会相信。性情柔和得像天使，忍耐工夫不下于给孩子们捉弄的虫蚁，少有的虔诚，平静的心境绝对不会骚乱，一片好心，个个人可怜她，敬重她。

丈夫给她的零用，每次从不超过六法郎。虽然相貌奇丑，她的陪嫁与承继的遗产，给葛朗台先生带来三十多万法郎。然而她始终诚惶诚恐，仿佛依人篱下似的；天性的柔和，使她摆脱不了这种奴性，她既没要求过一个钱，也没对克罗旭公证人教她签字的文件表示过异议。支配这个女人的，只有闷在肚里的那股愚不可及的傲气，以及葛朗台非但不了解还要加以伤害的慷慨的心胸。

葛朗台太太永远穿一件淡绿绸衫，照例得穿上一年；戴一条棉料的白围巾，头上一顶草帽，差不多永远系一条黑纱围身。难得出门，鞋子很省。总之，她自己从来不想要一点儿什么。

有时，葛朗台想起自从上次给了她六法郎以后已经有好久，觉得过意不去，便在出售当年收成的契约上添注一笔，要买主掏出些中金给他太太。向葛朗台买酒的荷兰商人或比国商人，总得破费上百法郎,这就是葛朗台太太一年之中最可观的进款。

可是,她一朝拿到了上百法郎,丈夫往往对她说,仿佛他们用的钱一向是公账似的:"借几个子儿给我,好不好?"可怜的女人,老是听到忏悔师说男人是她的夫君是她的主人,所以觉得能够帮他忙是最快活不过的,一个冬天也就还了他好些中金。

葛朗台掏出了做零用、买针线、付女儿衣着的六法郎月费,把钱袋扣上之后,总不忘了向他女人问一声:

"喂,妈妈,你想要一点儿什么吗?"

"噢,那个,慢慢再说罢。"葛朗台太太回答,她觉得做母亲的应该保持她的尊严。

这种伟大真是白费!葛朗台自以为对太太慷慨得很呢。像拿侬,葛朗台太太,欧也妮小姐这等人物,倘使给哲学家碰到了,不是很有理由觉得上帝的本性是喜欢跟人开玩笑吗?

在初次提到欧也妮婚事的那餐晚饭之后,拿侬到楼上葛朗台先生房里拿一瓶果子酒,下来的时候几乎摔了一跤。

"蠢东西,"葛朗台先生叫道,"你也会栽筋斗吗,你?"

"哎哟,先生,那是你的楼梯不行呀。"

"不错,"葛朗台太太接口,"你早该修理了,昨天晚上,欧也妮也险些儿扭坏了脚。"

葛朗台看见拿侬脸色发白,便说:

"好,既然是欧也妮的生日,你又几乎摔跤,就请你喝一杯果子酒压压惊吧。"

"真是,这杯酒是我把命拼来的喔。换了别人,瓶子早已摔掉了;我哪怕碰断肘子,也要把酒瓶擎得老高,不让它砸破呢。"

"可怜的拿侬！"葛朗台一边说一边替她斟酒。

"跌痛没有？"欧也妮很关切的望着她问。

"没有，我挺一挺腰就站住了。"

"得啦，既然是欧也妮的生日，"葛朗台说，"我就去替你们修理踏级吧。你们这般人，就不会拣结实的地方落脚。"

葛朗台拿了烛台，走到烤面包的房里去拿木板，钉子和工具，让太太，女儿，佣人坐在暗里，除了壁炉的活泼的火焰之外，没有一点儿光亮。拿侬听见他在楼梯上敲击的声音，便问：

"要不要帮忙？"

"不用，不用！我会对付。"老箍桶匠回答。

葛朗台一边修理虫蛀的楼梯，一边想起少年时代的事情，直着喉咙打呼哨。这时候，三位克罗旭来敲门了。

"是你吗，克罗旭先生？"拿侬凑在铁栅上张了一张。

"是的。"所长回答。

拿侬打开大门，壁炉的火光照在环洞里，三位克罗旭才看清了堂屋的门口。拿侬闻到花香，便说：

"啊！你们是来拜寿的。"

"对不起，诸位，"葛朗台听出了客人的声音，嚷道，"我马上就来！不瞒你们说，楼梯的踏级坏了，我自己在修呢。"

"不招呼，不招呼！葛朗台先生。区区煤炭匠，在家也好当市长。"所长引经据典的说完，独自笑开了，却没有人懂得他把成语改头换面，影射葛朗台当过区长。

葛朗台母女俩站了起来。所长趁堂屋里没有灯光，便对欧也妮说道：

"小姐，今天是你的生日，我祝贺你年年快乐，岁岁康强!"

说着他献上一大束索漠城里少有的鲜花;然后抓着独养女儿的肘子,把她脖子两边亲了一下,那副得意的神气把欧也妮羞得什么似的。所长,像一只生锈的大铁钉,自以为这样就是追求女人。

"所长先生,不用拘束啊,"葛朗台走进来说,"过节的日子,照例得痛快一下。"

克罗旭神甫也捧着他的一束花,接口说:

"跟令爱在一块儿,舍侄觉得天天都是过节呢。"

说完话,神甫吻了吻欧也妮的手。公证人克罗旭却老实不客气亲了她的腮帮,说:

"哎,哎,岁月催人,又是一年了。"

葛朗台有了一句笑话,轻易不肯放弃,只要自己觉得好玩,会三番四复的说个不休;他把烛台往座钟前面一放,说道:

"既然是欧也妮的生日,咱们就大放光明吧!"

他很小心的摘下灯台上的管子,每根按上了灯芯盘,从拿侬手里接过一根纸卷的新蜡烛,放入洞眼,插妥了,点上了,然后走去坐在太太旁边,把客人,女儿,和两支蜡烛,轮流打量过来。克罗旭神甫矮小肥胖,浑身是肉,茶红的假头发,像是压扁了的,脸孔像个爱开玩笑的老太婆,套一双银搭扣的结实的鞋子,他把脚一伸,问道:

"台·格拉桑他们没有来吗?"

"还没有。"葛朗台回答。

"他们会来吗?"老公证人扭动着那张脚炉盖似的脸,问。

"我想会来的。"葛朗台太太回答。

"府上的葡萄收割完了吗?"特·篷风所长打听葛朗台。

"统统完了！"葛朗台老头说着，站起身来在堂屋里踱步，他把胸脯一挺的那股劲儿，跟"统统完了"四个字一样骄傲。

长脚拿侬不敢闯入过节的场面，便在厨房内点起蜡烛，坐在灶旁预备绩麻。葛朗台从过道的门里瞥见了，踱过去嚷道：

"拿侬，你能不能灭了灶火，熄了蜡烛，上我们这儿来？嘿！这里地方大得很，怕挤不下吗？"

"可是先生，你们那里有贵客哪。"

"怕什么？他们不跟你一样是上帝造的吗？"

葛朗台说完又走过来问所长：

"府上的收成脱手没有？"

"没有。老实说，我不想卖。现在的酒固然好，过两年更好。你知道，地主都发誓要坚持公议的价格。那些比国人这次休想占便宜了。他们这回不买，下回还是要来的。"

"不错，可是咱们要齐心啊。"葛朗台的语调，教所长打了一个寒噤。

"他会不会跟他们暗中谈判呢？"克罗旭心里想。

这时大门上锤子响了一下，报告台·格拉桑一家来了。葛朗台太太和克罗旭神甫才开始的话题，只得搁过一边。

台·格拉桑太太是那种矮小活泼的女人，身材肥胖，皮肤白里泛红，过着修道院式的内地生活，律身谨严，所以在四十岁上还显得年轻。这等女子仿佛过时的最后几朵蔷薇，叫人看了舒服，但它们的花瓣有种说不出的冰冷的感觉，香气也淡薄得很了。她穿着相当讲究，行头都从巴黎带来，索漠的时装就把她做标准，而且家里经常举行晚会。

她的丈夫在拿破仑的禁卫军中当过连长，在奥斯丹列兹一役受了重伤,退伍了,对葛朗台虽然尊敬,但是爽直非凡,不失军人本色。

"你好,葛朗台。"他说着向葡萄园主伸出手来,一副俨然的气派是他一向用来压倒克罗旭的,向葛朗台太太行过礼,他又对欧也妮说:"小姐,你老是这样美,这样贤惠,简直想不出祝贺你的话。"

然后他从跟班手里接过一口匣子递过去,里面装着一株好望角的铁树,这种花还是最近带到欧洲而极少见的。

台·格拉桑太太非常亲热的拥抱了欧也妮,握着她的手说:

"我的一点小意思,教阿道夫代献吧。"

一个头发金黄,个子高大的青年,苍白,娇弱,举动相当文雅,外表很羞怯,可是最近到巴黎念法律,膳宿之外,居然花掉上万法郎。这时他走到欧也妮前面,亲了亲她的腮帮,献上一个针线匣子,所有的零件都是镀金的;匣面上哥特式的花体字,把欧也妮姓名的缩写刻得不坏,好似做工很精巧,其实全部是骗人的起码货。

欧也妮揭开匣子,感到一种出乎意料的快乐,那是使所有的少女脸红,寒战,高兴得发抖的快乐。她望着父亲,似乎问他可不可以接受。葛朗台说一声:"收下罢,孩子!"那强劲有力的音调竟可以使一个角儿成名呢。

这样贵重的礼物,独养女儿还是第一遭看见,她的快活与兴奋的目光,使劲盯住了阿道夫·台·格拉桑,把三位克罗旭看呆了。台·格拉桑先生掏出鼻烟壶,让了一下主人,自己闻了一下,把蓝外套钮孔上"荣誉团"丝带上的烟末,抖干净了,旋过头去望着几位克罗旭,神气之间仿佛说:"嘿,瞧我这一手!"

台·格拉桑太太就像一个喜欢讥笑人家的女子，装作特意寻找克罗旭他们的礼物，把蓝瓶里的鲜花瞅了一眼。在这番微妙的比赛中，大家围坐在壁炉前面；克罗旭神甫却丢下众人，径自和葛朗台踱到堂屋那一头，离台·格拉桑最远的窗洞旁边，咬着守财奴的耳朵说：

"这些人简直把钱往窗外扔。"

"没有关系，反正是扔在我的地窖里。"葛朗台回答。

"你给女儿打把金剪刀也打得起呢。"神甫又道。

"金剪刀有什么稀罕，我给她的东西名贵得多哩。"

克罗旭所长那猪肝色的脸本来就不体面，加上乱蓬蓬的头发，愈显得难看了。神甫望着他，心里想：

"这位老侄真是一个傻瓜，一点讨人喜欢的小玩意儿都想不出来！"

这时台·格拉桑太太嚷道：

"咱们陪你玩一会儿牌吧，葛朗台太太。"

"这么多人，好来两局呢……"

"既然是欧也妮的生日，你们不妨来个摸彩的玩意，让两个孩子也参加。"老箍桶匠一边说一边指着欧也妮和阿道夫，他自己是对什么游戏都从不参加的。

"来，拿侬，摆桌子。"

"我们来帮忙，拿侬。"台·格拉桑太太很高兴的说，她因为得了欧也妮的欢心，快活得不得了。那位独养女儿对她说：

"我一辈子都没有这么快乐过，我从没见过这样漂亮的东西。"

台·格拉桑太太便咬着她的耳朵：

"那是阿道夫从巴黎捎来的,他亲自挑的呢。"

"好,好,你去灌迷汤罢,刁钻促狭的鬼女人!"所长心里想,"一朝你家有什么官司落在我手中,不管是你的还是你丈夫的,哼,看你有好结果吧。"

公证人坐在一旁,神色泰然的望着神甫,想道:

"台·格拉桑他们是白费心的。我的家私,我兄弟的,侄子的,合在一起有一百十万。台·格拉桑最多也不过抵得一半,何况他们还有一个女儿要嫁!好吧,他们爱送礼就送吧!终有一天,独养女儿跟他们的礼物,会一股脑儿落在咱们手里的。"

八点半,两张牌桌端整好了。俊俏的台·格拉桑太太居然能够把儿子安排在欧也妮旁边。各人拿着一块有数目字与格子的纸板,抓着蓝玻璃的码子,开始玩了。这聚精会神的一幕,虽然表面上平淡无奇,所有的角儿装作听着老公证人的笑话——他摸一颗码子,念一个数目,总要开一次玩笑——其实都念念不忘的想着葛朗台的几百万家私。

老箍桶匠踌躇满志的把台·格拉桑太太时髦的打扮,粉红的帽饰,银行家威武的脸相,还有阿道夫,所长,神甫,公证人的脑袋,一个个的打量过来,暗自想道:

"他们都看中我的钱,为了我女儿到这儿来受罪。哼!我的女儿,休想;我就利用这般人替我钓鱼!"

灰色的老客厅里,黑魆魆的只点两支蜡烛,居然也有家庭的欢乐;拿侬的纺车声,替众人的笑声当着伴奏,可是只有欧也妮和她母亲的笑才是真心的;小人的心胸都在关切重大的利益;这位姑娘受到奉承,包围,以为他们的友谊都是真情实意,仿佛一只小鸟全不知道给人家标着高价作为赌注。这种种使那天晚上的情景显得又可笑又可叹。这原是古往今来到处在搬演的活剧,这儿不过表现得最简单罢了。利用两家的假殷勤而占足便宜的葛朗台,是这一幕的主角,有了他,这一幕才有意义。单凭这个人的脸,不是就象征了法力无边的财神,现代人的上帝吗?

人生的温情在此只居于次要地位;它只能激动拿侬,欧也妮和她母亲三颗纯洁的心。而且她们能有这么一点天真,还是因为她们蒙在鼓里,一无所知!葛朗台的财富,母女俩全不知道;她们对人生的看法,只凭一些渺茫的观念,对金钱既不看重也不看轻,她们一向就用不到它。她们的情感虽然无形中受了伤害,依旧很强烈,而且是她们生命的真谛,使她们在这一群唯利是图的人中间别具一格。人类的处境就是这一点可怕!没有一宗幸福不是靠糊涂得来的。

葛朗台太太中了十六个铜子的彩,在这儿是破天荒第一遭的大彩;长脚拿侬看见太太有这许多钱上袋,快活得笑了。正在这时候,大门上砰的一声,锤子敲得那么响,把太太们吓得从椅子上直跳起来。

"这种敲门的气派绝不是本地人。"公证人说。

"哪有这样敲法的!"拿侬说,"难道想砸破大门吗?"

"哪个混账东西!"葛朗台咕噜着。

拿侬在两支蜡烛中拿了一支去开门,葛朗台跟着她。

"葛朗台!葛朗台!"他太太莫名其妙的害怕起来,望堂屋门口追上去叫。

牌桌上的人都面面相觑。

"咱们一块儿去怎么样?"台·格拉桑说,"这种敲门有点儿来意不善。"

台·格拉桑才看见一个青年人的模样,后面跟着驿站上的脚夫,扛了两口大箱子,拖了几个铺盖卷,葛朗台便突然转过身来对太太说:

"玩你们的,太太,让我来招呼客人。"

说着他把客厅的门使劲一拉。那些骚动的客人都归了原位,却并没玩下去。台·格拉桑太太问她的丈夫:

"是不是索漠城里的人?"

"不,外地来的。"

"一定是巴黎来的了。"

公证人掏出一只两指厚的老表,形式像荷兰战舰,瞧了瞧说:

"不错,正九点。该死,驿车倒从来不脱班。"

"客人还年轻吗?"克罗旭神甫问。

"年轻,"台·格拉桑答道,"带来的行李至少有三百斤。"

"拿侬还不进来。"欧也妮说。

"大概是府上的亲戚吧。"所长插了句嘴。

"咱们下注吧,"葛朗台太太轻声轻气的叫道,"听葛朗台的声音,他很不高兴;也许他不愿意我们谈论他的事。"

"小姐,"阿道夫对坐在隔壁的欧也妮说,"一定是你的堂兄弟葛朗台,一个挺漂亮的青年,我在纽沁根先生家的跳舞会上见过的。"

阿道夫停住不说了,他给母亲踩了一脚;她高声叫他拿出两个铜子来押,又咬着他的耳朵:

"别多嘴,你这个傻瓜!"

这时大家听见拿侬和脚夫走上楼梯的声音;葛朗台带着客人

进了堂屋。几分钟以来,个个人都给不速之客提足了精神,好奇得不得了,所以他的到场,他的出现,在这些人中间,犹如蜂房里掉进了一只蜗牛,或是乡下黝黑的鸡场里闯进了一只孔雀。

"到壁炉这边来坐吧。"葛朗台招呼他。

年轻的陌生人就坐之前,对众人客客气气鞠了一躬。男客都起身还礼,太太们都深深的福了一福。

"你冷了吧,先生?"葛朗台太太说,"你大概从……"

葛朗台捧着一封信在念,马上停下来截住了太太的话:

"嘿!娘儿腔!不用烦,让他歇歇再说。"

"可是父亲,也许客人需要什么呢。"欧也妮说。

"他会开口的。"老头儿厉声回答。

这种情形只有那位生客觉得奇怪。其余的人都看惯了这个家伙的霸道。客人听了这两句问答,不禁站起身子,背对着壁炉,提起一只脚烘烤靴底,一面对欧也妮说:

"大姊,谢谢你,我在都尔吃过晚饭了。"他又望着葛朗台说:"什么都不用费心,我也一点儿不觉得累。"

"你先生是从京里来的吧?"台·格拉桑太太问。

查理(这是巴黎葛朗台的儿子的名字)听见有人插嘴,便拈起用金链挂在项下的小小的手眼镜,凑在右眼上瞧了瞧桌上的东西和周围的人物,非常放肆的把眼镜向台·格拉桑太太一照,他把一切都看清楚了,才回答说:

"是的,太太。"——他又回头对葛朗台太太说:"哦,你们在摸彩,伯母。请呀,请呀,玩下去吧,多有趣的玩意儿,怎么好歇手呢!……"

"我早知道他就是那个堂兄弟。"台·格拉桑太太对他做着媚眼，心里想。

"四十七，"老神甫嚷道，"嗳，台·格拉桑太太，放呀，这不是你的号数吗？"

台·格拉桑先生抓起一个码子替太太放上了纸板。她却觉得预兆不好，一会儿望望巴黎来的堂兄弟，一会儿望望欧也妮，想不起摸彩的事了。年轻的独养女儿不时对堂兄弟瞟上几眼，银行家太太不难看出她越来越惊讶，越来越好奇的情绪。

02

巴黎的堂兄弟

查理·葛朗台,二十二岁的俊俏后生,跟那些老实的内地人正好成为古怪的对照;人家看了他贵族式的举动态度已经心中有气,而且还在加以研究,以便大大的讪笑他一番。这缘故需要说明一下。

在二十二岁上,青年人还很接近童年,免不了孩子气。一百个中间,说不定九十九个都会像查理·葛朗台一样的行事。那天晚上的前几日,父亲吩咐他到索漠的伯父那里住几个月。

也许巴黎的葛朗台念头转到欧也妮。初次跑到内地的查理,便想拿出一个时髦青年的骠劲,在州县里摆阔,在地方上开风气,带一些巴黎社会的新玩意来。总之,一句话说尽,他要在索漠比在巴黎花更多的时间刷指甲,对衣着特别出神入化,下一番苦功,不比有些时候一个风流年少的人倒故意的不修边幅,要显得潇洒。

因此,查理带了巴黎最漂亮的猎装,最漂亮的猎枪,最漂亮的刀子,最漂亮的刀鞘。他也带了全套最新奇的背心:灰的,白的,黑的,金壳虫色的,闪金光的,嵌水钻的,五色条纹的,双叠襟的，高领口的，直领口的，翻领的，纽扣一直扣到脖子的，金纽扣的。还有当时风行的各式硬领与领带，名裁缝蒲伊松做的两套服装，最讲究的内衣。母亲给的一套华丽的纯金梳妆用具也随身带了。凡是花花公子的玩意儿，都已带全；一只玲珑可爱的小文具盒也没有忘记。这是一个最可爱的——至少在他心目中——他叫作阿纳德的阔太太送的礼物。她此刻正在苏格兰陪着丈夫游历，烦闷不堪，可是为了某些谣言不得不暂时牺牲一下幸福。他也带了非常华丽的信笺，预备每半个月和她通一次信。巴黎浮华生活的行头，简直应有尽有，从决斗开场时用的马鞭起，直到决斗结束时用的镂工细巧的手枪为止，一个游手好闲的青年出门打天下的随身家伙，都包括尽了。父亲吩咐他一个人上路，切勿浪费，所以他包了驿车的前厢，很高兴那辆特地定造，预备六月里坐到巴登温泉与贵族太太阿纳德相会的，轻巧可爱的轿车，不致在这次旅行中糟蹋。

　　查理预备在伯父家里碰到上百客人，一心想到他森林中去围猎，过一下宫堡生活。他想不到伯父就在索漠；车子到的时候，他打听去法劳丰的路；等到知道伯父在城里，便以为他住的必是高堂大厦。索漠也罢，法劳丰也罢，初次在伯父家露面非体体面面不行，所以他的旅行装束是最漂亮的，最大方的，用当时形容一个人一件东西美到极点的口语说，是最可爱的。利用在都尔打尖的时间，他叫了一个理发匠把美丽的栗色头发重新烫过；衬衫也换过一件，戴一条黑缎子领带，配上圆领，使那张满面春风的小白脸愈加显得可爱了。一袭小腰身的旅行外套，纽扣只扣了一半，露出一件高领羊毛背心，里面还有第二件白背心。他的表随便纳在一只袋里，短短的金链系在钮孔上。灰色裤子，纽扣都在两旁,加上黑丝线绣成的图案,式样更美观了。他极有风趣的挥动手杖,雕刻精工的黄金柄,并没夺去灰色手套的光泽。最后,他的便帽也是很大方的。

只有巴黎人,一个第一流的巴黎人,才能这样打扮而不至于俗气,才有本领使那些无聊的装饰显得调和;给这些行头做支援的,还有一股骠劲,表示他有的是漂亮的手枪,百发百中的功夫,和那位贵族太太阿纳德。

因此,要了解索漠人与年轻的巴黎人彼此的惊讶,要在堂屋与构成这幅家庭小景的灰暗的阴影中,把来客风流典雅的光彩看个真切的话,就得把几位克罗旭的模样悬想一番。三个人都吸鼻烟,既淌鼻水,又让黄里带红、衣领打皱、褶裥发黄的衬衫胸饰沾满了小黑点:他们久已不在乎这些。软绵绵的领带,一扣上去就缩成一根绳子。衬衫内衣之多,一年只要洗两次,在衣柜底上成年累月的放旧了,颜色也灰了。邋遢与衰老在他们身上合而为一。跟破烂衣服一样的衰败,跟裤子一样的打皱,他们的面貌显得憔悴,硬化,嘴脸都扭做一团。

其余的人也是衣冠不整,七零八落,没有一点儿新鲜气象,跟克罗旭他们的落拓半斤八两。内地的装束大概都是如此,大家不知不觉只关心一副手套的价钱,而不想打扮给人家看了。只有讨厌时装这一点,台·格拉桑与克罗旭两派的意见是一致的。巴黎客人一拿起手眼镜,打量堂屋里古怪的陈设,楼板的梁木,护壁板的色调,护壁板上数量多得可以标点《日用百科全书》与《政府公报》的苍蝇屎的时候,那些玩摸彩戏的人便立刻扬起鼻子打量他,好奇的神情似乎在看一头长颈鹿。台·格拉桑父子虽然见识过时髦人物,也跟在座的人一样的惊讶,或许是众人的情绪有股说不出的力量把他们感染了，或许他们表示赞成，所以含讥带讽的对大家挤眉弄眼，仿佛说："你们瞧，巴黎人就是这副腔派。"

并且他们尽可从从容容的端相查理，不用怕得罪主人。葛朗台全副精神在对付手里的一封长信，为了看信，他把牌桌上唯一的蜡烛拿开了，既不顾到客人，也不顾到他们的兴致。欧也妮从来没见过这样美满的装束与人品，以为堂兄弟是什么天上掉下来的妙人儿。光亮而卷曲有致的头发散出一阵阵的香气，她尽量的闻着，嗅着，觉得飘飘然。漂亮精美的手套，她恨不得把那光滑的皮去摸一下。她羡慕查理的小手，皮色，面貌的娇嫩与清秀。这可以说是把风流公子给她的印象作了一个概括的叙述。可是一个没有见过世面的姑娘，只知道缝袜子，替父亲补衣裳，在满壁油腻的屋子里讨生活的——冷清的街上一小时难得看到一个行人——这样一个女子一见这位堂兄弟，自然要神魂颠倒，好像一个青年在英国圣诞画册上看到了那些奇妙的女人，镂刻的精巧，大有吹一口气就会把天仙似的美女从纸上吹走了似的。

查理掏出一条手帕，是在苏格兰游历的阔太太绣的，美丽的绣作正是热恋中怀着满腔爱情做成的；欧也妮望着堂兄弟，看他是否当真拿来用。查理的举动，态度，拿手眼镜的姿势，故意的放肆，还有对富家闺女刚才多么喜欢的那个针线匣，他认为毫无价值或俗不可耐而一脸瞧不起的神气，总之，查理的一切，凡是克罗旭与台·格拉桑他们看了刺眼的，欧也妮都觉得赏心悦目，使她当晚在床上老想着那个了不起的堂兄弟，睡不着觉。

摸彩摸得很慢，不久也就歇了。因为长脚拿侬进来高声地说：

"太太，得找被单替客人铺床啦。"

葛朗台太太跟着拿侬走了。台·格拉桑太太便轻轻地说：

"我们把钱收起来，歇了吧。"

各人从缺角的旧碟子内把两个铜子的赌注收起，一齐走到壁炉前面，谈一会儿天。

"你们完了吗？"葛朗台说着，照样念他的信。

"完了，完了。"台·格拉桑太太答着话，挨着查理坐下。欧也妮像一般初次动心的少女一样，忽然想起一个念头，离开堂屋，给母亲和拿侬帮忙去了。要是一个手腕高明的忏悔师盘问她，她一定会承认那时既没想到母亲，也没想到拿侬，而是非常急切的要看看堂兄弟的卧房，替他张罗一下，放点儿东西进去，唯恐人家有什么遗漏，样样要想个周到，使他的卧房尽可能显得漂亮，干净。欧也妮已经认为只有她才懂得堂兄弟的口味与心思。

母亲与拿侬以为一切安排定当，预备下楼了，她却正好赶上，指点给她们看，什么都不行。她提醒拿侬捡一些炭火，弄个脚炉烘被单；她亲手把旧桌子铺上一方小台布，吩咐拿侬这块台布每天早上都得更换。她说服母亲，壁炉内非好好的生一个火不可，又逼着拿侬瞒了父亲搬一大堆木柴放在走廊里。台·拉·裴德里埃老先生的遗产里面，有一个古漆盘子放在堂屋的三角橱上，还有一只六角水晶杯，一只镀金褪尽的小羹匙，一个刻着爱神的古瓶，欧也妮一齐搬了来，得意扬扬的摆在壁炉架上。她这一会儿的念头，比她出世以来所有的念头还要多。

"妈妈，"她说，"蜡油的气味，弟弟一定受不了。去买一支白烛怎么样？……"说着她像小鸟一般轻盈的跑去，从钱袋里掏出她的月费，一块五法郎的银币，说：

"喂，拿侬，快点儿去。"

她又拿了一个糖壶,赛佛窑烧的旧瓷器,是葛朗台从法劳丰别庄拿来的。葛朗台太太一看到就严重的警告说:

"哎,父亲看了还了得!……再说哪儿来的糖呢?你疯了吗?"

"妈妈,跟白烛一样好叫拿侬去买啊。"

"可是你父亲要怎么说呢?"

"他的侄儿连一杯糖水都没得喝,成什么话?而且他不会留意的。"

"嘿,什么都逃不过他的眼睛。"葛朗台太太侧了侧脑袋。

拿侬犹疑不决,她知道主人的脾气。

"去呀,拿侬,既然今天是我的生日!"

拿侬听见小主人第一次说笑话,不禁哈哈大笑,照她的吩咐去办了。

正当欧也妮跟母亲想法把葛朗台派给侄儿住的卧房装饰得漂亮一些的时候,查理却成为台·格拉桑太太大献殷勤,百般挑引的目标。

"你真有勇气呀,先生,"她对他说,"居然肯丢下巴黎冬天的娱乐,住到索漠来。不过,要是你不觉得我们太可怕的话,你慢慢会看到,这里一样可以玩儿的。"

接着她做了一个十足内地式的媚眼。内地女子的眼风,因为平常矜持到极点,谨慎到极点,反而有一种馋涎欲滴的神气,那是把一切欢娱当作窃盗或罪过的教士特有的眼风。

查理在堂屋里迷惘到万分,意想之中伯父的别庄与豪华的生活,跟眼前种种差得太远了,所以他把台·格拉桑太太仔细瞧过之后,觉得她淡淡的还有一点儿巴黎妇女的影子。她上面那段话，对他好似一种邀请，他便客客气气的接受了，很自然的和她攀谈起来。台·格拉桑太太把嗓子逐渐放低，跟她说的体己话的内容配合。她和查理都觉得需要密谈一下。所以时而调情说笑，时而一本正经的闲扯了一会之后，那位手段巧妙的内地女子，趁其余的人谈论当时全索漠最关心的酒市行情而不注意她的时候，说道：

"先生，要是你肯赏光到舍间来，外子一定跟我一样的高兴。索漠城中，只有在舍间才能同时碰到商界巨头跟阀阅世家。在这两个社会里，我们都有份；他们也只愿意在我们家里见面，因为玩的痛快。我敢骄傲的说一句，旧家跟商界都很敬重我的丈夫。我们一定得给你解解闷。要是你老待在葛朗台先生家里，哎，天哪！不知你要烦成什么样呢！你的老伯是一个守财奴，一心只想他的葡萄秧；你的伯母是一个理路不清的老虔婆；你的堂姊，不痴不癫，没有教育，没有陪嫁，俗不可耐，整天只晓得缝抹布。"

"她很不错呢，这位太太。"查理这样想着，就跟台·格拉桑太太的装腔作势呼应起来。

"我看，太太，你大有把这位先生包办的意思。"又胖又高的银行家笑着插嘴。

听到这一句，公证人与所长都说了些俏皮话；可是神甫很狡猾的望着他们，吸了一撮鼻烟，拿烟壶向大家让了一阵，把众人的思想归纳起来说：

"除了太太，还有谁能给这位先生在索漠当向导呢？"

"啊，啊！神甫，你这句话是什么意思？"台·格拉桑先生问。

"我这句话，先生，对你，对尊夫人，对索漠城，对这位贵客，都表示最大的好意。"奸猾的老头儿说到末了，转身望着查理。

克罗旭神甫装作全没注意查理和台·格拉桑太太的谈话，其实早已猜透了。

"先生，"阿道夫终于装作随便的样子，对查理说，"不知道你还记得我吗，在纽沁根男爵府上，跳四组舞的时候我曾经跟你照过一面[1]，并且……"

"啊，不错，先生，不错。"查理回答，他很诧异的发觉个个人都在巴结他。

"这一位是你的世兄吗？"他问台·格拉桑太太。

神甫狡猾的瞅了她一眼。

"是的，先生。"她说。

"那么你很年轻就上巴黎去了？"查理又转身问阿道夫。

"当然喽，先生，"神甫插嘴道，"他们断了奶，咱们就打发他们进京看花花世界了。"

台·格拉桑太太极有深意的把神甫瞪了一眼，表示质问。他却紧跟着说：

"只有在内地，才能看到像太太这样三十多岁的女子，儿子都快要法科毕业了，还是这么娇嫩。"他又转身对着台·格拉桑太太："当年跳舞会里，男男女女站在椅子上争着看你跳舞的光景，还清清楚楚在我眼前呢。你红极一时的盛况仿佛是昨天的事。"

---

[1] 四组舞的格式，两对舞伴在某种姿势中必须互相照面。

"噢！这个老混蛋！"台·格拉桑太太心里想，"难道他猜到了我的心事吗？"

"看来我在索漠可以大大的走红呢。"查理一边想一边解开上衣的纽扣，把一只手按在背心上，眼睛望着空中，仿英国雕刻家凯脱莱塑的拜伦的姿势。

葛朗台老头的不理会众人，或者不如说他聚精会神看信的神气，逃不过公证人和所长的眼睛。葛朗台的脸这时给烛光照得格外分明，他们想从他微妙的表情中间揣摩书信的内容。老头儿的神色，很不容易保持平日的镇静。并且像下面这样一封悲惨的信，他念的时候会装作怎样的表情，谁都可以想象得到：

大哥，我们分别快二十三年了。最后一次会面是我结婚的时候，那次我们是高高兴兴分手的。当然，我想不到有这么一天，要你独立支撑家庭。你当时为了家业兴隆多么快活。可是这封信到你手里的时候，我已经不在世界上了。以我的地位，我不愿在破产的羞辱之后觍颜偷生。我在深渊边上挣扎到最后一刻，希望能突破难关。可是非倒不可。我的经纪人以及公证人洛庚，他们的破产，把我最后一些资本也弄光了。我欠了近四百万的债，资产只有一百万。囤积的酒，此刻正碰到市价惨跌，因为你们今年丰收，酒质又好。三天之后，全巴黎的人都要说："葛朗台原来是个骗子！"我一生清白，想不到死后要受人唾骂。我既沾污了儿子的姓氏，又侵占了他母亲的一份财产。他还一点儿不知道呢，我疼爱的这个可怜的孩子！我和他分手的时候，彼此依依不舍。幸而他不知道这次的诀别是我最后一次发泄热情。将来他会不会咒我呢？大哥，大哥，儿女的诅咒是最可怕的！儿女得罪了我们，可以求告，讨饶；我们得罪了儿女，却永远挽回不了。葛朗台，你是我的兄长，应当保护我：不要让查理在我的坟墓上说一句狠毒的话！大哥，即使我用血泪写这封信，也不至于这样痛苦；因为我可以痛哭，可以流血，可以死，可以没有知觉；但我现在只觉得痛苦，而且眼看着死，一滴眼泪都没有。你如今是查理的父亲了，他没有外婆家的亲戚，你知道为什么。唉，为什么我当时不听从社会的成见呢？为什么我向爱情低头呢？为什么我娶了一个贵人的私生女儿？查理无家可归了。可怜的孩子！孩子！你得知道，葛朗台，我并不为了自己求你；并且你的家产也许还押不到三百万；我求你是为我的儿子呀！告诉你，大哥，我想到你的时候是合着双手哀求的。葛朗台，我临死之前把查理付托给你了。现在我望着手枪不觉得痛苦了，因为想到有你担起为父的责任。查理对我很孝顺，我对他那么慈爱，从来不违拗他，他不会恨我的。并且你慢慢可以看到：他性情和顺像他母亲，绝不会有什么事教你难堪。可怜的孩子！他是享福惯的。你我小时候吃着不全的苦处，他完全不知道……而他现在倾家荡产，只有一个人了！一定的，所有的朋友都要回避他，而他的羞辱是我造成的。啊！我恨不得把他一手带上天国，放在他母亲身边，唉，我简直疯了！我还得讲我的苦难，查理的苦难。我打发他到你那儿，让你把我的死讯和他将来的命运婉转的告诉他。希望你做他的父亲,慈爱的父亲。切勿一下子逼他戒绝悠闲的生活,那他会送命的。我愿意跪下来,求他抛弃母亲的遗产,而不要站在我的债权人的地位。可是不必,他有傲气,一定知道他不该站在我的债主一起。你得教他趁早抛弃我的遗产[1]。我替他造成的艰苦的处境,你得仔细解释给他听;如果他对我的孝心不变,那么替我告诉他,前途并不绝望。咱们俩当初都是靠工作翻身的,将来他也可以靠了工作把我败掉的家业挣回来。如果他肯听我为父的话——为了他,我简直想从坟墓里爬起来——他应该出国,到印度去[2]!大哥,查理是一个勇敢正直的青年,你给他一批出口货让他经营,他死也不会赖掉你给他的第一笔资本的;你一定得供给他,葛朗台!否则你将来要受良心责备的。啊!要是你对我的孩子不肯帮忙,不加怜爱,我要永久求上帝惩罚你的无情无义。我很想抢救出一部分财产,因为我有权在他母亲的财产里面留一笔给他,可是月底的开支把我全部资源分配完了。不知道孩子将来的命运,我是死不瞑目的;我真想握着你温暖的手,听到你神圣的诺言;但是来不及了。在查理赶路的时间,我要把资产负债表造起。我要以业务的规矩诚实,证明我这次失败既没有过失也没有私弊。这不是为了查理吗!——别了,大哥。我付托给你的监护权,我相信你一定会慷慨的接受,愿上帝为此赐福给你。在彼世界

---

[1] 法律规定,抛弃遗产即不负前人债务的责任。
[2] 本书所称印度系泛指东印度(即荷属南洋群岛)与西印度(即美洲)。

上，永久有一个声音在为你祈祷。那儿我们早晚都要去的，而我已经在那里了。

维克多-安越-琪奥默·葛朗台

"嗯，你们在谈天吗？"葛朗台把信照原来的折痕折好，放在背心袋里。

他因为心绪不宁，作着种种盘算，便故意装出谦卑而胆怯的神气望着侄儿说：

"烤了火，暖和了吗？"

"舒服得很，伯父。"

"哎，娘儿们到哪里去了？"

他已经忘了侄儿是要住在他家里的。

这时欧也妮和葛朗台太太正好回到堂屋。

"楼上什么都端整好了吧？"老头儿的心又定了下来。

"端整好了，父亲。"

"好吧，查理，你觉得累，就教拿侬带你上去。我的妈，那可不是漂亮哥儿住的房间喔！原谅我们种葡萄的穷人，都给捐税刮光了。"

"我们不打搅了，葛朗台，"银行家插嘴道，"你跟令侄一定有话谈。我们走了。明儿见。"

一听这几句话，大家站起身来告别，各人照着各人的派头行礼。老公证人到门口找出灯笼点了，提议先送台·格拉桑一家回去。台·格拉桑太太没料到中途出了事，散得这么早，家里的当差还没有来接。

"太太，肯不肯赏脸，让我搀着你走？"克罗旭神甫对台·格拉桑太太说。

"谢谢你,神甫,有孩子招呼我呢。"她冷冷的回答。

"太太们跟我一块儿走是没有嫌疑的。"神甫说。

"喂,就让克罗旭先生搀着你吧。"她的丈夫接口说。

神甫搀着美丽的太太,故意轻快的走在众人前面。

"这青年很不错啊,太太,"他紧紧抓着她的胳膊说,"葡萄割完,篮子没用了!事情吹啦。你休想葛朗台小姐了,欧也妮是给那个巴黎人的啰。除非这个堂兄弟爱上什么巴黎女子,令郎阿道夫遇到了一个最……的敌手……"

"别这么说,神甫。回头他就会发觉欧也妮是一个傻姑娘,一点儿娇嫩都谈不上。你把她打量过没有?今晚上她脸孔黄得像木瓜。"

"这一点也许你已经提醒堂兄弟了?"

"老实不客气……"

"太太,你以后永远坐在欧也妮旁边,那么不用对那个青年人多说他堂姊的坏话,他自己会比较,而且对……"

"他已经答应后天上我们家吃晚饭。"

"啊!要是你愿意的话,太太……"神甫说。

"愿意什么,神甫?是不是想教坏我?天哪,我一生清白,活到了三十九岁,总不成再来糟蹋自己的声名,那怕是为了得蒙古大皇帝的天下!你我在这个年纪上都知道说话应该有个分寸。以你教士的身份,你的念头真是太不像话了。呸!倒像《福勒拉》[1]书中的……"

---

[1] 《福勒拉》为描写十八世纪轻狂淫逸风气的小说。

"那么你念过《福勃拉》了？"

"不，神甫，我是说《男子可畏》那部小说。"

"啊！这部书正经多了，"神甫笑道，"你把我当作像现在的青年一样坏！我不过想劝你……"

"你敢说你不是想替我出坏主意吗？事情还不明白？这青年人固然不错，我承认，要是他追求我，他当然不会想到他的堂姊了。在巴黎，我知道，有一般好妈妈为了儿女的幸福跟财产，不惜来这么一手；可是咱们是在内地呀，神甫。"

"对，太太。"

"并且，"她又说，"哪怕是一万万的家私，我也不愿意用这种代价去换，阿道夫也不愿意。"

"太太，我没有说什么一万万。诱惑来的时候，恐怕你我都抵抗不了。不过我认为一个清白的女子，只要用意不差，无伤大雅的调调情也未始不可，交际场中，这也是女人的一种责任……"

"真的吗？"

"太太，我们不是都应当讨人喜欢吗？……对不起，我要擤一下鼻子。真的，太太，"他接下去说，"他拿手眼镜照你，比他照我的时候，神气似乎要来得亲热一些；自然，我原谅他爱美甚于敬老……"

"显而易见，"所长在后面用他粗嘎而宏大的声音说，"巴黎的葛朗台打发儿子到索漠来，完全是为了亲事……"

"那么堂兄弟就不至于来得这么突兀了。"公证人回答。

"那倒不一定，"台·格拉桑先生表示意见，"那家伙一向喜欢藏头露尾的。"

"喂，台·格拉桑，"他太太插嘴道，"我已经请他来吃晚饭了，那小伙子。你再去邀上拉索尼埃夫妇，杜·奥多阿一家，还有那美丽的杜·奥多阿小姐；噢，但愿她那一天穿得像个样子！她母亲真会忌妒，老把她装扮得那么丑！"她又停下脚步对三位克罗旭说："希望你们也赏光。"

"你们到了，太太。"公证人说。

三位克罗旭别了三位台·格拉桑回家，一路上拿出内地人长于分析的本领，把当晚那件大事从各方面推敲了一番。为了这件事，克罗旭和台·格拉桑两家的关系有了变化。支配这些大策略家行事的世故，使双方懂得暂时有联合对付共同敌人的必要。他们不是应该协力同心阻止欧也妮爱上堂兄弟，阻止查理想到堂姊吗？他们要用花言巧语去阴损人家，表面上恭维，骨子里诋毁，时时刻刻说些似乎天真而别有用心的话：那巴黎人是否能够抵抗这些手段，不上他们的当呢？

赶到堂屋里只剩下四个家属的时候，葛朗台对侄儿说道：

"该睡觉了。夜深了，你到这儿来的事不能再谈了；明天再挑个合适的时间吧。我们八点吃早饭；中午随便吃一点水果跟面包，喝一杯白酒；五点吃晚饭，像巴黎人一样。这是我们的规矩。你想到城里城外去玩儿吧，尽管自便。原谅我很忙，没有工夫老是陪你。说不定你会到处听见人家说我有钱：这里是葛朗台先生的，那里又是葛朗台先生的。我让他们说，这些废话不会破坏我的信用。可是我实在没有钱，到了这个年纪，还像做伙计的一样，全部家当只有一双手和一只蹩脚刨子。你不久或者自己会明白，要流着汗去挣一个钱是多么辛苦。喂，拿侬，把蜡烛拿来。"

"侄儿，我想你屋子里用的东西大概都齐了，"葛朗台太太说，"缺少什么，尽管吩咐拿侬。"

"不会吧，伯母，我什么都带齐的！希望你跟大姊都睡得好。"

查理从拿侬手里接过一支点着的白烛，安育城里的货色，铺子里放久了，颜色发黄，初看跟蜡烛差不多；葛朗台根本想不到家里有白烛，也就不曾发觉这件奢侈品。

"我来带路。"他说。

照例应当从大门里边的环洞中出去，葛朗台却郑重其事的，走堂屋与厨房之间的过道上楼。过道与楼梯中间隔着一扇门，嵌着椭圆形的大玻璃，挡一下楼梯洞里的冷气。但是到了冬天，虽然堂屋的门，上下四周都钉着绒布条子，照样有尖利的冷风钻进来，使里面不容易保持相当的温度。

拿侬把大门上锁，关起堂屋，到马房里放出那条声音老是发嘎，仿佛害什么喉头炎似的狼狗。这畜生凶猛无比，只认得拿侬一人。他们都是乡下出身，所以彼此了解。查理看到楼梯间墙壁发黄，到处是烟熏的痕迹，扶手全给虫蛀了的楼梯，在伯父沉重的脚下颤抖，他的美梦更加吹得无影无踪了；他疑心走进了一座鸡棚，不由得转身望望他的伯母与堂姊；她们却是走惯这座楼梯的，根本没有猜到他为什么惊讶，还以为他表示亲热，便对他很愉快的一笑，越发把他气坏了。

"父亲送我到这儿来见什么鬼呀！"他心里想。

到了楼上，他看见三扇土红色的门，没有门框子，嵌在剥落的墙壁里，钉着两头作火舌形的铁条，就像长长的锁眼两端的花纹。正对楼梯的那扇门，一望而知是堵死了的。这间屋正好在厨房上面,只能从葛朗台的卧房进去,是他办事的密室,独一无二的窗洞临着院子,装着粗大的铁栅。

这间房,不用说别人,连葛朗台太太都不准进去,他要独自守在里面,好似炼丹师守护丹炉一般。这儿,他准是很巧妙的安排下什么密窟,藏着田契屋契之类,挂着秤金路易的天平,更深夜静的躲在这里写凭据,收条,作种种计算;所以一般生意人永远看到葛朗台样样都有准备,以为他有什么鬼使神差供他驱遣似的。当拿侬打鼾的声音震动楼板,狼狗在院中巡逻,打呵欠,欧也妮母女俩沉沉酣睡的时候,老箍桶匠一定在这儿眯着眼睛看黄金,摩挲把玩,装入桶内,加上箍套。密室的墙壁既厚实,护窗也严密。钥匙只有他一个人有。据说他还在这儿研究图样,上面连果树都注明的,他核算他的出产,数字的准确至多是一根葡萄秧一捆柴上下。

这扇堵死的门对面是欧也妮的房门。楼梯道的尽头是老夫妇俩的卧室,占据了整个前楼的地位。葛朗台太太和女儿的屋子是相连的,中间隔一扇玻璃门。葛朗台和太太的两间卧室,有板壁分隔,密室与他的卧室之间是厚实的墙。

葛朗台老头把侄儿安置在三楼上,那间高爽的顶楼正好在他的卧室上面,如果侄儿高兴起来在房内走动,他可以听得清清楚楚。

欧也妮和母亲走到楼梯道中间,互相拥抱道别;她又对查理说了几句告别的话,嘴上很冷淡,在姑娘的心里一定是很热的;然后她们各自进房。

"这是你的卧房了,侄儿,"葛朗台一边开门一边说,"要出去,先叫拿侬。没有她,对不起!咱们的狗会一声不响把你吃掉。好好睡罢。再见。嗨！嗨！娘儿们给你生了火啦。"

这时长脚拿侬提着脚炉进来了。

"哦，又是一个！"葛朗台说，"你把我侄儿当作临产的女人吗？把脚炉拿下去，拿侬！"

"先生，被单还潮呢，再说，侄少爷真是娇嫩得像女人一样。"

"也罢，既然你存心讨好他，"葛朗台把她肩膀一推，"可是留神，别失火。"

吝啬鬼一路下楼，不知嘟囔些什么。

查理站在行李堆中愣住了。这间顶楼上的卧房，那种黄地小花球的糊壁纸，像小酒店里用的；粉石的壁炉架，线条像沟槽一般，望上一眼就教你发冷；黄椅子的草坐垫涂过油，似乎不止有四只角；床几的大肚子打开着，容得下一个轻骑兵；稀薄的脚毯上边是一张有顶的床，满是蛀洞的帐幔摇摇欲坠。查理一件件的看过了，又一本正经的望着长脚拿侬，说道：

"嗨！嗨！好嫂子，这当真是葛朗台先生的府上吗，当过索漠区长，巴黎葛朗台先生的哥哥吗？"

"对呀，先生，一个多可爱，多和气，多好的老爷哪。要不要帮你打开箱子？"

"好啊，怎么不要呢，我的兵大爷！你没有在御林军中当过水手吗？"

"噢！噢！噢！"拿侬叫道，"什么？御林军的水手？淡的还是咸的？走水路的吗？"

"来，把钥匙拿去，在这口提箱里替我把睡衣找出来。"

一件金线绣花古式图案的绿绸睡衣，把拿侬看呆了。

"你穿了这个睡觉吗？"

"是呀。"

"哎哟！圣母玛利亚！披在祭坛上做桌围才合适呢。我的好少爷，把它捐给教堂吧，包你上天堂，要不然你的灵魂就没有救啦。噢！你穿了多好看。我要叫小姐来瞧一瞧。"

"喂，拿侬，别嚷，好不好？让我睡觉，我明儿再来整东西；你看中我的睡衣，就让你拿去救你的灵魂吧。我是诚心的基督徒，临走一定留下来，你爱怎办就怎办吧。"

拿侬呆呆的站在那里，端相着查理，不敢相信他的话。

"把这件漂亮衣衫给我？"她一边走一边说，"他已经在说梦话了，这位少爷。明儿见。"

"明儿见，拿侬。"——查理入睡之前又想："我到这儿来干什么呢？父亲不是一个呆子，教我来必有目的。好吧，正经事，明儿想，不知哪个希腊的笨伯说的。"

欧也妮祈祷的时候忽然停下来想道："圣母玛利亚，多漂亮呀，这位堂兄弟！"这天晚上她的祷告就没有做完。

葛朗台太太临睡的时候一点念头都没有。从板壁正中的小门中间，她听见老头儿在房内踱来踱去。像所有胆小的女人一样，她早已识得老爷的脾气。海鸥预知雷雨，她也能从微妙莫测的征兆上面，预感到葛朗台心中的风暴，于是就像她自己所说的，她装着假死。

葛朗台望着那扇里边有铁板的密室的门，想：

"亏我兄弟想得出，把儿子送给我！嘿，这笔遗产才有趣哩！我可是没有一百法郎给他。而且一百法郎对这个花花公子中什么用？他拿手眼镜照我晴雨表的气概，就像要放一把火把它烧掉似的。"

葛朗台想着那份痛苦的遗嘱可能发生的后果，心绪也许比兄弟写的时候还要乱。

"我真的会到手这件金线衣衫吗？……"拿侬自言自语的说。她睡熟的时候，已经穿上了祭坛的桌围，破天荒第一遭梦见许多鲜花，地毯，绫罗绸缎，正如欧也妮破天荒第一遭梦见爱情。

03

内地的爱情

少女们纯洁而单调的生活中,必有一个美妙的时间,阳光会流入她们的心坎,花会对她们说话,心的跳动会把热烈的生机传给头脑,把意念融为一种渺茫的欲望;真是哀而不怨,乐而忘返的境界!儿童睁眼看到世界就笑,少女在大自然中发现感情就笑,像她儿时一样的笑。要是光明算得人生第一个恋爱对象,那么恋爱不就是心的光明吗?欧也妮终于到了把世界上的东西看明白的时候了。

跟所有内地姑娘一样,她起身很早,祷告完毕,开始梳妆,从今以后梳妆是一件有意义的事情了。她先把栗色的头发梳光,很仔细的把粗大的辫子盘上头顶,不让零星短发从辫子里散出来,发髻的式样改成对称,越发烘托出她一脸的天真与娇羞;头饰的简朴与面部线条的单纯配得很调和。拿清水洗了好几次手,那是平日早已浸得通红,皮肤也变得粗糙了的,她望着一双滚圆的胳膊,私忖堂兄弟怎么能把手养得又软又白,指甲修得那么好看。她换上新袜,套上最体面的鞋子;一口气束好了胸,一个眼子都没有跳过。总之,她有生以来第一次希望自己显得漂亮,第一次懂得有一件裁剪合身、使她惹人注目的新衣衫的乐趣。

穿扮完了，她听见教堂的钟声，很奇怪只数到七下，因为想要有充分的时间梳妆，不觉的起得太早了。她既不懂一卷头发可以做上十来次，来研究它的效果，就只能老老实实抱着手臂，坐在窗下望着院子，小园，和那些居高临下的平台；一派凄凉的景色，也望不到远处，但也不无那种神秘的美，为冷静的地方或荒凉的野外所特有。

厨房旁边有口井，围着井栏，辘轳吊在一个弯弯的铁杆上。绕着铁杆有一株葡萄藤，那时枝条已经枯萎，变红；蜿蜒曲折的蔓藤从这儿爬上墙，沿着屋子，一直伸展到柴房顶上。堆在那里的木柴，跟藏书家的图书一样整齐。院子里因为长着青苔、野草，无人走动，日子久了，石板都是黑黝黝的。厚实的墙上披着绿荫，波浪似的挂着长长的褐色枝条。院子底上，通到花园门有八级向上的石磴，东倒西歪，给高大的植物掩没了，好似十字军时代一个寡妇埋葬她骑士的古墓。剥落的石基上面，竖着一排腐烂的木栅，一半已经毁了，却还布满各种藤萝，乱七八糟的扭做一团。栅门两旁，伸出两株瘦小的苹果树丫枝。园中有三条平行的小径，铺有细砂；小径之间是花坛，四周种了黄杨，借此堵住花坛的泥土；园子底上是一片菩提树荫，靠在平台脚下。一头是些杨梅树，另一头是一株高大无比的胡桃树，树枝一直伸到箍桶匠的密室外面。那日正是晴朗的天气，碰上洛阿河畔秋天常有的好太阳，使铺在幽美的景物，墙垣，院子和花园里树木上的初霜，开始融化。

欧也妮对那些素来觉得平淡无奇的景色，忽而体会到一种新鲜的情趣。千思百念，渺渺茫茫的在心头涌起，外界的阳光一点点的照开去，胸中的思绪也越来越多。她终于感到一阵模糊的、说不出的愉快把精神包围了，犹如外界的物体给云雾包围了一样。她的思绪，跟这奇特的风景连细枝小节都配合上了，心中的和谐与自然界的融成一片。

一堵墙上挂着浓密的凤尾草，草叶的颜色像鸽子的颈项一般时刻变化。阳光照到这堵墙上的时候，仿佛天国的光明照出了欧也妮将来的希望。从此她就爱这堵墙，爱看墙上的枯草，褪色的花，蓝的灯笼花，因为其中有她甜蜜的回忆，跟童年往事一样。有回声的院子里，每逢她心中暗暗发问的时候，枝条上每张落叶的声响就是回答。她可能整天待在这儿，不觉得时光飞逝。

然后她又心中乱糟糟的骚动起来，不时站起身子，走过去照镜子，好比一个有良心的作家打量自己的作品，想吹毛求疵的挑剔一番。

"我的相貌配不上他！"

这是欧也妮的念头，又谦卑又痛苦的念头。可怜的姑娘太瞧不起自己了；可是谦虚，或者不如说惧怕，的确是爱情的主要德行之一。像欧也妮那样的小布尔乔亚，都是身体结实，美得有点儿俗气的；可是她虽然跟弥罗岛上的爱神[1]相仿，却有一股隽永的基督徒气息，把她的外貌变得高雅，净化，有点儿灵秀之气，为古代雕刻家没有见识过的。她的脑袋很大，前额带点儿男相，可是很清秀，像菲狄亚斯[2]的丘比特雕像；贞洁的生活使她灰色的眼睛光芒四射。圆脸上娇嫩红润的线条，生过天花之后变得粗糙了，幸而没有留下痘瘢，只去掉了皮肤上绒样的那一层，但

---

1 弥罗岛的爱神为希腊许多爱神雕像之一，特点在于体格健美，表情宁谧。
2 纪元前五世纪的希腊大雕刻家。

依旧那么柔软细腻,会给妈妈的亲吻留下一道红印。她的鼻子大了一点,可是配上朱红的嘴巴倒很合适;满是纹缕的嘴唇,显出无限的深情与善意。脖子是滚圆的。遮得密不透风的饱满的胸部,惹起人家的注意与幻想。当然她因为装束的关系,缺少一点儿妩媚;但在鉴赏家心目中,那个不甚灵活的姿态也别有风韵。所以,高大壮健的欧也妮并没有一般人喜欢的那种漂亮,但她的美是一望而知的,只有艺术家才会倾倒的。有的画家希望在尘世找到圣洁如玛利亚那样的典型:眼神要像拉斐尔所揣摩到的那么不亢不卑;而理想中的线条,又往往是天生的,只有基督徒贞洁的生活才能培养,保持。醉心于这种模型的画家,会发现欧也妮脸上就有种天生的高贵,连她自己都不曾觉察的:安静的额角下面,藏着整个的爱情世界;眼睛的模样,眼皮的动作,有股说不出的神明的气息。她的线条,面部的轮廓,从没有为了快乐的表情而有所改变,而显得疲倦,仿佛平静的湖边,水天相接之处那些柔和的线条。恬静、红润的脸色,光彩像一朵盛开的花,使你心神安定,感觉到它那股精神的魅力,不由不凝眸注视。

欧也妮还在人生的边上给儿童的幻象点缀得花团锦簇,还在天真烂漫的,采朵雏菊占卜爱情的阶段。她并不知道什么叫作爱情,只照着镜子想:"我太丑了,他看不上我的!"

随后她打开正对楼梯的房门,探着脖子听屋子里的声音。她听见拿侬早上例有的咳嗽,走来走去,打扫堂屋,生火,缚住狼狗,在牛房里对牲口说话。她想:

"他还没有起来呢。"

她立刻下楼,跑到正在挤牛奶的拿侬前面。

"拿侬,好拿侬,做些乳酪给堂兄弟喝咖啡吧。"

"嗳,小姐,那是要隔天做起来的,"拿侬大笑着说,"今天我没法做乳酪了。哎,你的堂兄弟生得标致,标致,真标致。你没瞧见他穿了那件金线纺绸睡衣的模样呢。嗯,我瞧见了。他细洁的衬衫跟本堂神甫披的白祭衣一样。"

"拿侬,那么咱们弄些千层饼吧。"

"烤炉用的木柴谁给呢?还有面包,还有牛油?"拿侬说。她以葛朗台先生的总管资格,有时在欧也妮母女的心目中特别显得有权有势。"总不成为了款待你的堂兄弟,偷老爷的东西。你可以问他要牛奶,面粉,木柴,他是你的爸爸,会给你的。哦,他下楼招呼食粮来啦……"

欧也妮听见楼梯在父亲脚下震动,吓得往花园里溜了。一个人快乐到极点的时候,往往——也许不无理由——以为自己的心思全摆在脸上,给人家一眼就会看透;这种过分的羞怯与心虚,对欧也妮已经发生作用。可怜的姑娘终于发觉了自己的屋子冷冰冰的一无所有,怎么也配不上堂兄弟的风雅,觉得很气恼。她很热烈的感到非给他做一点儿什么不可;做什么呢?不知道。天真,老实,她听凭纯朴的天性自由发挥,并没对自己的印象和情感有所顾虑。一看见堂兄弟,女性的倾向就在她心中觉醒了,而且来势特别猛烈,因为到了二十三岁,她的智力与欲望都已经达到高峰。她第一次见了父亲害怕,悟出自己的命运原来操在他的手里,认为有些心事瞒着他是一桩罪过。她脚步匆忙的在那儿走,很奇怪的觉得空气比平时新鲜,阳光比平时更有生气,给她精神上添了些暖意,给了她新生命。

她正在想用什么计策弄到千层饼。长脚拿侬和葛朗台却斗起嘴来。他们之间的吵架是像冬天的燕子一样少有的。老头儿拿了钥匙预备分配当天的食物，问拿侬：

"昨天的面包还有得剩吗？"

"连小屑子儿都没有了，先生。"

葛朗台从那只安育地方做面包用的平底篮里，拿出一个糊满干面的大圆面包，正要动手去切，拿侬说："咱们今儿是五个人吃饭呢，先生。"

"不错，"葛朗台回答，"可是这个面包有六磅重，还有得剩呢。这些巴黎人简直不吃面包，你等会瞧吧。"

"他们只吃馅子吗？"拿侬问。

在安育一带，俗语所说的馅子，是指涂在面包上的东西，包括最普通的牛油到最贵族化的桃子酱。凡是小时候舐光了馅子把面包剩下来的人，准懂得上面那句话的意思。

"不，"葛朗台回答，"他们既不吃馅子，也不吃面包，就像快要出嫁的姑娘一样。"

他吩咐了几样顶便宜的菜，关起杂货柜正要走向水果房，拿侬把他拦住了说：

"先生，给我一些面粉跟牛油，替孩子们做一个千层饼吧。"

"为了我的侄儿，你想毁掉我的家吗？"

"为你的侄儿，我并不比为你的狗多费什么心，也不见得比你自己多费心……你瞧，你只给我六块糖！我要八块呢。"

"哎唷！拿侬，我从来没看见你这个样子，这算什么意思？你是东家吗？糖，就只有六块。"

"那么侄少爷的咖啡里放什么？"

"两块喽，我可以不用的。"

"在你这个年纪不用糖？我掏出钱来给你买吧。"

"不相干的事不用你管。"

那时糖虽然便宜，老箍桶匠始终觉得这是最珍贵的舶来品，要六法郎一磅。帝政时代大家不得不节省用糖，在他却成了牢不可破的习惯。

所有的女人，哪怕是最蠢的，都会用手段来达到她们的目的：拿侬丢开了糖的问题，来争取千层饼了。

"小姐，"她隔着窗子叫道，"你不是要吃千层饼吗？"

"不要，不要。"欧也妮回答。

"好吧，拿侬，"葛朗台听见了女儿的声音，"拿去吧。"

他打开面粉柜舀了一点给她，又在早先切好的牛油上面补了几两。

"还要烤炉用的木柴呢。"拿侬毫不放松。

"你要多少就拿多少吧，"他无可奈何的回答，"可是你得给我们做一个果子饼，晚饭也在烤炉上煮，不用生两个炉子了。"

"嘿！那还用说！"

葛朗台用着差不多像慈父一般的神气，对忠实的管家望了一眼。

"小姐，"厨娘嚷道，"咱们有千层饼吃了。"

葛朗台捧了许多水果回来，先把一盆的量放在厨房桌上。

"你瞧，先生，"拿侬对他说，"侄少爷的靴子多好看，什么皮呀！多好闻哪！拿什么东西上油呢？要不要用你鸡蛋清调的鞋油？"

"拿侬，我怕蛋清要弄坏这种皮的。你跟他说不会擦摩洛哥皮就是了……不错,这是摩洛哥皮;他自己会到城里买鞋油给你的;听说那种鞋油里面还掺白糖,叫它发亮呢。"

"这么说来,还可以吃的了?"拿侬把靴子凑近鼻尖,"呦!呦!跟太太的科隆水一样香!好玩!"

"好玩!靴子比穿的人还值钱,你觉得好玩?"

他把果子房锁上,又回到厨房。

"先生,"拿侬问,"你不想一礼拜来一两次砂锅,款待款待你的……"

"行。"

"那么我得去买肉了。"

"不用;你慢慢给我们炖个野味汤,佃户不会让你闲着的。不过我得关照高诺阿莱打几只乌鸦,这个东西煮汤再好没有了。"

"可是真的,先生,乌鸦是吃死人的?"

"你这个傻瓜,拿侬!它们还不是跟大家一样有什么吃什么。难道我们就不吃死人了吗?什么叫作遗产呢?"

葛朗台老头没有什么吩咐了,掏出表来,看到早饭之前还有半点钟工夫,便拿起帽子拥抱了一下女儿,对她说:

"你高兴上洛阿河边遛遛吗,到我的草原上去?我在那边有点儿事。"

欧也妮跑去戴上系有粉红缎带的草帽,然后父女俩走下七转八弯的街道,直到广场。

"一大早往哪儿去呀?"公证人克罗旭遇见了葛朗台问。

"有点儿事。"老头儿回答,心里也明白为什么他的朋友清早就出门。

当葛朗台老头有点儿事的时候，公证人凭以往的经验，知道准可跟他弄到些好处，因此就陪了他一块儿走。

"你来，克罗旭，"葛朗台说，"你是我的朋友，我要给你证明，在上好的土地上种白杨是多么傻……"

"这么说来，洛阿河边那块草原给你挣的六万法郎，就不算一回事吗？"克罗旭眨巴着眼睛问，"你还不够运气？……树木砍下的时候，正碰上南德城里白木奇缺，卖到三十法郎一株。"

欧也妮听着，可不知她已经临到一生最重大的关头，至高至上的父母之命，马上要由公证人从老人嘴里逼出来了。

葛朗台到了洛阿河畔美丽的草原上，三十名工人正在收拾从前种白杨的地方，把它填土，挑平。

"克罗旭先生，你来看一株白杨要占多少地。"他提高嗓子唤一个工人："约翰，拿尺来把四……四……四边量……量……一下！"

工人量完了说："每边八尺。"

"那就是糟蹋了三十二尺地，"葛朗台对克罗旭说，"这一排上从前我有三百株白杨，是不是？对了……三百……乘三……三十二……尺……就……就……就是五……五……五百棵干草；加上两旁的，一千五；中间的几排又是一千五。就……就算一千堆干草吧。"

"像这类干草，"克罗旭帮着计算道，"一千堆值到六百法郎。"

"算……算……算它一千两百法郎，因为割过以后再长出来的，还好卖到三四百法郎。那么，你算算一年一千……千……两百法郎，四十年……下……下……下来该有多多多多少，加上你……你知道的利……利……利上滚利。"

"一起总该有六万法郎吧。"公证人说。

"得啦！只……只有六万法郎是不是？"老头儿往下说，这一回可不再结结巴巴了。"不过，两千株四十年的白杨还卖不到五万法郎，这不就是损失？给我算出来喽，"葛朗台说到这里，大有自命不凡之概。"约翰，你把窟窿都填平，只留下河边的那一排，把我买来的白杨种下去。种在河边，它们就靠公家长大了。"他对克罗旭补上这句，鼻子上的肉瘤微微扯动一下，仿佛是挖苦得最凶的冷笑。

"自然喽，白杨只好种在荒地上。"克罗旭这么说，心里给葛朗台的算盘吓住了。

"可不是，先生！"老箍桶匠带着讥讽的口吻。

欧也妮只顾望着洛阿河边奇妙的风景，没有留神父亲的计算，可是不久克罗旭对她父亲说的话，引起了她的注意：

"哎，你从巴黎招了一个女婿来啦，全索漠都在谈论你的侄儿。快要叫我立婚书了吧，葛老头？"

"你……你……你清……清……清早出来，就……就……就是要告诉我这个吗？"葛朗台说这句话的时候，扯动着肉瘤，"那么，老……老兄，我不瞒你，你……你要知……知道的，我可以告诉你。我宁可把……把……女……女……女儿丢在洛阿河里，也……也不愿把……把她给……给她的堂……堂……堂兄弟；你不……不……不妨说给人人……人……人家听。啊，不必；让他……他们去胡……胡……胡扯吧。"

这段话使欧也妮一阵眼花。遥远的希望刚刚在她心里萌芽，就开花，长成，结成一个花球，现在她眼看剪成一片片的，扔在地下。从隔夜起,促成两心相契的一切幸福的联系,已经使她舍不得查理;从今以后,却要由苦难来加强他们的结合了。苦难的崇高与伟大,要由她来担受,幸运的光华与她无缘,这不就是女子的庄严的命运吗?父爱怎么会在她父亲心中熄灭的呢?查理犯了什么滔天大罪呢?不可思议的问题!她初生的爱情已经够神秘了,如今又包上了一团神秘。她两腿哆嗦着回家,走到那条黝黑的老街,刚才是那么喜气洋洋的,此刻却一片荒凉,她感到了时光流转与人事牢牢留在那里的凄凉情调。爱情的教训,她一桩都逃不了。

到了离家只有几步路的地方,她抢着上前敲门,在门口等父亲。葛朗台瞥见公证人拿着原封未动的报纸,便问:

"公债行情怎么样?"

"你不肯听我的话,葛朗台,"克罗旭回答说,"赶紧买吧,两年之内还有二成可赚,并且利率很高,八万法郎有五千息金。行市是八十法郎五十生丁。"

"慢慢再说吧。"葛朗台摸着下巴。

公证人展开报纸,忽然叫道:"我的天!"

"什么事?"葛朗台这么问的时候,克罗旭已经把报纸送在他面前,说:"你念吧。"

> 巴黎商界巨子葛朗台氏,昨日照例前往交易所,不料返寓后突以手枪击中脑部,自杀殒命。死前曾致书众议院议长及商事裁判所所长,辞去本兼各职。闻葛氏破产,系受经纪人苏希及公证人洛庚之累。以葛氏地位及平素信用而论,原不难于巴黎商界中获得支援,徐图挽

救;讵一时情急,遽尔出此下策,殊堪惋惜……

"我早知道了。"老头儿对公证人说。

克罗旭听了这话抽了一口冷气。虽然当公证人的都有镇静的工夫,但想到巴黎的葛朗台也许央求过索漠的葛朗台而被拒绝的时候,他不由得背脊发冷。

"那么他的儿子呢?昨天晚上还多么高兴……"

"他还不知道。"葛朗台依旧很镇定。

"再见,葛朗台先生。"克罗旭全明白了,立刻去告诉特·篷风所长叫他放心。

回到家里,葛朗台看到早饭预备好了。葛朗台太太已经坐在那张有木座的椅子上,编织冬天用的毛线套袖。欧也妮跑过去拥抱母亲,热烈的情绪,正如我们憋着一肚子说不出的苦恼的时候一样。

"你们先吃吧,"拿侬从楼梯上连奔带爬的下来说,"他睡得像个小娃娃。闭着眼睛,真好看!我进去叫他,嗨,他一声也不回。"

"让他睡吧,"葛朗台说,"他今天起得再晚,也赶得上听他的坏消息。"

"什么事呀?"欧也妮问,一边把两小块不知有几公分重的糖放入咖啡。那是老头儿闲着没事的时候切好在那里的。葛朗台太太不敢动问,只望着丈夫。

"他父亲一枪把自己打死了。"

"叔叔吗?……"欧也妮问。

"可怜这孩子哪。"葛朗台太太嚷道。

"对啦，可怜，"葛朗台接着说，"他一个钱都没有了。"

"可是他睡的模样，好像整个天下都是他的呢。"拿侬声调很温柔的说。

欧也妮吃不下东西。她的心给揪紧了，就像初次对爱人的苦难表示同情，而全身都为之波动的那种揪心。她哭了。

"你又不认识叔叔，哭什么？"她父亲一边说，一边饿虎般的瞪了她一眼，他瞪着成堆的金子时想必也是这种眼睛。

"可是，先生，"拿侬插嘴道，"这可怜的小伙子，谁见了不替他难受呢？他睡得像木头一样，还不知道飞来横祸呢。"

"拿侬，我不跟你说话，别多嘴。"

欧也妮这时才懂得一个动了爱情的女子永远得隐瞒自己的感情。她不做声了。

"希望你，太太，"老头儿又说，"我出去的时候对他一字都不用提。我要去把草原上靠大路一边的土沟安排一下。我中饭时候回来跟侄儿谈。至于你，小姐，要是你为了这个花花公子而哭，这样也够了。他马上要到印度去，休想再看见他。"

父亲从帽子边上拿起手套，像平时一样不动声色的戴上，交叉着手指把手套扣紧，出门了。

欧也妮等到屋子里只剩她和母亲两个的时候，嚷道：

"啊！妈妈，我要死了。我从来没有这么难受过。"

葛朗台太太看见女儿脸色发白，便打开窗子教她深呼吸。

"好一点了。"欧也妮过了一会说。

葛朗台太太看到素来很冷静很安定的欧也妮，一下子居然神经刺激到这个田地，她凭着一般母亲对孩子的直觉，马上猜透了女儿的心。事实上，欧也妮母女俩的生命，比两个肉体连在一块的匈牙利孪生姊妹[1]还要密切,她们永远一块儿坐在这个窗洞底下,一块儿上教堂,睡在一座屋子里,呼吸着同样的空气。

"可怜的孩子!"葛朗台太太把女儿的头搂在怀里。

欧也妮听了这话,仰起头来望了望母亲,揣摩她心里是什么意思,末了她说:

"干吗要送他上印度去?他遭了难,不是正应该留在这儿吗?他不是我们的骨肉吗?"

"是的,孩子,应该这样。可是父亲有父亲的理由,应当尊重。"

母女俩一声不响的坐着,重新拿起活计,一个坐在有木座子的椅上,一个坐在小靠椅里。欧也妮为了感激母亲深切的谅解,吻着她的手说:

"你多好,亲爱的妈妈!"

这两句话使母亲那张因终身苦恼而格外憔悴的老脸,有了一点儿光彩。

"你觉得他长得体面吗?"欧也妮问。

葛朗台太太只微微笑了一下;过了一会她轻轻地说:

"你已经爱上他了是不是?那可不好。"

"不好?为什么不好?"欧也妮说,"你喜欢他,拿侬喜欢他,干吗我不能喜欢他?喂,妈妈,咱们摆起桌子来预备他吃早饭吧。"

她丢下活计,母亲也跟着丢下,嘴里却说:

"你疯了!"

---

[1] 匈牙利孪生姊妹生于一七〇一年,在欧洲各地展览,后送入修院,到二十一岁上死去。

但她自己也跟着发疯，仿佛证明女儿并没有错。

欧也妮叫唤拿侬。

"又是什么事呀，小姐？"

"拿侬，乳酪到中午可以弄好了吧？"

"啊！中午吗？行，行。"老妈子回答。

"还有，他的咖啡要特别浓，我听见台·格拉桑说，巴黎人都喝挺浓的咖啡。你得多放一些。"

"哪儿来这么些咖啡？"

"去买呀。"

"给先生碰到了怎么办？"

"不会，他在草原上呢。"

"那么让我快点儿去吧。不过番查老板给我白烛的时候，已经问咱们家里是不是三王来朝了。这样的花钱，满城都要知道喽。"

"你父亲知道了，"葛朗台太太说，"说不定要打我们呢。"

"打就打吧，咱们跪在地下挨打就是。"

葛朗台太太一言不答，只抬起眼睛望了望天。拿侬戴上头巾，出去了。欧也妮铺上白桌布，又到顶楼上把她好玩地吊在绳上的葡萄摘下几串。她在走廊里蹑手蹑脚的，唯恐惊醒了堂兄弟，又禁不住把耳朵贴在房门上，听一听他平匀的呼吸，心里想：

"真叫作无事家中卧，祸从天上来。"

她从葡萄藤上摘下几张最绿的叶子，像侍候筵席的老手一般，把葡萄装得那么惹看，然后得意扬扬的端到饭桌上。在厨房里，她把父亲数好的梨全部掳掠了来，在绿叶上堆成一座金字塔。她走来走去，蹦蹦跳跳，恨不得把父亲的家倾箱倒箧的搜刮干净；可是所有的钥匙都在他身上。拿侬揣着两个鲜蛋回来了。欧也妮一看见蛋，简直想跳上拿侬的脖子。

"我看见朗特的佃户篮里有鸡子，就问他要，这好小子，为了讨好我就给我了。"

欧也妮把活计放下了一二十次，去看煮咖啡，听堂兄弟的起床和响动；这样花了两小时的心血，她居然端整好一顿午餐，很简单，也不多花钱，可是家里的老规矩已经破坏完了。照例午餐是站着吃的，各人不过吃一些面包，一个果子，或是一些牛油，外加一杯酒。现在壁炉旁边摆着桌子，堂兄弟的刀叉前面放了一张靠椅，桌上摆了两盆水果，一个蛋盅，一瓶白酒，面包，衬碟内高高的堆满了糖：欧也妮望着这些，想到万一父亲这时候回家瞪着她的那副眼光，不由得四肢哆嗦。因此她一刻不停的望着钟，计算堂兄弟是否能够在父亲回来之前用完早餐。

"放心，欧也妮，要是你爸爸回来，一切归我担当。"葛朗台太太说。

欧也妮忍不住掉下一滴眼泪，叫道：

"哦！好妈妈，怎么报答你呢？"

查理哼呀唱呀，在房内不知绕了多少转，终于下楼了。还好，时间不过十一点。这巴黎人！他穿扮的花俏，仿佛在苏格兰的那位贵妇人爵府上作客。他进门时那副笑盈盈的怪和气的神情，配上青春年少多么合式，教欧也妮看了又快活又难受。意想中伯父的行宫别墅，早已成为空中楼阁，他却嘻嘻哈哈的满不在乎，很高兴的招呼他的伯母：

"伯母，你昨夜睡得好吗？还有你呢，大姊？"

"很好,侄少爷,你自己呢?"葛朗台太太回答。

"我么?睡得好极了。"

"你一定饿了,弟弟,"欧也妮说,"来用早点吧。"

"中午以前我从来不吃东西,那时我才起身呢。不过路上的饭食太坏了,不妨随便一点,而且……"

说着他掏出勃莱甘造的一只最细巧的平底表。

"咦,只有十一点,我起早了。"

"早了?……"葛朗台太太问。

"是呀,可是我要整东西。也罢,有东西吃也不坏,随便什么都行,家禽啰,鹧鸪啰。"

"啊,圣母玛利亚!"拿侬听了不禁叫起来。

"鹧鸪。"欧也妮心里想,她恨不得把全部私蓄去买一只鹧鸪。

"这儿坐吧。"伯母招呼他。

花花公子懒洋洋的倒在靠椅中,好似一个漂亮女子摆着姿势坐在一张半榻上。欧也妮和母亲端了两张椅子在壁炉前面,坐在他旁边。

"你们终年住在这儿吗?"查理问。他发觉堂屋在白天比在灯光底下更丑了。

"是的,"欧也妮望着他回答,"除非收割葡萄的时候,我们去帮一下拿侬,住在诺阿伊哀修道院里。"

"你们从来不出去遛遛吗?"

"有时候,星期日做完了晚祷,天晴的话,"葛朗台太太回答,"我们到桥边去,或者在割草的季节去看割草。"

"这儿有戏院没有?"

"看戏!"葛朗台太太嚷道,"看戏子!哎哟,侄少爷,难道你不知道这是该死的罪孽吗?"

"喂,好少爷,"拿侬捧着鸡子进来说,"请你尝尝带壳子鸡。"

"哦!新鲜的鸡子?"查理叫道,他正像那些惯于奢华的人一样,已经把他的鹧鸪忘掉了,"好极了!可有些牛油吗,好嫂子?"

"啊!牛油!那么你们不想吃千层饼了?"老妈子说。

"把牛油拿来,拿侬!"欧也妮叫道。

少女留神瞧着堂兄弟把面包切成小块,觉得津津有味,正如巴黎最多情的女工,看一出好人得胜的戏一样。查理受过极有风度的母亲教养,又给一个时髦女子琢磨过了,的确有些爱娇而文雅的小动作,颇像一个风骚的情妇。少女的同情与温柔,真有磁石般的力量。查理一看见堂姊与伯母对他的体贴,觉得那股潮水般向他冲来的感情,简直没法抗拒。他对欧也妮又慈祥又怜爱的瞧了一眼,充满了笑意。把欧也妮端相之下,他觉得纯洁的脸上线条和谐到极点,态度天真,清朗有神的眼睛闪出年青的爱情,只有愿望而没有肉欲的成分。

"老实说,亲爱的大姊,要是你盛装坐在巴黎歌剧院的花楼里,我敢保证伯母的话没有错,你要叫男人动心,叫女人妒忌,他们全得犯罪呢。"

这番恭维虽然使欧也妮莫名其妙,却把她的心抓住了,快乐得直跳。

"噢!弟弟,你取笑我这个可怜的乡下姑娘。"

"要是你识得我的脾气,大姊,你就知道我是最恨取笑的人：取笑会使一个人的心干枯，伤害所有的情感。"

说罢他有模有样的吞下一小块涂着牛油的面包。

"对了，大概我没有取笑人家的聪明，所以吃亏不少。在巴黎，'他心地好呀'这样的话，可以把一个人羞得无处容身。因为这句话的意思是'其蠢似牛'。但是我，因为有钱，谁都知道我拿起随便什么手枪，三十步外第一下就能打中靶子，而且还是在野地里，所以没有人敢开我的玩笑。"

"侄儿，这些话证明你的心好。"

"你的戒指漂亮极了，"欧也妮说，"给我瞧瞧不妨事吗？"

查理伸手脱下戒指，欧也妮的指尖，和堂兄弟粉红的指甲轻轻碰了一下，马上脸红了。

"妈妈，你看，多好的手工。"

"噢！多少金子啊？"拿侬端了咖啡进来，说。

"这是什么？"查理笑着问，他指着一个又高又瘦的土黄色的陶壶，上过釉彩，里边搪瓷的，四周堆着一圈灰土；里面的咖啡冲到面上又往底下翻滚。

"煮滚的咖啡呀。"拿侬回答。

"啊！亲爱的伯母，既然我在这儿住，至少得留下些好事做纪念。你们太落伍了！我来教你们怎样用夏伯太咖啡壶来煮成好咖啡。"

接着他解释用夏伯太咖啡壶的一套方法。

"哎唷，这样麻烦，"拿侬说，"要花上一辈子的工夫。我才不高兴这样煮咖啡呢。不是吗，我煮了咖啡，谁给咱们的母牛割草呢？"

"我来割。"欧也妮接口。

"孩子！"葛朗台太太望着女儿。

这句话，把马上要临到这可怜的青年头上的祸事，提醒了大家，三个妇女一齐闭口，不胜怜悯的望着他，使他大吃一惊。

"什么事，大姊？"

欧也妮正要回答，被母亲喝住了："嘘！孩子，你知道父亲会对先生说的……"

"叫我查理罢。"年青的葛朗台说。

"啊！你名叫查理？多美丽的名字！"欧也妮叫道。

凡是预感到的祸事，差不多全会来的。拿侬，葛朗台太太和欧也妮，想到老箍桶匠回家就会发抖的，偏偏听到那么熟悉的门锤声响了一下。

"爸爸来了！"欧也妮叫道。

她在桌布上留下了几块糖，把糖碟子收了。拿侬把盛鸡蛋的盘子端走。葛朗台太太笔直的站着，像一头受惊的小鹿。这一场突如其来的惊慌，弄得查理莫名其妙。他问：

"嗨，嗨，你们怎么啦？"

"爸爸来了呀。"欧也妮回答。

"那又怎么样？……"

葛朗台进来，尖利的眼睛望了望桌子，望了望查理，什么都明白了。

"啊！啊！你们替侄儿摆酒，好吧，很好，好极了！"他一点都不口吃的说，"猫儿上了屋，耗子就在地板上跳舞啦。"

"摆酒？……"查理暗中奇怪。他想象不到这份人家的伙食和生活习惯。

"把我的酒拿来,拿侬。"老头儿吩咐。

欧也妮端了一杯给他。他从荷包里掏出一把面子很阔的牛角刀,割了一块面包,拿了一些牛油,很仔细的涂上了,就地站着吃起来。这时查理正把糖放入咖啡。葛朗台一眼瞥见那么些糖,便打量着他的女人,她脸色发白的走了过来。他附在可怜的老婆耳边问。

"哪儿来的这么些糖?"

"拿侬上番查铺子买的,家里没有了。"

这默默无声的一幕使三位女人怎样的紧张,简直难以想象。拿侬从厨房里跑出来,向堂屋内张望,看看事情怎么样。查理尝了尝咖啡,觉得太苦,想再加些糖,已经给葛朗台收起了。

"侄儿,你找什么?"老头儿问。

"找糖。"

"冲些牛奶,咖啡就不苦了。"葛朗台回答。

欧也妮把父亲藏起的糖碟子重新拿来放上桌子,声色不动的打量着父亲。真的,一个巴黎女子帮助情人逃走,用娇弱的胳膊拉住从窗口挂到地下的丝绳那种勇气,也不见得胜过把糖重新放上桌子时欧也妮的勇气。可是巴黎女子是有酬报的,美丽的手臂上每根受伤的血管,都会由情人用眼泪与亲吻来滋润,用快乐来治疗;欧也妮被父亲霹雳般的目光瞪着,惊慌到心都碎了,而这种秘密的痛苦,查理是永远不会得知的。

"你不吃东西吗,太太?"葛朗台问他的女人。

可怜的奴隶走过来恭恭敬敬切了块面包,捡了一只梨。欧也妮大着胆子请父亲吃葡萄:

"爸爸,尝尝我的干葡萄吧!——弟弟,也吃一点好不好?

这些美丽的葡萄,我特地为你摘来的。"

"哦!再不阻止的话,她们为了你要把索漠城抢光呢,侄儿。你吃完了,咱们到花园里去;我有事跟你谈,那可是不甜的喽。"

欧也妮和母亲对查理瞅了一眼,那种表情,查理马上懂得了。

"你是什么意思呢,伯父?自从我可怜的母亲去世以后……(说到母亲二字他的声音软了下来),不会再有什么祸事的了……"

"侄儿,谁知道上帝想用什么灾难来磨炼我们呢?"他的伯母说。

"咄,咄,咄,咄!"葛朗台叫道,"又来胡说八道了——侄儿,我看到你这双漂亮雪白的手真难受。"他指着手臂尽处那双羊肩般的手。

"明明是生来捞钱的手!你的教养,却把我们做公事包放票据用的皮,穿在你脚上。不行哪!不行哪!"

"伯父,你究竟什么意思?我可以赌咒,简直一个字都不懂。"

"来吧。"葛朗台回答。

吝啬鬼把刀子折起,喝干了杯中剩下的白酒,开门出去。

"弟弟,拿出勇气来呀!"

少女的声调教查理浑身冰冻,他跟着好厉害的伯父出去,焦急得要命。拿侬和欧也妮母女,抑捺不住好奇心,一齐跑到厨房,偷偷瞧着两位演员,那幕戏就要在潮湿的小花园中演出了。伯父跟侄儿先是不声不响的走着。

说出查理父亲的死讯,葛朗台并没觉得为难,但知道查理一个钱都没有了,倒有些同情,私下想怎样措辞才能把悲惨的事实弄得和缓一些。"你父亲死了"这样的话,没有什么大不了,为父的总死在孩子前面。可是"你一点家产都没有了"这句话,却包括了世界上所有的苦难。老头儿在园子中间格格作响的砂径上已经走到了第三转。在一生的重要关头,凡是悲欢离合之事发生的场所,总跟我们的心牢牢粘在一块。所以查理特别注意到小园中的黄杨,枯萎的落叶,剥落的围墙,奇形怪状的果树,以及一切别有风光的细节;这些都将成为他不可磨灭的回忆,和这个重大的时间永久分不开。因为激烈的情绪有一种特别的记忆力。

葛朗台深深呼了一口气:

"天气真热,真好。"

"是的,伯父,可是为什么?……"

"是这样的,孩子,"伯父接着说,"我有坏消息告诉你。你父亲危险得很……"

"那么我还在这儿干吗?"查理叫道,"拿侬,上驿站去要马!我总该在这里弄到一辆车吧。"他转身向伯父补上一句。可是伯父站着不动。

"车呀马呀都不中用了。"葛朗台瞅着查理回答,查理一声不出,眼睛发呆了。"是的,可怜的孩子,你猜着了。他已经死了。这还不算,还有更严重的事呢,他是用手枪自杀的……"

"我的父亲?……"

"是的。可是这还不算。报纸上还有名有分的批评他呢。噢,你念吧。"

葛朗台拿出向克罗旭借来的报纸,把那段骇人的新闻送在查理眼前。可怜的青年这时还是一个孩子,还在极容易流露感情的年纪,他眼泪涌了出来。

"啊,好啦,"葛朗台私下想,"他的眼睛吓了我一跳。现在他哭了,不要紧了。"

"这还不算一回事呢,可怜的侄儿,"葛朗台高声往下说,也不知道查理有没有在听他,"这还不算一回事呢,你慢慢会忘掉的,可是……"

"不会!永远不会!爸爸呀!爸爸呀!"

"他把你的家败光了,你一个钱也没有了。"

"那有什么相干?我的爸爸呢?……爸爸!"

围墙中间只听见号哭与抽噎的声音凄凄惨惨响成一片,而且还有回声。三个女人都感动得哭了:眼泪跟笑声一样会传染的。查理不再听他的伯父说话了,他冲进院子,摸到楼梯,跑到房内横倒在床上,把被窝蒙着脸,预备躲开了亲人痛哭一场。

"让第一阵暴雨过了再说,"葛朗台走进堂屋道。这时欧也妮和母亲急匆匆的回到原位,抹了抹眼泪,颤巍巍的手指重新做起活计来。"可是这孩子没有出息,把死人看得比钱还重。"

欧也妮听见父亲对最圣洁的感情说出这种话,不禁打了个寒噤。从此她就开始批判父亲了。查理的抽噎虽然沉了下去,在这所到处有回声的屋子里仍旧听得清清楚楚;仿佛来自地下的沉痛的呼号,慢慢地微弱,到傍晚才完全止住。

"可怜的孩子!"葛朗台太太说。

这句慨叹可出了事。葛朗台老头瞅着他的女人,瞅着欧也妮和糖碟子,记起了请倒霉侄儿吃的那顿丰盛的早餐,便站在堂屋中央,照例很镇静的说:

"啊!葛朗台太太,希望你以后不要再乱花钱。我的钱不是给你买糖喂那个小混蛋的。"

"不关母亲的事，"欧也妮说，"是我……"

"你成年了就想跟我闹别扭是不是？"葛朗台截住了女儿的话，"欧也妮，你该想一想……"

"父亲，你弟弟的儿子在你家里总不成连……"

"咄，咄，咄，咄！"老箍桶匠这四个字全是用的半音阶，"又是我弟弟的儿子呀，又是我的侄儿呀。哼，查理跟咱们什么相干？他连一个子儿，半个子儿都没有；他父亲破产了。等这花花公子称心如意的哭够了，就叫他滚蛋；我才不让他把我的家搅得天翻地覆呢。"

"父亲，什么叫作破产？"

"破产，"父亲回答说，"是最丢人的事，比所有丢人的事还要丢人。"

"那一定是罪孽深重啰，"葛朗台太太说，"我们的弟弟要入地狱了吧。"

"得了吧，你又来婆婆妈妈的，"他耸耸肩膀，"欧也妮，破产就是窃盗，可是有法律保护的窃盗。人家凭了琪奥默·葛朗台的信用跟清白的名声，把口粮交给他，他却统统吞没了，只给人家留下一双眼睛落眼泪。破产的人比路劫的强盗还要不得：强盗攻击你，你可以防卫，他也拼着脑袋；至于破产的人……总而言之，查理是丢尽了脸。"

这些话一直响到可怜的姑娘心里，全部说话的分量压在她心头。她天真老实的程度，不下于森林中的鲜花娇嫩的程度，既不知道社会上的教条，也不懂似是而非的论调，更不知道那些骗人的推理；所以她完全相信父亲的解释，不知他是有心把破产说得那么卑鄙,不告诉她有计划的破产跟迫不得已的破产是不同的。

"那么父亲,那桩倒霉事儿你没有法子阻拦吗?"

"兄弟并没有跟我商量;而且他亏空四百万呢。"

"什么叫作一百万,父亲?"她那种天真,好像一个要什么就有什么的孩子。

"一百万吗?"葛朗台说,"那就是一百万个二十铜子的钱,五个二十铜子的钱才能凑成五法郎。"

"天哪!天哪!叔叔怎么能有四百万呢?法国可有人有这么几百万几百万的吗?"

葛朗台老头摸摸下巴,微微笑着,肉瘤似乎胀大了些。

"那么堂兄弟怎么办呢?"

"到印度去,照他父亲的意思,他应该想法在那儿发财。"

"他有没有钱上那儿去呢?"

"我给他路费……送他到……是的,送他到南德。"欧也妮跳上去勾住了父亲的脖子。

"啊!父亲,你真好,你!"

她拥抱他的那股劲儿,差一点叫葛朗台惭愧,他的良心有些不好过了。

"赚到一百万要很多时候吧?"她问。

"噢,"箍桶匠说,"你知道什么叫作一块拿破仑[1]吧;一百万就得五万拿破仑。"

"妈妈,咱们得替他念'九天经'吧?"

"我已经想到了。"母亲回答。

---

[1] 拿破仑为一种金洋,值二十或四十法郎。

"又来了！老是花钱，"父亲嚷道，"啊！你们以为家里几千几百的花不完吗？"

这时顶楼上传来一声格外凄惨的悲啼，把欧也妮和她的母亲吓呆了。

"拿侬，上去瞧瞧，别让他自杀了，"葛朗台这句话把母女俩听得脸色发白，他却转身吩咐她们："啊！你们，别胡闹。我要走了，跟咱们的荷兰客人打交道去，他们今天动身。过后我得去看克罗旭，谈谈这些事。"

他走了。葛朗台带上大门，欧也妮和母亲呼吸都自由了。

那天以前，女儿在父亲前面从来不觉得拘束；但几小时以来，她的感情跟思想时时刻刻都在变化。

"妈妈，一桶酒能卖多少法郎？"

"你父亲的价钱是一百到一百五十，听说有时卖到两百。"

"那么他有一千四百桶收成的时候……"

"老实说，孩子，我不知道那可以卖到多少；你父亲从来不跟我谈他的生意。"

"这么说来，爸爸应该有钱哪。"

"也许是吧。不过克罗旭先生跟我说，他两年以前买了弗法劳丰。大概他现在手头不宽。"

欧也妮对父亲的财产再也弄不清了，她的计算便至此为止。

"他连看也没看我，那小少爷！"拿侬下楼说，"他躺在床上像条小牛，哭得像玛特兰纳，真想不到！这可怜的好少爷干吗这样伤心呀？"

"我们赶快去安慰安慰他吧，妈妈；等敲门，我们就下楼。"

葛朗台太太抵抗不了女儿那么悦耳的声音。欧也妮变得伟大了,已经是成熟的女人了。

两个人心里忐忑的上楼,走向查理的卧房。房门打开在那里。查理什么都没有看见,什么都没有听见。他浸在泪水中间,不成音节的在那里哼哼唧唧。

"他对他父亲多好!"欧也妮轻轻地说。

这句话的音调,明明显出她不知不觉已经动了情,存着希望。葛朗台太太慈祥的望了女儿一眼,附在她耳边悄悄地说:

"小心,你要爱上他了。"

"爱他!"欧也妮答道,"你没有听见父亲说的话呢!"

查理翻了一个身,看见了伯母跟堂姊。

"父亲死了,我可怜的父亲!要是他把心中的苦难告诉我,我跟他两个可以想法子挽回啊。我的上帝!我的好爸爸!我以为不久就会看到他的,临走对他就没有什么亲热的表示……"

他一阵呜咽,说不下去了。

"我们为他祷告就是了,"葛朗台太太说,"你得听从主的意思。"

"弟弟,勇敢些!父亲死了是挽回不来的;现在应该挽回你的名誉……"

女人的本能和乖巧,对什么事都很机灵,在安慰人家的时候也是如此;欧也妮想教堂兄弟关切他自己,好减轻一些痛苦。

"我的名誉?"他猛的把头发一甩,抱着胳膊在床上坐起。

"啊!不错。伯父说我父亲是破产了。"

他凄厉的大叫一声,把手蒙住了脸。

"你走开,大姊,你走开!我的上帝,我的上帝!饶恕我的父亲吧；他已经太痛苦了。"

年青人的真实的、没有计算、没有作用的痛苦的表现，真是又惨又动人。查理挥手教她们走开的时候，欧也妮和母亲两颗单纯的心，都懂得这是一种不能让旁人参与的痛苦。她们下楼，默默地回到窗下的座位上，不声不响的工作了一小时。凭着少女们一眼之间什么都看清了的眼睛，欧也妮早已瞥见堂兄弟美丽的梳妆用具，金镶的剪刀和剃刀之类。在痛苦的气氛中看到这种奢华气派，使她对比之下更关切查理。母女俩一向过的平静与孤独的生活，从来没有一桩这样严重的事，一个这样惊心动魄的场面，刺激过她们的幻想。

"妈妈，"欧也妮说，"咱们应该替叔叔戴孝吧。"

"你父亲会决定的。"葛朗台太太回答。

她们又不做声了。欧也妮一针一针缝着，有规律的动作很可使一个旁观的人觉察她内容丰富的冥想。这可爱的姑娘第一个愿望，是想跟堂兄弟一起守丧。

四点光景，门上来势汹汹的敲了一声，把葛朗台太太骇得心儿直跳，对女儿说：

"你父亲什么事呀？"

葛朗台高高兴兴的进来，脱下手套，两手拼命的搓，几乎把皮肤都擦破，幸而他的表皮像俄国皮那样上过硝似的，只差没有加过香料。——他踱来踱去，一刻不停的看钟。临了他心头的秘密泄露了，一点也不口吃的说：

"告诉你，太太，他们都中了我的计。咱们的酒卖掉了！荷兰人跟比国人今儿动身，我在广场上闲荡，在他们的旅馆前面，装作无聊的神气。你认识的那家伙就来找我。所有出产好葡萄的人都压着货不肯卖,我自然不去阻拦他们。咱们的比国人可是慌了。我看得清清楚楚。结果是两百法郎一桶成交,一半付现。收到的货款全是黄金。合同已经签下,这六个路易是给你的佣金[1]。再过三个月,酒价一定要跌。"

他说最后一句的时候语气很镇静,可是话中带刺。索漠人这时挤在广场上,葛朗台的酒脱手的消息已经把他们吓坏了,要是再听到上面的话,他们一定会气的发抖。人心的慌乱可能使酒价跌去一半。

"今年你不是有一千桶酒吗,父亲?"欧也妮问。

"是啊,小乖乖。"这个称呼是老箍桶匠快乐到了极点的表示。

"可以卖到二十万法郎喽?"

"是的,葛朗台小姐。"

"这样,父亲,你很容易帮查理的忙了。"

当初巴比伦王拜太查,看到神秘的手在墙上预告他的死亡时,他的愤怒与惊愕也不能跟这时葛朗台的怒火相比。他早已把侄儿忘得一干二净,却发觉侄儿始终盘踞在女儿心里,在女儿的计算之中。

"啊,好!这个花花公子一进了我的家,什么都颠倒了。你们摆阔,买糖果,花天酒地的请客。我可不答应。到了这个年纪,我总该知道怎么做人了吧!并且也轮不到女儿,轮不到谁来教训我。应该怎样对付我的侄儿,我就怎样对付。不用你们管。至于你,欧也妮,"他转过身子对她说,"再不许提到他,要

---

[1] 一路易约值二十法郎。

不,我把你跟拿侬一起送到诺阿伊哀修院去,看我做得到做不到;你再哼一声,明天就打发你走。他在哪儿,这孩子?下过楼没有?"

"没有,朋友。"葛朗台太太回答。

"他在干什么?"

"哭他的父亲哪。"欧也妮回答。

葛朗台瞪着女儿,想不出话来。他好歹也是父亲哪。在堂屋里转了两下,他急急忙忙上楼,躲进密室去考虑买公债的计划。连根砍掉的两千阿尔邦的林木,卖到六十万法郎;加上白杨,上年和当年的收入,以及最近成交的二十万法郎买卖,总数大概有九十万。公债行情是七十法郎,短时期内好赚二分利,他很想试一试。他拿起记载兄弟死讯的那张报纸,写下数目计算起来,虽然听到侄儿的呻吟,也没有听进耳朵。

拿侬跑来敲敲墙壁请主人下楼,晚饭已经预备好了。走到穹窿下面楼梯的最后一级,葛朗台心里想:

"既然有八厘利,我一定做这笔生意。两年以后可以有一百五十万金洋从巴黎提回来。哎,侄儿在哪里?"

"他说不要吃饭,"拿侬说,"真是不顾身体。"

"省省我的粮食也好。"主人回答。

"是啵。"她说。

"嘿!他不会永远哭下去的。肚子饿了,树林里的狼也躲不住呢。"

晚饭时候,大家好古怪的不出一声。等到桌布拿掉了,葛朗台太太才说:

"好朋友,咱们该替兄弟戴孝吧。"

"真是,太太,你只晓得想出花钱的玩意儿。戴孝在乎心,不在乎衣服。"

"可是兄弟的孝不能不戴,教会吩咐我们……"

"就在你六个路易里支出,买你们的孝服罢。我只要一块黑纱就行。"

欧也妮抬起眼睛向上望了望,一言不发。她慷慨的天性素来潜伏着,受着压制,第一遭觉醒了,又时时刻刻受到伤害。

这一晚,表面上跟他们单调生活中无数的夜晚一样,但确是最难受的一晚。欧也妮头也不抬的做她的活计,也不动用隔夜给查理看得一文不值的针线匣。葛朗台太太编织她的套袖。葛朗台坐在一边把大拇指绕动了四小时,想着明天会教索漠全城吃惊的计算,出神了。

那晚谁也没有上门。满城都在谈论葛朗台的那一下辣手,他兄弟的破产,和侄子的到来。为了需要对共同的利益唠叨一番,索漠城内所有中上阶级的葡萄园主,都挤在台·格拉桑府上,对前任区长破口大骂。

拿侬照例绩麻,堂屋的灰色的楼板下面,除了纺车声,便没有别的声响。

"嗳,嗳,咱们都爱惜舌头,舍不得用哪。"她说着,露出一排又白又大的牙齿,像光杏仁。

"是呀,什么都得爱惜。"葛朗台如梦方醒似的回答。

他远远看到三年以后的八百万家私,他在一片黄金的海上载沉载浮。

"咱们睡觉吧。我代表大家去向侄儿说一声晚安,顺便瞧瞧他要不要吃点东西。"

葛朗台太太站在二层楼的楼梯台上,想听听老头儿跟查理说些什么。欧也妮比母亲大胆,更走上两级。

"喂,侄儿,你心里难受是不是?好吧,你哭吧,这是常情。父亲总是父亲。可是我们遇到苦难就得耐心忍受。你在这里哭,我却在替你打算。你瞧,做伯父的对你多好。来,拿出勇气来。要不要喝一小杯酒呢?"

索漠的酒是不值钱的:请人喝酒就像印度人请喝茶。

"哎,"葛朗台接着说,"你没有点火。要不得,要不得!做什么事都得看个清楚啊。"

说着他走到壁炉架前面。

"呦!这不是白烛么?哪儿来的白烛?娘儿们为了替这个孩子煮鸡蛋,把我的楼板都会拆掉呢!"

一听到这几句,母女俩赶紧回房,钻在床上,像受惊的耗子逃回老窠一样快。

"葛朗台太太,你有金山银山不是?"丈夫走进妻子的卧房问。

"朋友,我在祷告,等一会好不好?"可怜的母亲声音异样的回答。

"见他的鬼,你的好天爷!"葛朗台咕噜着说。

凡是守财奴都只知道眼前,不相信来世。葛朗台这句话,把现在这个时代赤裸裸的暴露了出来。金钱控制法律,控制政治,控制风俗,到了前所未有的程度。学校,书籍,人物,主义,一切都在破坏对来世的信仰,破坏这一千八百年以来的社会基础。如今坟墓只是一个无人惧怕的阶段。死后的未来,给提到现在来了。不管什么义与不义,只要能够达到尘世的天堂,享尽繁华之福,化心肝为铁石,胼手胝足的去争取暂时的财富,像从前的殉道者为了未来的幸福而受尽苦难一样。这是今日最普遍的,到处都揭橥着的思想,甚至法律上也这样写着。法律不是问立法者"你想些什么?"而是问"你出多少代价?"等到这种主义从布尔乔亚传布到平民大众的时候,真不知我们的国家要变成什么模样。

"太太,你完了没有?"老箍桶匠问。

"朋友,我还在为你祈祷呢。"

"好吧!再见。明儿早上再谈。"

可怜的女人睡下时,仿佛小学生没有念熟功课,深怕醒来看到老师生气的面孔。正当她怀着鬼胎钻入被窝,蒙住耳朵时,欧也妮穿着衬衣,光着脚,跑到床前,吻着她的前额说:

"噢!好妈妈,明天我跟他说,一切都是我做的。"

"不行,他会送你到诺阿伊哀。还是让我来对付,他不会把我吃掉的。"

"你听见没有,妈妈?"

"什么?"

"他老是在哭哪。"

"去睡觉吧,孩子。你光着脚要受凉了,地砖潮得很呢。"

这一天重大的日子就这样过去了。有钱而可怜的独养女儿,一辈子都忘不了这一日;从今以后,她的睡眠再没有从前那么酣畅那么深沉了。

人生有些行为,虽然千真万确,但从事情本身看,往往像是不可能的。大概我们对于一些自发的决心,从没加以心理的剖析,对于促成那些行为的神秘的原因,没有加以说明。欧也妮深刻的热情,也许要在她最微妙的组织中去分析;因为她的热情,如一般爱挖苦的人所说的,变成了一种病,使她终身受到影响。许多人宁可否认事情的结局,不愿估计一下把许多精神现象暗中联系起来的关系,枢纽和连锁的力量。在懂得观察人性的人,看了欧也妮的过去,就知道她会天真到毫无顾忌,会突如其来的流露感情。她过去的生活越平静,女子的怜悯,这最有机智的情感,在她心中发展得越猛烈。所以被白天的事情扰乱之下,她夜里惊醒了好几次,探听堂兄弟的声息,以为又听到了从隔天起一直在她心中响着的哀叹:忽而她看见他悲伤得闭住了气,忽而梦见他差不多要饿死了。黎明时分,她确实听到一声可怕的呼喊,便立刻穿衣,在晨光中蹑手蹑脚的赶到堂兄弟房里。房门打开着,白烛一直烧到烛盘底上。查理疲倦之极,在靠椅中和衣睡着,脑袋倒在床上。他像一般空肚子的人一样做着梦。欧也妮此时尽可哭个痛快,尽可仔细鉴赏这张年青秀美的脸,脸上刻画着痛苦的痕迹,眼睛哭肿了,虽然睡着,似乎还在流泪。查理睡梦中受到精神的感应,觉得欧也妮来了,便睁开眼睛,看见她满脸同情的站在面前。

"噢,大姊,对不起。"他显然不知道什么时间,也不知道身在何处。

"弟弟,这里还有几颗真诚的心听到你的声音,我们以为你需要什么呢。你该好好的睡,这样坐着太累了。"

"是的。"

"那么再见吧。"

她赶紧溜走,觉得跑到这儿来又高兴又害臊。只有天真才会做出这种冒失的事。要是心里明白的话,连德行也会像罪恶一般作种种计较的。欧也妮在堂兄弟面前并没发抖,一回到自己屋里却两腿站不直了。浑浑噩噩的生活突然告终,她左思右想的考虑起来,把自己大大的埋怨了一番。"他对我要怎么想呢?以为我爱上了他吧。"其实这正是她最希望的。坦白的爱情自有它的预感,知道爱能生爱。幽居独处的姑娘,居然偷偷跑进一个青年的屋子,真是何等的大事!在爱情中间,有些思想有些行为,对某些心灵不就等于神圣的婚约吗?

一小时以后,她走进母亲房内,像平时一样服侍她起床。然后她们俩坐在窗下老位置上等候葛朗台,焦急的情绪正如一个人害怕责骂与惩戒的时候,心发冷发热,或者揪紧或者膨胀,看各人的气质而定。这种情绪也很自然,连家畜也感觉到:它们自己不小心而受了伤可以不哼一声,犯了过失挨了打,一点儿痛苦就会使它们号叫。老头儿下楼了,心不在焉的跟太太说话,拥抱了一下欧也妮,坐上饭桌,仿佛已经忘记了隔夜恐吓的话。

"侄儿怎么啦?这孩子倒不打搅人。"

"先生,他睡着呢。"拿侬回答。

"再好没有,他用不到白烛了。"葛朗台用讥讽的口气说。

这种反常的宽大,带些讽刺的高兴,使葛朗台太太不胜惊奇,留神瞧着她的丈夫。老头儿……(这儿似乎应当提醒读者,在都兰,安育,博爱都,布勒塔尼这些区域,老头儿这个名称——我们已经好几次用来称呼葛朗台了——用于最淳厚的人,同时也用于最残忍的人,只要他们到了相当的年龄。所以这个称呼对个人的慈悲仁厚毫无关系。)老头儿拿起帽子,手套,说:

"我要到广场上去溜达一下,好碰到咱们的几位克罗旭。"

"欧也妮,你父亲心中一定有事。"母亲对女儿说。

的确,不大需要睡眠的葛朗台,夜里大半时间都在作种种初步的盘算。这些盘算，使他的见解，观察，计划，特别来得准确，而且百发百中，做一样成功一样，叫索漠人惊叹不已。人类所有的力量，只是耐心加上时间的混合。所谓强者是既有意志，又能等待时机。守财奴的生活，便是不断的运用这种力量为自我效劳。他只依赖两种情感：自尊心与利益。但利益既是自尊心的实际表现，并且是真正优越的凭据，所以自尊心与利益是一物的两面，都从自私自利来的。因此，凡是守财奴都特别耐人寻味，只要有高明的手段把他烘托出来。这种人物涉及所有的情感，可以说集情感之大成，而我们个个人都跟他们一脉相通。哪里有什么全无欲望的人？而没有金钱，哪个欲望能够满足？

　　葛朗台的确心中有事，照他妻子的说法。像所有的守财奴一样，他非跟人家勾心斗角，把他们的钱合法的赚过来不可，这在他是一种无时或已的需要。搜刮旁人，岂非施展自己的威力，使自己老是可以有名有分的瞧不起那些过于懦弱的，给人吃掉的人吗？躺在上帝面前的那平安恬静的羔羊，真是尘世的牺牲者最动人的写照，象征了牺牲者在彼世界的生活，证明懦弱与受苦受到何等的光荣。可是这些微言奥旨有谁懂得？守财奴只知道把这头羔羊养得肥肥的，把它关起来，宰它，烤它，吃掉它，轻蔑它。金钱与鄙薄，才是守财奴的养料。

　　夜里，老头儿的念头换了一个方向；这是他表现宽大的缘故。他想好了一套阴谋诡计，预备开巴黎人的玩笑，折磨他们，捉弄他们，把他们捻一阵捏一阵，叫他们奔来，奔去，流汗，希望，急得脸色发白；是啊，他这个老箍桶匠，在灰色的堂屋底里，在索漠家中虫蛀的楼梯上走的时候，就能这样的玩弄巴黎人。他一心想着侄儿的事，他要挽回亡弟的名誉，可无须他或他的侄儿花一个钱。他的现金马上要存放出去，三年为期，现在他只消管理田地了；所以非得找些材料让他施展一下狡狯的本领不可，而兄弟的破产就是现成的题目。手里没有旁的东西可以挤压，他就想把巴黎人捏成齑粉，让查理得些实惠，自己又一文不花的做了个有义气的哥哥。他的计划中根本没有什么家庭的名誉，他的好意有如赌徒的心情，喜欢看一场自己没有下注的赌博赌得精彩。克罗旭是他必不可少的帮手，他却不愿意去找他们，而要他们来找他。他决心把刚才想好的计划当晚就开始搬演，以便下一天早上，不用花一个小钱，教全城的人喝他的彩。

04

吝啬鬼许的愿·情人起的誓

父亲不在家,欧也妮就不胜欣喜的可以公然关切她心爱的堂兄弟,可以放心大胆把胸中蕴蓄着的怜悯,对他尽量发泄了。怜悯是女子胜过男子的德行之一,是她愿意让人家感觉到的唯一的情感,是她肯让男人挑逗起来而不怨怪的唯一的情感。欧也妮跑去听堂兄弟的呼吸,听了三四次,要知道他睡着还是醒了;之后,他起床了,于是咖啡,乳酪,鸡子,水果,盘子,杯子,一切有关早餐的东西,都成为她费心照顾的对象。她轻快的爬上破旧的楼梯,听堂兄弟的响动。他是不是在穿衣呀?他还在哭吗?她一直跑到房门外面。

"喂,弟弟!"

"嗳,大姊!"

"你喜欢在哪儿用早餐,堂屋里还是你房里?"

"随便。"

"你好吗?"

"大姊,说来惭愧,我肚子饿了。"

这段隔着房门的谈话,在欧也妮简直是小说之中大段的穿插。

"那么我们把早餐端到你房里来吧，免得父亲不高兴。"

她身轻如燕的跑下厨房。

"拿侬，去替他收拾卧房。"

这座上上下下不知跑了多少次的楼梯，一点儿声音就会格格作响的，在欧也妮眼中忽然变得不破旧了；她觉得楼梯明晃晃的，会说话，像她自己一样年轻，像她的爱情一样年轻，同时又为她的爱情服务。还有她母亲，慈祥而宽容的母亲，也乐意受她的爱情幻想驱遣。查理的卧房收拾好了，她们俩一齐进去，替不幸的孩子做伴：基督教的慈悲，不是教人安慰受难者吗？两个女子在宗教中寻出许多似是而非的怪论，为她们有乖体统的行为做借口。

因此查理·葛朗台受到最亲切最温柔的款待。他为了痛苦而破碎的心，清清楚楚的感到这种体贴入微的友谊，这种美妙的同情的甜蜜；那是母女俩被压迫的心灵，在痛苦的领域——它们的日常天地——内能有一刻儿自由就会流露的。既然是至亲骨肉，欧也妮就不妨把堂兄弟的内衣，和随身带来的梳妆用具整理一下，顺便把手头捡到的小玩意儿，镂金镂银的东西，称心如意的逐件玩赏，并且以察看作工为名，拿在手里不放。查理看到伯母堂姊对他古道热肠的关切，不由得大为感动；他对巴黎社会有相当的认识，知道以他现在的处境，照例只能受人冷淡。他发觉欧也妮那种特殊的美，光艳照人；隔夜他认为可笑的生活习惯，从此他赞美它的纯朴了。所以当欧也妮从拿侬手中接过一只珐琅的碗，满满盛着咖啡和乳酪，很亲热的端给堂兄弟，不胜怜爱的望了他一眼时，查理便含着泪拿起她的手亲吻。

"哎哟，你又怎么啦？"她问。

"哦！我感激得流泪了。"

欧也妮突然转身跑向壁炉架拿烛台。

"拿侬，"她说，"来，把烛台拿走。"

她回头再瞧堂兄弟的时候，脸上还有一片红晕，但眼神已经镇定，不致把衷心洋溢的快乐泄露了；可是两人的目光都表现同样的情绪，正如他们的心灵交融在同一的思想中：未来是属于他们的了。

这番柔情，查理特别觉得甘美，因为他遭了大难，早已不敢存什么希望。大门上锤子响了一下，立刻把两个女子召归原位。幸而她们下楼相当快，在葛朗台进来的时候，手里已经拿上活计；如果他在楼下环洞那边碰到她们是准会疑心的。老头儿急急忙忙吃完午餐之后，来了法劳丰田上看庄子的，早先说好的津贴至今没拿到。他带来一只野兔，几只鹧鸪，都是大花园里打到的，还有磨坊司务欠下的鳗鱼与两条梭鱼。

"嗳！嗳！来得正好，这高诺阿莱。这东西好吃吗，你说？"

"好吃得很呢，好心的先生；打下来有两天了。"

"喂，拿侬，快来！"好家伙说，"把这些东西拿去，做晚饭菜；我要请两位克罗旭吃饭呢。"

拿侬瞪着眼发呆，对大家望着。

"可是，"她说，"叫我哪儿来的肥肉跟香料呢？"

"太太，"葛朗台说，"给拿侬六法郎。等会我要到地窖里去找好酒，别忘了提醒我一声。"

看庄子的久已预备好一套话，想解决工资问题：

"这么说来，葛朗台先生……"

"咄，咄，咄，咄！"葛朗台答道，"我知道你的意思，你是一个好小子。今天我忙得很，咱们明儿谈吧。太太，先给他五法郎。"

他说完赶紧跑了。可怜的女人觉得花上十一法郎求一个清静，高兴得很。她知道葛朗台把给她的钱一个一个逼回去之后，准有半个月不寻事。

"嗳，高诺阿莱，"她把十法郎塞在他手里说，"回头我们再重重谢你吧。"

高诺阿莱没有话说，走了。拿侬戴上黑头巾，抓起篮子说：

"太太，我只要三法郎就够了，多下的你留着吧。行了，我照样会对付的。"

"拿侬，饭菜弄好一些呀，堂兄弟下来吃饭的呢。"欧也妮吩咐。

"真是，家里有了大事了，"葛朗台太太说，"我结婚到现在，这是你父亲第三次请客。"

四点左右，欧也妮和母亲摆好了六个人的刀叉，屋主把内地人那么珍视的旧藏佳酿，提了几瓶出来，查理也进了堂屋。他脸色苍白，举动，态度，目光，说话的音调，在悲苦中别有一番妩媚。他并没假装悲伤，他的难受是真实的，痛苦罩在他脸上的阴影，有一副为女子特别喜爱的神情。欧也妮因之愈加爱他了。或许苦难替欧也妮把他拉近了些。查理不再是那个高不可攀的、有钱的美少年，而是一个遭难的穷亲戚了。苦难生平等。救苦救难是女子与天使相同的地方。查理和欧也妮彼此用眼睛说话，靠眼睛了解；那个落难公子，可怜的孤儿，躲在一边不出一声，沉着，高傲；但堂姊温柔慈爱的目光不时落在他身上，逼他抛开愁苦的念头，跟她一起神游于未来与希望之中,那是她最乐意的事。

葛朗台请克罗旭吃饭的消息,这时轰动了全城;他前一天出售当年的收成,对全体种葡萄的背信的罪行,倒没有把人心刺激得这么厉害。苏格拉底的弟子阿契皮阿特,为了惊世骇俗,曾经把自己的狗割掉尾巴;如果这老奸巨猾的葡萄园主以同样的心思请客,或许他也可成为一个大人物;可是他老是玩弄城里的人,没有遇到过一个对手,所以从不把索漠人放在心上。台·格拉桑他们,知道了查理的父亲暴卒与可能破产的新闻,决意当天晚上就到他们的主顾家吊唁一番,慰问一番,同时探听一下他们为什么事,在这种情形之下请几位克罗旭吃饭。

五点整,特·篷风所长跟他的老叔克罗旭公证人,浑身上下穿得齐齐整整的来了。大家立刻入席,开始大嚼。葛朗台严肃,查理静默,欧也妮一声不出,葛朗台太太不比平时多开口,真是一顿款待吊客的丧家饭。

大家离席的时候,查理对伯父伯母说:

"对不起,我先告退了,有些极不愉快的长信要写。"

"请罢请罢,侄儿。"

他一走,葛朗台认为查理一心一意的去写信,什么都听不见的了,便狡狯的望着妻子说:

"太太,我们要谈的话,对你们简直是天书,此刻七点半,还是钻进你们的被窝去吧。明儿见,欧也妮。"

他拥抱了女儿,两位女子离开了堂屋。葛朗台与人交接的结果,早已磨炼得诡计多端,使一般被他咬得太凶的人常常暗里叫他老狗。那天晚上,他比平生任何时候都运用更多的机巧。倘使索漠前任区长的野心放得远大一些,再加机缘凑巧,爬上高位,奉派到国际会议中去，把他保护私人利益的长才在那里表现一番的话，毫无疑问他会替法国立下大功。但也说不定一离开索漠，老头儿只是一个毫无出息的可怜虫。有些人的头脑，或许像有些动物一般，从本土移到了另一个地方，离开了当地的水土，就没法繁殖。

"所……所长……先……先……先生，你你你……说……说说说过破破破产……"

他假装了多少年而大家久已当真的口吃，和他在雨天常常抱怨的耳聋，在这个场合使两位克罗旭难受死了，他们一边听一边不知不觉的扯动嘴脸，仿佛要把他故意卷在舌尖上的字眼代为补足。在此我们应当追叙一下葛朗台的口吃与耳聋的故事。

在安育地区，对当地的土话懂得那么透彻，讲得那么清楚的，谁都比不上这狡狯的葡萄园主。但他虽是精明透顶，从前却上过一个犹太人的当。在谈判的时候，那犹太人老把两手捧着耳朵，假装听不清，同时结结巴巴的口吃得厉害，永远说不出适当的字眼，以致葛朗台竟吃了善心的亏，自动替狡猾的犹太人寻找他心中的思想与字眼，结果把犹太人的理由代说了，他说的话倒像是该死的犹太人应该说的，他终于变了犹太人而不是葛朗台了。那场古怪的辩论所做成的交易，是老箍桶匠平生唯一吃亏的买卖。但他虽然经济上受了损失，精神上却得了一次很好的教训，从此得益不浅。葛朗台临了还祝福那个犹太人，因为他学会了一套本领，在生意上教敌人不耐烦，逼对方老是替我这方面打主意，而忘掉他自身的观点。那天晚上所要解决的问题，的确最需要耳聋与口吃，最需要莫名其妙的兜圈子，把自己的思想深藏起来：第一他不愿对自己的计划负责；第二他不愿授人话柄，要人家猜不透他的真主意。

"特·篷……篷……篷风先生。"

葛朗台称克罗旭公证人的侄子为篷风先生,三年以来这是第二次。所长听了很可能当作那奸刁的老头儿已经选定他做女婿。

"你你你……真的说……说破破破产,在……在某某……某些情形中可……可可以……由……由……"

"可以由商事裁判所出面阻止。这是常有的事。"特·篷风先生这么说,自以为把葛朗台老头的思想抓住了,或者猜到了,预备诚诚恳恳替他解释一番,便又道:"你听我说。"

"我听……听……听着。"老头儿不胜惶恐的回答,狡猾的神气,像一个小学生面上装作静听老师的话,暗地里却在讪笑。

"一个受人尊敬而重要的人物,譬如像你已故的令弟……"

"舍弟……是的。"

"有周转不灵的危险……"

"那……那那叫……叫作……周周周转不灵吗?"

"是的……以致免不了破产的时候,有管辖权的(请你注意)商事裁判所,可以凭它的判决,委任几个当事人所属的商会中人做清理委员。清理并非破产,懂不懂?一个破产的人名誉扫地,但宣告清理的人是清白的。"

"那相相差……太大了,要是……那……那并并并不……花……花……花更……更……更多的钱。"葛朗台说。

"可是即使没有商事裁判所帮忙,仍旧可以宣告清理的,因为,"所长吸了一撮鼻烟,接着说,"你知道宣告破产要经过怎样的手续吗?"

"是呀,我从来没有想……想……想过。"葛朗台回答。

"第一，"法官往下说，"当事人或者他的合法登记的代理人，要亲自造好一份资产负债表，送往法院书记室。第二，由债权人出面申请。可是如果当事人不提出资产负债表，或者债权人不声请法院把当事人宣告破产，那么怎么办呢？"

"对……对对对啦，怎……怎……怎么办呢？"

"那么死者亲族，代表人，承继人，或者当事人自己，如果他没有死，或者他的朋友，如果他避不见面，可以办清理。也许你想把令弟的债务宣告清理吧？"所长问。

"啊！葛朗台！"公证人嚷道，"那可好极了。我们偏僻的内地还知道名誉的可贵。要是你保得身家清白，因为这的确与你的身家有关，那你真是大丈夫了……"

"伟大极了！"所长插嘴道。

"当……当然，"老头儿答道，"我兄兄兄弟姓……姓……姓葛朗台，跟……跟我我……我……我一样，还……还……还还用说吗？我……我……我……我没有说不。清清……清……清……清理，在在……无……无论何……何种情……情形之下，从从……各各……各……方面看看看，对我侄……侄……侄儿是很……很……很有有有利的，侄……侄侄儿又又又是我……我喜……喜欢的。可是先……先要弄清楚。我不认……认……认得那些巴黎的坏蛋。我……我是在索……索漠，对不对？我的葡葡葡萄秧，沟沟渠，总总……总之，我有我的事事事情。我从没出过约……约……约期票。什么叫作约期票？我收收收……收到过很……很多，从来没有……出……出给人家。我只……只……只知道约期票可……可可可以兑现，可……可可以贴贴贴现。听……听说约……约……约期票可可以赎赎赎回……"

"是的，"所长说，"约期票可以打一个折扣从市场上收回来。你懂吗？"

葛朗台两手捧着耳朵，所长把话再说了一遍。

"那么，"老头儿答道，"这些事情也……也有好有坏啰？我……我……我老了，这这这些都……都弄弄……弄不清。我得留……留在这儿看……看……看守谷子。谷子快……快收了，咱们靠……靠……靠谷子开……开开销。最要紧的是，看……看好收成，在法劳丰我我……我有重……重要的收入。我不能放……放……放弃了家去去对对……对付那些鬼……鬼……鬼……鬼事，我又搅搅不清。你你说……要避免破产，要办办……办清……清……清理，我得去巴黎。一个人又不不……不是一只鸟，怎怎……怎么能同时在……在……在两个地方……"

"我明白你的意思，"公证人嚷道，"可是老朋友，你有的是朋友，有的是肯替你尽心出力的朋友。"

"得啦，"老头儿心里想，"那么你自己提议呀！"

"倘使派一个人到巴黎去，找到令弟琪奥默最大的债主，对他说……"

"且慢，"老头儿插嘴道，"对他说……说什么？是……是不是这……这样：'索漠的葛朗台长……索漠……的葛朗台短，他爱他的兄弟，爱他的侄……侄……侄子。葛朗台是一个好哥……哥哥，有一番很好的意思。他的收……收……收成卖了好价。你们不要宣告破……破……破……破产，你们集集集合起来，委……委……委托几个清……清……清理人。那那时葛朗台再……再……再瞧着办。与其让法院里的人沾……沾……沾手，不如清理来……来……来得上算……'嗯，是不是这么说？"

"对!"所长回答。

"因为,你瞧,篷……篷……篷……篷风先生,我们要三……三思而行。做……做不到总……总是做……做不到。凡是花……花……花钱的事,先得把收支搞清楚,才才才不至于倾……倾……倾家荡产。嗯,对不对?"

"当然喽,"所长说,"我吗,我认为花几个月的时间,出一笔钱,以协议的方式付款,可以把债券全部赎回。啊,啊!你手里拿块肥肉,那些狗还不跟你跑吗?只要不宣告破产,把债权证件抓在你手里,你就是白璧无瑕。"

"白……白……白璧?"葛朗台又把两手捧着耳朵,"我不懂什么白……白……白璧。"

"哎,"所长嚷道,"你听我说呀。"

"我……我我听着。"

"债券是一种商品,也有市价涨落。这是根据英国法学家虞莱弥·朋撒姆关于高利贷的理论推演出来的。他曾经证明,大家谴责高利贷的成见是荒谬的。"

"嗯!"好家伙哼了一声。

"据朋撒姆的看法,既然原则上金钱是一种商品,代表金钱的东西也是一种商品,既然是商品,就免不了市价涨落;那么契据这种商品,有某人某人签字的文件,也像旁的货物一样,市场上会忽而多忽而少,它们的价值也就忽而高忽而低,法院可以要人家……(哦,我多糊涂,对不起……)我认为你可以把令弟的债券打个二五扣赎回来。"

"他叫……叫……叫作虞……虞……虞莱弥·朋……"

"朋撒姆,是个英国人。"

"这个虞莱弥，使我们在生意上再用不到怨气冲天。"公证人笑着说。

"这些英国人有……有……有时真讲情……情理，"葛朗台说，"那么，照朋……朋……朋撒姆的看法，要是我兄弟的债券值……值……值多少……实际是并不值！我我……我……我说得对不对？我觉得明白得很……债主可能……不，不可能……我懂……懂懂得。"

"让我解释给你听吧，"所长说，"在法律上要是你拿到葛朗台号子所有欠人的债券，令弟和他的继承人就算跟大家两讫了，行了。"

"行了。"老头儿也跟着说了一遍。

"以公道而论，要是令弟的债券，在市场上谈判好，（谈判，你明白这两个字的意思吗？）谈判好打多少折扣；要是你朋友中有人在场收买了下来，既然债权人自愿出售而并没受暴力胁迫，那么令弟的遗产就光明正大的没有什么负债了。"

"不错……生……生……生意是生意，这是老话，"箍桶匠说，"可是，你明……明……明……明白，这很……很……很难。我……我……我没有钱钱钱，也……也……也没有空，没有空也没……"

"是的，你不能分身。那么我代你上巴黎。（旅费归你，那是小意思。）我去找那些债权人，跟他们谈，把债券收回，把付款的期限展缓，只要在清算的总数上多付一笔钱，一切都好商量的。"

"咱咱咱们再谈，我不……不……不……能，我不愿随……随……随便答应，在在在……没……没有……做……做不到，总是做……做不到。你你你明白？"

"那不错。"

"你跟……跟……跟我讲……讲……讲的这一套，把我……我……我头都胀……胀……胀昏了。我活到现在，第……第……第一次要想……想到这这……"

"对，你不是法学家。"

"不过是一个可……可……可怜的种葡萄的，你……你……你刚才说的，我一点儿不知道，我……我……我得研……研……研究一一一下。"

"那么……"所长似乎想把他们的谈话归纳出一个结论来。公证人带着埋怨的口吻插嘴道：

"老侄！……"

"哦，叔叔？"

"你应当让葛朗台先生说明他的意思。委托这样一件事不是小事。咱们的朋友应当把范围说清……"

大门上一声锤子，报告台·格拉桑一家来了，他们的进场和寒暄，打断了克罗旭的话。这一打岔，公证人觉得很高兴，葛朗台已经在冷眼觑他，肉瘤颤巍巍的表示心中的激动。可是第一，小心谨慎的公证人认为一个初级裁判所所长根本不宜于上巴黎去钓债权人上钩，牵入与法律抵触而不清不白的阴谋中去；其次，葛朗台老头肯不肯出钱还一点没有表示，侄儿就冒冒失失的参与，也使公证人莫名其妙的觉得害怕。所以他趁台·格拉桑他们进来的当儿，抓着所长的胳膊，把他拉到一个窗洞下面：

"老侄，你的意思表示得够了；献殷勤也应当适可而止。你想他的女儿想昏了。不要见鬼，没头没脑的乱冲乱撞。现在让我来把舵，你只要从旁边助我一臂就行。难道你值得以堂堂法官之尊，去参与这样一件……"

他没有说完，听见台·格拉桑向老箍桶匠伸着手说：

"葛朗台，我们知道府上遭了不幸，琪奥默·葛朗台的号子出了事，令弟去世了，我们特地来表示哀悼。"

公证人插嘴道：

"最不幸的是二爷的死。要是他想到向兄长求救，就不至于自杀了。咱们的老朋友爱名誉，连指甲缝里都爱到家，他想出面清理巴黎葛朗台的债务呢。舍侄为免得葛朗台在这桩涉及司法的交涉中找麻烦，提议立刻代他去巴黎跟债权人磋商，使他们相当的满足。"

这段话，加上葡萄园主摸着下巴的态度，教三位台·格拉桑诧异到万分，他们一路来的时候还在称心如意的骂葛朗台守财奴，差不多认为兄弟就是给他害死的。这时银行家却望着他的太太嚷道：

"啊！我早知道的！喂，太太，我路上跟你怎么说的？葛朗台连头发根里都是爱惜名誉的，绝不肯让他们的姓氏有一点儿沾污。有钱而没有名誉是一种病。咱们内地还有人爱名誉呢！葛朗台，你这个态度好极了，好极了。我是一个老军人，装不了假，只晓得把心里的话直说。这真是，我的天！伟大极了。"说着银行家热烈的握着他的手。

"可可可是伟……伟……伟大要花大……大……大钱呀。"老头儿回答。

"但是，亲爱的葛朗台，"台·格拉桑接着说，"请所长先生不要生气，这纯粹是件生意上的事，要一个生意上的老手去交涉的。什么回复权，预支，利息的计算，全得内行。我有些事上巴黎去，可以附带代你……"

"咱们俩慢慢地来考虑，怎怎……怎么样想出一个可……可……可能的办法，使我不……不……不至于贸贸然答……答……答应我……我……我不愿愿愿意做的事，"葛朗台结结巴巴的回答，"因为，你瞧，所长先生当然要我负担旅费的。"说这最后几句时他不口吃了。台·格拉桑太太便说：

"嗳！到巴黎去是一种享受，我愿意自己花旅费去呢。"

她对丈夫丢了一个眼风，似乎鼓励他不惜代价把这件差事从敌人手里抢过来；她又带着嘲弄的神气望望两位脸色沮丧的克罗旭。

于是葛朗台抓住了银行家的衣钮，拉他到一边对他说：

"在你跟所长中间，我自然更信托你。而且，"他的肉瘤牵动了几下，"其中还有文章呢。我想买公债，大概有好几万法郎的数目，可是只预备出八十法郎的价钱。据说月底行市会跌。你是内行，是不是？"

"嘿！岂敢！这样说来，我得替你收进几万法郎的公债啰？"

"嘘！开场小做做。我玩这个，谁都不让知道。你可以买月底的期货；可是不能教克罗旭他们得知，他们会不高兴。既然你上巴黎去，请你替我可怜的侄儿探探风色。"

"就这样吧，"台·格拉桑提高了嗓子，"明天我搭驿车动身，几点钟再来请示细节呢？"

"明天五点吧，吃晚饭以前。"葡萄园主搓着手。

两家客人又一起坐了一会。台·格拉桑趁谈话停顿的当儿拍拍葛朗台的肩膀说：

"有这样的同胞兄弟，叫人看了也痛快……"

"是呀是呀，"葛朗台回答说，"表面上看不出，我可是极重骨……骨肉之情。我对兄弟很好，可以向大家证明，要是花……花……花钱不……不多……"银行家不等他说完，很识趣的插嘴道：

"咱们告辞了，葛朗台。我要提早动身的话，还得把事情料理料理。"

"好，好，为了刚才和你谈的那件事，我……我要进……进……进我的'评评……评……评议室'去，像克罗旭所长说的。"

"该死！一下子我又不是特·篷风先生了。"法官郁郁不乐的想，脸上的表情好像在庭上给辩护律师弄得不耐烦似的。

两家敌对的人物一齐走了。早上葛朗台出卖当地葡萄园主的行为，都给忘掉了，彼此只想刺探对方：对于好家伙在这件新发生的事情上存什么心，是怎么一个看法；可是谁也不肯表示。

"你跟我们上特·奥松华太太家去吗？"台·格拉桑问公证人。

"咱们过一会去，"所长回答，"要是家叔允许的话，我答应特·格里鲍果小姐到她那边转一转的，我们要先上那儿。"

"那么再见啰，诸位。"台·格拉桑太太说。

他们别过了两位克罗旭，才走了几步，阿道夫便对他的父亲说：

"他们这一下可冒火呢，嗯？"

"别胡说，孩子，"他母亲回答道，"他们还听得见。而且你的话不登大雅，完全是法科学生的味儿。"

法官眼看台·格拉桑一家走远之后，嚷道：

"喂，叔叔！开场我是特·篷风所长，结果仍旧是光杆儿的克罗旭。"

"我知道你会生气；不过风向的确对台·格拉桑有利。你聪明人怎么糊涂起来了！葛朗台老头'咱们再谈'那一套，由他们去相信吧。孩子，你放心，欧也妮还不一样是你的？"

不多一会，葛朗台慷慨的决心同时在三份人家传布开去，城里的人只谈着这桩手足情深的义举。葛朗台破坏了葡萄园主的誓约而出卖存酒的事，大家都加以原谅，一致佩服他的诚实，赞美他的义气，那是出于众人意料之外的。法国人的性格，就是喜欢捧一时的红角儿，为新鲜事儿上劲。那些群众竟是健忘得厉害。

葛朗台一关上大门，就叫唤拿侬：

"你别把狗放出来，等会儿睡觉，咱们还得一起干事呢。十一点钟的时候，高诺阿莱会赶着法劳丰的破车到这儿来。你留心听着，别让他敲门，叫他轻轻地进来。警察局不许人家黑夜里高声大气的闹。再说，乡邻也用不到知道我出门。"

说完之后，葛朗台走进他的工作室，拿侬听着他走动，找东西，来来去去，可是小心得很。显而易见他不愿惊醒太太和女儿，尤其不愿惹起侄儿的注意。他瞧见侄儿屋内还有灯光，已经在私下咒骂了。

半夜里，一心想着堂兄弟的欧也妮，似乎听见一个快要死去的人在那里呻吟，而这个快要死去的人，对她便是查理：他和她分手的时候脸色不是那么难看，那么垂头丧气吗？也许他自杀呢！她突然之间披了一件有风兜的大氅想走出去。先是她房门的隙缝中透进一道强烈的光，把她吓了一跳，以为是失了火；后来她放心了,因为听见拿侬沉重的脚步与说话的声音,还夹着好几匹马嘶叫的声音。她极其小心的把门打开一点,免得发出声响,但开到正好瞧见甬道里的情形。她心里想:"难道父亲把堂兄弟架走不成?"

冷不防她的眼睛跟父亲的眼睛碰上了,虽然不是瞧着她,而且也毫不疑心她在门后偷看,欧也妮却骇坏了。老头儿和拿侬两个,右肩上架着一支又粗又短的棍子,棍子上系了一条绳索,扣着一只木桶,正是葛朗台闲着没事的辰光在面包房里做着玩的那种。

"圣母玛利亚!好重噢!先生。"拿侬轻声的说。

"可惜只是一些大铜钱!"老头儿回答,"当心碰到烛台。"

楼梯扶手的两根柱子中间,只照着一支蜡烛。

"高诺阿莱,"葛朗台对那个虚有其名的看庄子的说,"你带了手枪没有?"

"没有,先生。嘿!你那些大钱怕什么?……"

"噢!不怕。"葛朗台回答。

"再说,我们走得很快,"看庄子的又道,"你的佃户替你预备了最好的马。"

"行,行。你没有跟他们说我上哪儿去吗?"

"我压根儿不知道。"

"好吧。车子结实吗?"

"结实?嘿,好装三千斤。你那些破酒桶有多重?"

"噢,那我知道!"拿侬说,"总该有一千八百斤。"

"别多嘴,拿侬!跟太太说我下乡去了,回来吃夜饭。高诺阿莱,快一点儿,九点以前要赶到安越。"

车子走了。拿侬锁上大门，放了狗，肩头酸痛的睡下，街坊上没有一个人知道葛朗台出门，更没有人知道他出门的目的。老头儿真是机密透顶。在这座堆满黄金的屋子里，谁也没有见过一个大钱。早晨他在码头上听见人家闲话，说南德城里接了大批装配船只的生意，金价涨了一倍，投机商都到安越来收买黄金，他听了便向佃户借了几匹马，预备把家里的藏金装到安越去抛售，拿回一笔库券，作为买公债的款子，而且趁金价暴涨的机会又好赚一笔外快。

"父亲走了。"欧也妮心里想，她在楼梯高头把一切都听清楚了。

屋子里又变得寂静无声，逐渐远去的车轮声，在万家酣睡的索漠城中已经听不见了。这时欧也妮在没有用耳朵谛听之前，先在心中听到一声呻吟从查理房中传来，一直透过她卧房的板壁。三楼门缝里漏出一道像刀口一般细的光，横照在破楼梯的栏杆上。她爬上两级，心里想：

"他不好过哩。"

第二次呻吟使她爬到了楼梯高头，把虚掩着的房门推开了。查理睡着，脑袋倒在旧靠椅外面；笔已经掉下，手几乎碰到了地。他在这种姿势中呼吸困难的模样，教欧也妮突然害怕起来，赶紧走进卧房。

"他一定累死了。"她看到十几通封好的信，心里想。她看见信封上写着——法莱-勃莱曼车行——蒲伊松成衣铺，等等。

"他一定在料理事情，好早点儿出国。"

她又看到两封打开的信，开头写着"我亲爱的阿纳德……"几个字，使她不由得一阵眼花，心儿直跳，双脚钉在地下不能动了。

"他亲爱的阿纳德!他有爱人了,有人爱他了!没有希望喽!……他对她说些什么呢?"

这些念头在她脑子里心坎里闪过,到处都看到这几个像火焰一般的字,连地砖上都有。

"没有希望了!我不能看这封信。应当走开……可是看了又怎么呢?"

她望着查理,轻轻地把他脑袋安放在椅背上,他像孩子一般听人摆布,仿佛睡熟的时候也认得自己的母亲,让她照料,受她亲吻。欧也妮也像做母亲的一样,把他垂下的手拿起,轻轻地吻了吻他的头发。"亲爱的阿纳德!"仿佛有一个鬼在她耳畔叫着这几个字。她想:

"我知道也许是不应该的,可是那封信,我还是要看。"

欧也妮转过头去,良心在责备她。善恶第一次在她心中照了面。至此为止,她从没做过使自己脸红的事。现在可是热情与好奇心把她战胜了。每读一句,她的心就膨胀一点,看信时身心兴奋的情绪,把她初恋的快感刺激得愈加尖锐了:

亲爱的阿纳德,什么都不能使我们分离,除了我这次遭到的大难,那是尽管谨慎小心也是预料不到的。我的父亲自杀了,我和他的财产全部丢了。由于我所受的教育,在这个年纪上我还是一个孩子,可是已经成了孤儿。虽然如此,我得像成人一样从深渊中爬起来。刚才我花了半夜工夫作了一番盘算。要是我愿意清清白白的离开法国——我一定得办到这一点——我还没有一百法郎的钱好拿了上印度或美洲去碰运气。是的,可怜的阿

> 娜，我要到气候最恶劣的地方去找发财的机会。据说在那些地方，发财又快又稳。留在巴黎吗，根本不可能。一个倾家荡产的人，一个破产的人的儿子，天哪，亏空了两百万！……一个这样的人所能受到的羞辱，冷淡，鄙薄，我的心和我的脸都受不了的。不到一星期，我就会在决斗中送命。所以我绝不回巴黎。你的爱，一个男人从没受到过的最温柔最忠诚的爱，也不能动摇我不去巴黎的决心。可怜啊！我最亲爱的，我没有旅费上你那儿，来给你一个，受你一个最后的亲吻，一个使我有勇气奔赴前程的亲吻……

——可怜的查理，幸亏我看了这封信！我有金子，可以给他啊，欧也妮想。

她抹了抹眼泪又念下去：

> 我从没想到过贫穷的苦难。要是我有了必不可少的一百路易旅费，就没有一个铜子买那些起码货去做生意。不要说一百路易，连一个路易也没有。要等我把巴黎的私债清偿之后，才能知道我还剩多少钱。倘使一文不剩，我也就心平气和的上南德，到船上当水手，一到那里，我学那些苦干的人的榜样，年轻时身无分文的上印度，变了巨富回来。从今儿早上起，我把前途冷静地想过了。那对我比对旁人更加可怕，因为我受过母亲的娇养，受过最慈祥的父亲的疼爱，刚踏进社会又遇到了阿娜的爱！我一向只看见人生的鲜花，而这种福气是不

会长久的。可是亲爱的阿纳德,我还有足够的勇气,虽然我一向是个无愁无虑的青年,受惯一个巴黎最迷人的女子的爱抚,享尽家庭之乐,有一个百依百顺的父亲……哦!阿纳德,我的父亲,他死了啊……

是的,我把我的处境想过了,也把你的想过了。二十四小时以来,我老了许多。亲爱的阿娜,即使为了把我留在巴黎,留在你身旁,而你牺牲一切豪华的享受,牺牲你的衣着,牺牲你在歌剧院的包厢,咱们也没法张罗一笔最低的费用,来维持我挥霍惯的生活。而且我不能接受你那么多的牺牲。因此咱们俩今天只能诀别了。

——他离开她了,圣母玛利亚!哦,好运气!
欧也妮快乐得跳起来。查理身子动了一下,把她骇得浑身发冷;幸而他并没有醒。她又往下念:

我什么时候回来?不知道。印度的气候很容易使一个欧洲人衰老,尤其是一个辛苦的欧洲人。就说是十年吧。十年以后,你的女儿十八岁,已经是你的伴侣,会刺探你的秘密了。对你,社会已经够残酷,而你的女儿也许对你更残酷。社会的批判,少女的忘恩负义,那些榜样我们已看得不少,应当知所警惕。希望你像我一样,心坎里牢牢记着这四年幸福的回忆,别负了你可怜的朋友,如果可能的话。可是我不敢坚决要求,因为亲爱的阿纳德,我必须适应我的处境,用平凡的眼光看人生,一切都得打最实际的算盘。所以我要想到结婚,在我以后的生涯中那是一项应有的节目。而且我可以告诉你，在这里，在我索漠的伯父家里，我遇到一个堂姊，她的举动，面貌，头脑，心地，都会使你喜欢的，并且我觉得她……

欧也妮看到信在这里中断，便想："他一定是疲倦极了，才没有写完。"

她替他找辩护的理由！当然，这封信的冷淡无情，教这个无邪的姑娘怎么猜得透？在虔诚的气氛中长大的少女，天真，纯洁，一朝踏入了迷人的爱情世界，便觉得一切都是爱情了。她们徜徉于天国的光明中，而这光明是她们的心灵放射的，光辉所布，又照耀到她们的爱人。她们把胸中如火如荼的热情点染爱人，把自己崇高的思想当作他们的。女人的错误，差不多老是因为相信善，或是相信真。"我亲爱的阿纳德，我最亲爱的"这些字眼，传到欧也妮心中竟是爱情的最美的语言，把她听得飘飘然，好像童年听到大风琴上再三奏着"来啊，咱们来崇拜上帝"这几个庄严的音符，觉得万分悦耳一样。并且查理眼中还噙着泪水，更显出他的心地高尚，而心地高尚是最容易使少女着迷的。

她又怎么知道查理这样的爱父亲，这样真诚的哭他，并非出于什么了不得的至情至性，而是因为做父亲的实在太好的缘故。在巴黎，一般做儿女的，对父母多少全有些可怕的打算，或者看到了巴黎生活的繁华，有些欲望有些计划老是因父母在堂而无法实现，觉得苦闷。琪奥默·葛朗台夫妇却对儿子永远百依百顺，让他穷奢极侈的享尽富贵，所以查理才不至于对父母想到那些可怕的念头。父亲不惜为了儿子挥金如土，终于在儿子心中培养起一点纯粹的孝心。然而查理究竟是一个巴黎青年,当地的风气与阿纳德的陶养,把他训练得对什么都得计算一下;表面上年轻,他实际已经是一个深于世故的老人。他受到巴黎社会的可怕的教育,眼见一个夜晚在思想上说话上所犯的罪,可能比重罪法庭所惩罚的还要多;信口雌黄,把最伟大的思想诋毁无余,而美其名曰妙语高论;风气所播,竟以目光准确为强者之道;所谓目光准确,乃是全无信念,既不信情感,也不信人物,也不信事实,而从事于假造事实。在这个社会里,要目光准确就得每天早上把朋友的钱袋掂过斤两,对任何事情都得像政客一般不动感情;眼前对什么都不能钦佩赞美,既不可赞美艺术品,也不可赞美高尚的行为;对什么事都应当把个人的利益看作高于一切。那位贵族太太,美丽的阿纳德,在疯疯癫癫调情卖俏之后,教查理一本正经的思索了:她把香喷喷的手摩着他的头发,跟他讨论他的前程;一边替他重做发卷,一边教他为人生打算。她把他变成女性化而又实际化。那是从两方面使他腐化,可是使他腐化的手段,做得高雅巧妙,不同凡俗。

"查理,你真傻,"她对他说,"教你懂得人生,真不容易。你对台·吕博先生的态度很不好。我知道他是一个不大高尚的人;可是等他失势之后你再称心如意的鄙薄他呀。你知道刚榜太太的教训吗?——孩子们,只要一个人在台上,就得尽量崇拜他;一朝下了台,赶快帮着把他拖上垃圾堆。有权有势的时候,他等于上帝;给人家挤倒了,还不如石像被塞在阴沟里的马拉[1],因为马拉已经死了,而他还活着。人生是一连串纵横捭阖的

---

[1] 马拉为法国大革命的领袖之一,死后他的石像曾被群众塞在蒙玛德的阴沟里。

把戏,要研究,要时时刻刻的注意,一个人才能维持他优越的地位。"

以查理那样的一个时髦人物,父母太溺爱他,社会太奉承他,根本谈不到有何伟大的情感。母亲种在他心里的一点点真金似的品性,散到巴黎这架螺旋机中去了;这点品性,他平时就应用得很浅薄,而且多所摩擦之后,迟早要磨蚀完的。但那时查理只有二十一岁。在这个年纪上,生命的朝气似乎跟心灵的坦白还分不开。声音,目光,面貌,都显得与情感调和。所以当一个人眼神清澈如水,额上还没有一道皱痕的时候,纵使最无情的法官,最不轻信人的讼师,最难相与的债主,也不敢贸然断定他的心已老于世故,工于计算。巴黎哲学的教训,查理从没机会实地应用过,至此为止,他的美是美在没有经验。可是不知不觉之间,他血里已经种下了自私自利的疫苗。巴黎人的那套政治经济,已经潜伏在他心头,只要他从悠闲的旁观者一变而为现实生活中的演员,这些潜在的根苗便会立刻开花。

几乎所有的少女都会相信外貌的暗示,以为人家的心地和外表一样的美;但即使欧也妮像某些内地姑娘一样的谨慎小心,一样的目光深远,在堂兄弟的举动,言语,行为,与心中憧憬还内外一致的时候,欧也妮也不见得会防他。一个偶然的机会,对欧也妮是致命伤,使她在堂兄弟年青的心中,看到他最后一次的流露真情,听到他良心的最后几声叹息。

她把这封她认为充满爱情的信放下,心满意足的端相着睡熟的堂兄弟:她觉得这张脸上还有人生的新鲜的幻象;她先暗暗发誓要始终不渝的爱他。末了她的眼睛又转到另一封信上,再也不觉得这种冒昧的举动有什么了不得了。并且她看这封信,主要还是想对堂兄弟高尚的人格多找些新证据；而这高尚的人格，原是她像所有的女子一样推己及人假借给爱人的：

> 亲爱的阿风斯，你读到这封信的时候，我已经没有朋友了；可是我尽管怀疑那般满口友谊的俗人，却没有怀疑你的友谊。所以我托你料理事情，相信你会把我所有的东西卖得好价。我的情形，想你已经知道。我一无所有了，想到印度去。刚才我写信给所有我有些欠账的人，凭我记忆所及，附上清单一纸，我的藏书，家具，车辆，马匹等等，大概足以抵偿我的私债。凡是没有什么价值的玩意儿，可以作为我做买卖的底子的，都请留下。亲爱的阿风斯，为出售那些东西，我稍缓当有正式的委托书寄上，以免有人异议。请你把我全部的枪械寄给我。至于勃列东，你可以留下自用。这匹骏马是没有人肯出足价钱的，我宁愿送给你，好像一个临死的人把常戴的戒指送给他的遗嘱执行人一样。法莱·勃莱曼车行给我造了一辆极舒服的旅行车，还没有交货，你想法教他们留下车子，不再要我补偿损失。倘使不肯，另谋解决也可以，总以不损害我目前处境中的名誉为原则。我欠那个岛国人六路易赌债，不要忘记还给他……

"好弟弟。"欧也妮暗暗叫着，丢下了信，拿了蜡烛踅着小步溜回卧房。

到了房里，她快活得什么似的打开旧橡木柜的抽斗——文艺复兴时最美的家具之一，上面还模模糊糊看得出弗朗索瓦一世的王徽。她从抽斗内拿出一只金线坠子金银线绣花的红丝绒钱袋，外祖母遗产里的东西。然后她很骄傲的掂了掂钱袋的分量，把她已经忘了数目的小小的积蓄检点一番。

她先理出簇新的二十枚葡萄牙金洋，一七二五年约翰五世铸造，兑换率是每枚值葡币五元，或者据她父亲说，等于一百六十八法郎六十四生丁，但一般公认的市价可以值到一百八十法郎，因为这些金洋是罕有之物，铸造极精，黄澄澄的光彩像太阳一般。

其次，是热那亚币一百元一枚的金洋五枚，也是稀见的古钱，每枚值八十七法郎，古钱收藏家可以出到一百法郎。那是从外曾祖特·拉·裴德里埃那儿来的。

其次，是三枚西班牙金洋，一七二九年菲利普五世铸造。香蒂埃太太给她的时候老是说："这小玩意儿，这小人头，值到九十八法郎！好娃娃，你得好好保存，将来是你私库里的宝物。"

其次，是她父亲最看重的一百荷兰杜加，一七五六年铸造，每枚约值十三法郎。成色是二十三开又零，差不多是十足的纯金。

其次，是一批罕见的古物……一般守财奴最珍视的金徽章，三枚刻着天平的卢比，五枚刻着圣母的卢比[1]，都是二十四开的纯金，蒙古大帝的货币，本身的价值是每枚三十七法郎四十生丁，玩赏黄金的收藏家至少可以出到五十法郎。

其次，是前天才拿到，她随便丢在袋里的四十法郎一枚的拿破仑。

---

[1] 按此处所称卢比，系指印度东部之货币。

这批宝物中间，有的是全新的、从未用过的金洋，真正的艺术品，葛朗台不时要问到，要拿出来瞧瞧，以便向女儿指出它们本身的美点，例如边缘的做工如何细巧，底子如何光亮，字体如何丰满，笔画的轮廓都没有磨蚀分毫，等等。但欧也妮那天夜里既没想到金洋的珍贵，也没想到父亲的癖性，更没想到把父亲这样珍爱的宝物脱手是如何危险；不，她只想到堂兄弟，计算之下，——算法上自然不免有些小错——她终于发觉她的财产大概值到五千八百法郎，照一般的市价可以卖到六千法郎。

看到自己这么富有，她不禁高兴得拍起手来，有如一个孩子快活到了极点，必须用肉体的动作来发泄一下。这样，父女俩都盘过了自己的家私：他是为了拿黄金去卖；欧也妮是为了把黄金丢入爱情的大海。

她把金币重新装入钱袋，毫不迟疑的提了上楼。堂兄弟瞒着不给人知道的窘况，使她忘了黑夜，忘了体统，而且她的良心，她的牺牲精神，她的快乐，一切都在壮她的胆。

正当她一手蜡烛一手钱袋，踏进门口的时候，查理醒了，一看他的堂姊，便愣住了。欧也妮进房把烛火放在桌上，声音发抖的说：

"弟弟，我做了一桩非常对不起你的事；但要是你肯宽恕的话，上帝也会原谅我的罪过。"

"什么事呀？"查理擦着眼睛问。

"我把这两封信都念过了。"

查理脸红了。

"怎么会念的，"她往下说，"我为什么上楼的，老实说，我现在都想不起了。可是我念了这两封信觉得也不必太后悔，因为我识得了你的灵魂,你的心,还有……"

"还有什么?"查理问。

"还有你的计划,你需要一笔款子……"

"亲爱的大姊……"

"嘘,嘘,弟弟,别高声,别惊动了人。"她一边打开钱袋一边说,"这是一个可怜的姑娘的积蓄,她根本没有用处。查理,你收下罢。今天早上,我还不知道什么叫作金钱,是你教我弄明白了,钱不过是一种工具。堂兄弟就跟兄弟差不多,你总可以借用姊姊的钱吧?"

一半还是少女一半已经成人的欧也妮,不曾防到他会拒绝,可是堂兄弟一声不出。

"嗳,你不肯收吗?"欧也妮问。静寂中可以听到她的心跳。

堂兄弟的迟疑不决使她着了慌;但他身无分文的窘况,在她脑海里愈加显得清楚了,她便双膝跪下,说道:

"你不收,我就不起来!弟弟,求你开一声口,回答我呀!让我知道你肯不肯赏脸,肯不肯大度包容,是不是……"

一听到这高尚的心灵发出这绝望的呼声,查理不由得落下泪来,掉在欧也妮手上,他正握着她的手不许她下跪。欧也妮受到这几颗热泪,立刻跳过去抓起钱袋,把钱倒在桌上。

"那么你收下了,嗯?"她快活得哭着说,"不用怕,弟弟,你将来会发财的,这些金子对你有利市的;将来你可以还我;而且我们可以合伙;什么条件都行。可是你不用把这笔礼看得那么重啊。"

这时查理才能够把心中的情感表白出来:"是的,欧也妮,我再不接受,未免太小心眼了。可是不能没有条件,你信托我,我也得信托你。"

"什么意思?"她害怕的问。

"听我说,好姊姊,我这里有……"

他没有说完,指着衣柜上装在皮套里的一口方匣子。

"你瞧,这里有一样东西,我看得和性命一样宝贵。这匣子是母亲给我的。从今天早上起我就想到,要是她能从坟墓里走出来,她一定会亲自把这匣上的黄金卖掉,你看她当初为了爱我,花了多少金子;但要我自己来卖,真是太亵渎了。"

欧也妮听到最后一句,不禁颤巍巍的握着堂兄弟的手。

他们静默了一会,彼此用水汪汪的眼睛望着,然后他又说:

"不,我既不愿把它毁掉,又不愿带着去冒路上的危险。亲爱的欧也妮,我把它交托给你。朋友之间,从没有交托一件比这个更神圣的东西。你瞧过便知道。"

他过去拿起匣子,卸下皮套,揭开盖子,伤心的给欧也妮看。手工的精巧,使黄金的价值超过了本身重量的价值,把欧也妮看得出神了。

"这还不算稀罕,"他说着揿了一下暗钮,又露出一个夹底,"瞧,我的无价之宝在这里呢。"

他掏出两张肖像,都是特·弥尔贝夫人[1]的杰作,四周镶满了珠子。

"哦!多漂亮的人!这位太太不就是你写信去……"

"不,"他微微一笑,"是我的母亲,那是父亲,就是你的叔父叔母。欧也妮,我真要跪着求你替我保存这件宝物。要是我

---

[1] 特·弥尔贝夫人为当时有名的小型肖像画家。

跟你小小的家私一齐断送了,这些金子可以补偿你的损失;两张肖像我只肯交给你,你才有资格保留;可是你宁可把它们毁掉,绝不能落在第二个人手中……"

欧也妮一声不出。

"那么你答应了,是不是?"他妩媚地补上一句。

听了堂兄弟这些话,她对他望了一眼,那是钟情的女子第一次瞧爱人的眼风,又爱娇又深沉;查理拿她的手吻了一下。

"纯洁的天使!咱们之间,钱永远是无所谓的,是不是?只有感情才有价值,从今以后应当是感情高于一切。"

"你很像你的母亲。她的声音是不是像你的一样温柔?"

"哦!温柔多哩……"

"对你是当然喽,"她垂下眼皮说,"喂,查理,睡觉罢,我要你睡,你累了。明儿见。"

他拿着蜡烛送她,她轻轻地把手从堂兄弟手里挣脱。两人一齐走到门口,他说:

"啊!为什么我的家败光了呢?"

"不用急,我父亲有钱呢,我相信。"她回答说。

查理在房内走前了一步,背靠着墙壁:

"可怜的孩子,他有钱就不会让我的父亲死了,也不会让你日子过得这么苦,总之他不是这么生活的。"

"可是他有法劳丰呢。"

"法劳丰能值多少?"

"我不知道,可是他还有诺阿伊哀。"

"一些起码租田!"

"还有葡萄园跟草原……"

"那更谈不上了，"查理满脸瞧不起的神气，"只要你父亲一年有两万四千法郎收入，你还会住这间又冷又寒酸的卧房吗？"他一边说一边提起左脚向前走了一步。"我的宝贝就得藏在这里面吗？"他指着一口旧箱子问，借此掩饰一下他的思想。

"去睡罢。"她不许他走进凌乱的卧房。

查理退了出去，彼此微微一笑，表示告别。

两人做着同样的梦睡去，从此查理在守丧的心中点缀了几朵蔷薇。

下一天早上，葛朗台太太看见女儿在午饭之前陪着查理散步。他还是愁容满面，正如一个不幸的人堕入了忧患的深渊，估量到苦海的深度，感觉到将来的重担以后的表情。

欧也妮看见母亲脸上不安的神色，便说：

"父亲要到吃晚饭的时候才回来呢。"

欧也妮的神色，举动，显得特别温柔的声音，都表示她与堂兄弟精神上有了默契。也许爱情的力量双方都没有深切的感到，可是他们的精神已经热烈地融成一片。查理坐在堂屋里暗自忧伤，谁也不去惊动他。三个女子都有些事情忙着。葛朗台忘了把事情交代好，家中来了不少人。瓦匠，铅管匠，泥水匠，土方工人，木匠，种园子的，管庄稼的，有的来谈判修理费，有的来付田租，有的来收账。葛朗台太太与欧也妮不得不来来往往，跟唠叨不已的工人与乡下人答话。拿侬把人家送来抵租的东西搬进厨房。她老是要等主人发令，才能知道哪些该留在家里，哪些该送到菜场上去卖。葛朗台老头的习惯，和内地大多数的乡绅一样，喝的老是坏酒，吃的老是烂果子。

傍晚五点光景，葛朗台从安越回来了，他把金子换了一万四千法郎,荷包里藏着王家库券,在没有拿去购买公债以前还有利息可拿。他把高诺阿莱留在安越,照顾那几匹累得要死的马,等它们将养好了再慢慢赶回。

"太太,我从安越回来呢,"他说,"我肚子饿了。"

"从昨天到现在没有吃过东西吗?"拿侬在厨房里嚷着问。

"没有。"老头儿回答。

拿侬端上菜汤。全家正在用饭,台·格拉桑来听取他主顾的指示了。葛朗台老头简直没有看到他的侄儿。

"你先吃饭罢,葛朗台,"银行家说,"咱们等会再谈。你知道安越的金价吗?有人特地从南德赶去收买。我想送一点儿去抛售。"

"不必了,"好家伙回答说,"已经到了很多。咱们是好朋友,不能让你白跑一趟。"

"可是金价到了十三法郎五十生丁呢。"

"应当说到过这个价钱。"

"你鬼使神差的又从哪儿来呀?"

"昨天夜里我到了安越。"葛朗台低声回答。

银行家惊讶得打了一个寒噤。随后两人咬着耳朵交谈,谈话中,台·格拉桑与葛朗台对查理望了好几次。大概是老箍桶匠说出要银行家买进十万法郎公债的时候吧,台·格拉桑又做了一个惊讶的动作。他对查理说:

"葛朗台先生,我要上巴黎去;要是你有什么事教我办……"

"没有什么事,先生,谢谢你。"查理回答。

"能不能再谢得客气一点,侄儿?他是去料理琪奥默·葛朗台号子的事情的。"

"难道还有什么希望吗?"查理问。

"哎,"老箍桶匠骄傲的神气装得逼真,"你不是我的侄儿吗?你的名誉便是我们的。你不是姓葛朗台吗?"

查理站起来,抓着葛朗台老头拥抱了,然后脸色发白的走了出去。欧也妮望着父亲,钦佩到了万分。

"行了。再会吧,好朋友;一切拜托,把那般人灌饱迷汤再说。"

两位军师握了握手;老箍桶匠把银行家一直送到大门;然后关了门回来,埋在安乐椅里对拿侬说:

"把果子酒拿来!"

但他过于兴奋了,没法坐下,起身瞧了瞧特·拉·裴德里埃先生的肖像,踏着拿侬所谓的舞步,嘴里唱起歌来:

法兰西的御林军中哎
我有过一个好爸爸……

拿侬,葛朗台太太,欧也妮,不声不响的彼此瞪了一眼。老头儿快乐到极点的时候,她们总有些害怕。

晚会不久就告结束。先是葛朗台老头要早睡;而他一睡觉,家里便应当全体睡觉:正好像奥古斯特一喝酒,波兰全国都该醉倒[1]。其次,拿侬,查理,欧也妮,疲倦也不下于主人。至于葛朗台太太,一向是依照丈夫的意志睡觉,吃喝,走路的。可是在饭

---

[1] 系指十七至十八世纪时的奥古斯特二世,上述二句系形容奥古斯特好宴饮的俗谚。

后等待消化的两小时中间,从来没有那么高兴的老箍桶匠,发表了他的不少怪论,我们只要举出一二句,就可见出他的思想。他喝完了果子酒,望着杯子说:

"嘴唇刚刚碰到,杯子就干了!做人也是这样。不能要了现在,又要过去。钱不能又花出去又留在你袋里。要不然人生真是太美了。"

他说说笑笑,和气得很。拿侬搬纺车来的时候,他说:

"你也累了,不用绩麻了。"

"啊,好!……不过我要厌烦呢。"女用人回答。

"可怜的拿侬!要不要来一杯果子酒?"

"啊!果子酒,我不反对;太太比药剂师做得还要好。他们卖的哪里是酒,竟是药。"

"他们糖放的太多,一点酒味儿都没有了。"老头儿说。

下一天早上八点钟,全家聚在一块用早餐的时候,第一次有了真正融融泄泄的气象。苦难已经使葛朗台太太,欧也妮,和查理精神上有了联系,连拿侬也不知不觉的同情他们。四个人变了一家。至于葛朗台老头,吝啬的欲望满足了,眼见花花公子不久就要动身,除了到南德的旅费以外不用他多花一个钱,所以虽然家里住着这个客,他也不放在心上了。他听任两个孩子——对欧也妮与查理他是这样称呼的——在葛朗台太太监督之下自由行动;关于礼教的事,他是完全信任太太的。草原与路旁的土沟要整理,洛阿河畔要种白杨,法劳丰和庄园有冬天的工作,使他没有工夫再管旁的事。从此,欧也妮进入了爱情里的春天。自从她半夜里把财宝送给了堂兄弟之后,她的心也跟着财宝一起去了。两人怀着同样的秘密,彼此瞭望的时候都表示出心心相印的了解，把他们的情感加深了，更亲密，更相契，使他们差不多生活在另一个世界上。亲族之间不作兴有温柔的口吻与含情的目光么？因此欧也妮竭力使堂兄弟领略爱情初期的、儿童般的欢喜，来忘掉他的痛苦。

爱情的开始与生命的开始，颇有些动人的相似之处。我们不是用甜蜜的歌声与和善的目光催眠孩子吗？我们不是对他讲奇妙的故事，点缀他的前程吗？希望不是对他老展开着光明的翅翼吗？他不是忽而乐极而涕，忽而痛极而号吗？他不是为了一些无聊的小事争吵吗，或是为了造活动宫殿的石子，或是为了摘下来就忘掉的鲜花？他不是拼命要抓住时间，急于长大吗？恋爱是我们第二次的脱胎换骨。在欧也妮与查理之间，童年与爱情简直是一桩事情：初恋的狂热，附带着一切应有的疯癫，使原来被哀伤包裹的心格外觉得苏慰。

这爱情的诞生是在丧服之下挣扎出来的，所以跟这所破旧的屋子，与朴素的内地气息更显得调和。在静寂的院子里，靠井边与堂姊交谈几句；坐在园中长满青苔的凳上，一本正经的谈着废话，直到日落时分；或者在围墙下宁静的气氛中，好似在教堂的拱廊下面，一同默想：查理这才懂得了爱情的圣洁。因为他的贵族太太，他亲爱的阿纳德，只给他领略到爱情中暴风雨般的骚动。这时他离开了爱娇的，虚荣的，热闹的，巴黎式的情欲，来体味真正而纯粹的爱。他喜欢这屋子，也不觉得这屋里的生活习惯如何可笑了。

他清早就下楼，趁葛朗台没有来分配粮食之前，跟欧也妮谈一会；一听到老头儿的脚声在楼梯上响，他马上溜进花园。这种清晨的约会，连母亲也不知道而拿侬装作看不见的约会，使他们有一点小小的犯罪感觉,为最纯洁的爱情添上几分偷尝禁果似的快感。等到用过早餐,葛朗台出门视察田地与种植的时光,查理便跟母女俩在一起,帮她们绕线团,看她们做活,听她们闲话,体味那从来未有的快乐。这种近乎修院生活的朴素,使他看了大为感动,从而认识这两颗不知世界为何物的灵魂之美。他本以为法国不可能再有这种风气,要就在德国,而且只是荒唐无稽的存在于奥古斯特·拉风丹的小说之中[1]。可是不久他发觉欧也妮竟是理想中的歌德的玛葛丽德,而且还没有玛葛丽德的缺点。

一天又一天,他的眼神,说话,把可怜的姑娘迷住了,一任爱情的热浪摆布;她抓着她的幸福,犹如游泳的人抓着一根杨柳枝条想上岸休息。日子飞一般的过去,其间最愉快的时光,不是已经为了即将临到的离别而显得凄凉黯淡吗?每过一天,总有一些事提醒他们。台·格拉桑走了三天之后,葛朗台带了查理上初级裁判所,庄严得了不得,那是内地人在这种场合惯有的态度;他教查理签了一份抛弃继承权的声明书。可怕的声明!简直是离宗叛教似的文件。他又到克罗旭公证人那儿,缮就两份委托书,一份给台·格拉桑,一份给代他出售家具的朋友。随后他得填写申请书领取出国的护照。末了当查理定做的简单的孝服从巴黎送来之后,他在索漠城里叫了一个裁缝来,把多余的衣衫卖掉。这件事教葛朗台老头大为高兴。他看见侄儿穿着粗呢的黑衣服时,便说:

"这样才像一个想出门发财的人哩。好,很好!"

"放心,伯父,"查理回答,"我知道在我现在的地位怎样

---

[1] 奥古斯特·拉风丹为十八至十九世纪时的德国小说家。

做人。"

老头儿看见查理手中捧着金子,不由得眼睛一亮,问道:
"做什么?"

"伯父,我把纽扣,戒指,所有值几个钱的小东西集了起来;可是我在索漠一个人都不认识,想请你……"

"教我买下来吗?"葛朗台打断了他的话。

"不是的,伯父,想请你介绍一个规规矩矩的人……"

"给我吧,侄儿;我到上面去替你估一估,告诉你一个准确的价值,差不了一生丁。"他把一条长的金链瞧了瞧说:"这是首饰金,十八开到十六开。"

老头儿伸出大手把大堆金子拿走了。

"大姊,"查理说,"这两颗钮子送给你,系上一根丝带,正好套在手腕里。现在正时行这种手镯。"

"我不客气,收下了,弟弟。"她说着对他会心的望了一眼。

"伯母,这是先母的针箍,我一向当作宝贝般放在旅行梳妆匣里的。"

查理说着,把一个玲珑可爱的金顶针送给葛朗台太太,那是她想了十年而没有到手的东西。老母亲眼中含着泪,回答说:

"真不知道怎样谢你才好呢,侄儿。我做早课夜课的时候,要极诚心的祷告出门人的平安。我不在之后,欧也妮会把它保存好的。"

"侄儿,一共值九百八十九法郎七十五生丁,"葛朗台推门进来说,"免得你麻烦去卖给人家,我来给你现款吧……里佛作十足算。"

在洛阿河一带,里佛作十足算的意思,是指六法郎一枚的银币,不扣成色,算足六法郎。

"我不敢开口要你买,"查理回答,"可是在你的城里变卖首饰,真有点不好意思。拿破仑说过,脏衣服得躲在家里洗。所以我得谢谢你的好意。"

葛朗台搔搔耳朵,一会儿大家都没有话说。

"亲爱的伯父,"查理不安的望着他,似乎怕他多疑,"大姊跟伯母,都赏脸收了我一点小意思做纪念;你能不能也收下这副袖钮,我已经用不着了,可是能教你想起一个可怜的孩子在外面没有忘掉他的骨肉。从今以后他的亲人只剩你们了。"

"我的孩子,我的孩子,你怎么能把东西送光呢?……你拿了什么,太太?"他馋的转过身来问。"啊!一个金顶针。——你呢,小乖乖?噢,钻石搭扣。——好吧,孩子,你的袖钮我拿了,"他握着查理的手,"可是答应我……替你付……你的……是呀……上印度去的旅费。是的,你的路费由我来。尤其是,孩子,替你估首饰的时候,我只算了金子,也许手工还值点儿钱。所以,就这样办吧。我给你一千五百法郎……里佛作十足算,那是问克罗旭借的,家里一个铜子都没有了,除非班罗德把欠租送来。对啦,对啦,我这就找他去。"

他拿了帽子,戴上手套,走了。

"你就走了吗?"欧也妮说着,对他又悲哀又钦佩的望了一眼。

"该走了。"他低下头回答。

几天以来,查理的态度,举动,言语,显出他悲痛到了极点,可是鉴于责任的重大,已经在忧患中磨炼出簇新的勇气。他不再长吁短叹,他变为大人了。所以看到他穿着粗呢的黑衣服下楼,跟苍白的脸色与忧郁不欢的神态非常调和的时候,欧也妮把堂兄弟的性格看得更清楚了。这一天,母女俩开始戴孝,和查理一同到本区教堂去参加为琪奥默·葛朗台举行的追思弥撒。

午饭时分,查理收到几封巴黎的来信,一齐看完了。

"喂,弟弟,事情办得满意吗?"欧也妮低声问。

"女儿,不作兴问这些话,"葛朗台批评道,"嘿!我从来不说自己的事,干吗你要管堂兄弟的闲事?别打搅他。"

"噢!我没有什么秘密哪。"查理说。

"咄,咄,咄,咄!侄儿,以后你会知道,做买卖就得嘴紧。"

等到两个情人走在花园里的时候,查理挽着欧也妮坐在胡桃树下的破凳上对她说:

"我没有把阿风斯看错,他态度好极了,把我的事办得很谨慎很忠心。我巴黎的私债全还清了,所有的家具都卖了好价钱;他又告诉我,他请教了一个走远洋的船主,把剩下的三千法郎买了一批欧洲的小玩意,可以在印度大大赚一笔钱的货。他把我的行李都发送到南德,那边有一条船开往爪哇。不出五天,欧也妮,我们得分别了,也许是永别,至少也很长久。我的货,跟两个朋友寄给我的一万法郎,不过是小小的开头。没有好几年我休想回来。亲爱的大姊,别把你的一生跟我的放在一起,我可能死在外边,也许你有机会遇到有钱的亲事……"

"你爱我吗?……"她问。

"噢!我多爱你。"音调的深沉显得感情也是一样的深。

"我等你,查理。哟,天哪!父亲在楼窗口。"她把逼近来想拥抱她的堂兄弟推开。

她逃到门洞下面,查理一路跟着;她躲到楼梯脚下,打开了过道里的门;后来不知怎的,欧也妮到了靠近拿侬的小房间,走道里最黑的地方;一路跟着来的查理,抓住她的手放在他心口,挽了她的腰把她轻轻贴在自己身上。欧也妮不再撑拒了,她受了,也给了一个最纯洁、最温馨、最倾心相与的亲吻。

"亲爱的欧也妮,"查理说,"堂兄弟胜过兄弟,他可以娶你。"

"好吧,一言为定!"拿侬打开她黑房间的门嚷道。

两个情人吃了一惊,溜进堂屋,欧也妮拿起她的活计,查理拿起葛朗台太太的祷告书念着《圣母经》。

"呦!"拿侬说,"咱们都在祷告哪。"

查理一宣布行期,葛朗台便大忙特忙起来,表示对侄儿的关切;凡是不用花钱的地方他都很阔气。他去找一个装箱的木匠,回来却说箱子要价太高,便自告奋勇,定要利用家中的旧板由他自己来做;他清早起身,把薄板锯呀,刨呀,钉呀,钉成几口很好的箱子,把查理的东西全部装了进去;他又负责装上船,保了险,从水道运出,以便准时送到南德。

自从过道里一吻之后,欧也妮愈觉得日子飞也似的快得可怕。有时她竟想跟堂兄弟一起走。凡是领略过最难分割的热情的人,领略过因年龄,时间,不治的疾病,或什么宿命的打击,以致热情存在的时期一天短似一天的人,便不难懂得欧也妮的苦恼。她常常在花园里一边走一边哭,如今这园子,院子,屋子,城,对她都太窄了;她已经在茫无边际的大海上飞翔。

终于到了动身的前夜。早上,趁葛朗台与拿侬都不在家,藏有两张肖像的宝匣,给庄严地放进了柜子上唯一有锁钥而放着空钱袋的抽斗。存放的时候免不了几番亲吻几番流泪。欧也妮把钥匙藏在胸口的时光，竟没有勇气阻止查理亲吻她的胸脯。

"它永久在这里，朋友。"

"那么我的心也永久在这里。"

"啊！查理，这不行。"她略带几分埋怨的口气。

"我们不是已经结婚了吗？"他回答，"你已经答应了我，现在要由我来许愿了。"

"永久是你的！"这句话双方都说了两遍。

世界上再没比这个誓约更纯洁的了：欧也妮的天真烂漫，一刹那间把查理的爱情也变得神圣了。

下一天早上，早餐是不愉快的。拿侬虽然受了查理的金绣睡衣与挂在胸间的十字架，还没有被感情蒙蔽，这时却也禁不住含了眼泪。

"可怜的好少爷，要去漂洋过海……但愿上帝保佑他！"

十点半，全家出门送查理搭去南德的驿车。拿侬放了狗，关了街门，定要替查理拎随身的小包。老街上所有做买卖的，都站在门口看他们一行走过，到了广场，还有公证人候在那里。

"欧也妮，等会别哭。"母亲嘱咐她。

葛朗台在客店门口拥抱查理，吻着他的两颊："侄儿，你光身去，发了财回来，你父亲的名誉绝不会有一点儿损害。我葛朗台敢替你保险；因为那时候，都靠你……"

"啊！伯父！这样我动身也不觉得太难受了。这不是你送我的最好的礼物吗！"

查理把老箍桶匠的话打断了，根本没有懂他的意思，却在伯父面疱累累的脸上流满了感激的眼泪，欧也妮使劲握着堂兄弟与父亲的手。只有公证人在那里微笑,暗暗佩服葛朗台的机巧,因为只有他懂得老头儿的心思[1]。

四个索漠人,周围还有几个旁人,站在驿车前面一直等到它出发;然后当车子在桥上看不见了,只远远听到声音的时候,老箍桶匠说了声:

"一路顺风!"

幸而只有克罗旭公证人听到这句话。欧也妮和母亲已经走到码头上还能望见驿车的地方,扬着她们的白手帕,查理也在车中扬巾回答。赶到欧也妮望不见查理的手帕时,她说:

"母亲,要有上帝的法力多好啊!"

为的不要岔断以后葛朗台家中的事,且把老头儿托台·格拉桑在巴黎办的事情提前叙述一下。银行家出发了一个月之后,葛朗台在国库的总账上登记了正好以八十法郎买进的十万公债。这多疑的家伙用什么方法把买公债的款子拨到巴黎,直到他死后人家编造他的财产目录时都无法知道。克罗旭公证人认为是拿侬不自觉的做了运送款子的工具。因为那个时节,女仆有五天不在家,说是到法劳丰收拾东西去,仿佛老头儿真会有什么东西丢在那里不收起来似的。关于琪奥默·葛朗台号子的事,竟不出老箍桶匠的预料。

大家知道,法兰西银行对巴黎与各省的巨富都有极准确的调查。索漠的台·格拉桑与斐列克斯·葛朗台都榜上有名,而且像一般拥有大地产而绝对没有抵押出去的金融家一样,信用极好。

---

[1] 葛朗台那句没有说完的话应当是:都靠你发了财回来偿还父亲的债。

所以索漠的银行家到巴黎来清算葛朗台债务的传说，立刻使债权人放弃了签署拒绝证书的念头[1]，从而使已故的葛朗台少受了一次羞辱。财产当着债权人的面启封，本家的公证人照例进行财产登记。不久，台·格拉桑把债权人召集了，他们一致推举索漠的银行家，和一家大商号的主人，同时也是主要债权人之一的法郎梭阿·凯勒为清算人，把挽救债权与挽回葛朗台的信誉两件事，一齐委托了他们。索漠的葛朗台的信用，加上台·格拉桑银号代他做的宣传，使债权人都存了希望，因而增加了谈判的便利；不肯就范的债主居然一个都没有。谁也不曾把债权放在自己的盈亏总账上计算过，只想着：

"索漠的葛朗台会偿还的！"

六个月过去了，那些巴黎人把转付出去的葛朗台债券清偿了，收回来藏在皮包里。这是老箍桶匠所要达到的第一个目标。

第一次集会以后九个月，两位清算人发了百分之四十七给每个债权人。这笔款子是把已故的葛朗台的证券，动产，不动产，以及一切零星杂物变卖得来的，变卖的手续做得极精密。

那次的清算办得公正规矩，毫无弊窦。债权人一致承认葛朗台两兄弟的信誉的确无可批评。等到这种赞美的话在外边传播了一番以后，债权人要求还余下的部分了。那时他们写了一封全体签名的信给葛朗台。

"嗯，哼！这个吗？"老箍桶匠把信往火里一扔，"朋友们，耐一耐性子吧。"

葛朗台的答复，是要求把所有的债权文件存放在一个公证人

---

[1] 拒绝证书系债主证明债务人到期不清偿债务的文件。

那里,另外附一张已付款项的收据,以便核对账目,把遗产的总账轧清。这个条件立刻引起了无数的争执。

债主通常总是脾气古怪的家伙:今天预备成立协议了,明天又嚷着烧呀杀呀,把一切都推翻;过了一晌,又忽然的软下了。今天,他的太太兴致好,小儿子牙齿长得顺利,家里什么都如意,他便一个铜子都不肯吃亏;明儿,逢着下雨,不能出门,心里憋闷得慌,只消一件事情能够结束,便任何条件都肯答应;后天,他要担保品了;月底,他要你全部履行义务,非把你逼死不可了,这刽子手!大人开小孩子玩笑,说要捉小鸟,只消把一颗盐放在它尾巴上。世界上要有这种呆鸟的话,就是债主了。或者是他们把自己的债权看作那样的呆鸟,结果是永远扑一个空。

葛朗台留神观看债主的风色,而他兄弟的那批债主的确不出他的所料。有的生气了,把存放证件一节干脆拒绝了。

"好吧,好得很。"葛朗台念着台·格拉桑的来信,搓着手说。

另外一批债权人答应提交证件,可是要求把他们的权利确切证明一下,声明任何权利不能放弃,甚至要保留宣告破产的权。再通信,再磋商,结果索漠的葛朗台把对方提出保留的条件全部接受了。获得了这点让步之后,温和派的债主把激烈派的劝解了。大家咕噜了一阵,证件终于交了出来。

"这好家伙,"有人对台·格拉桑说,"简直跟你和我们开玩笑。"

琪奥默·葛朗台死了两年差一个月的时候,许多商人给巴黎市场的动荡搅昏了,把葛朗台到期应付的款项也忘了,或者即使想到,也不过是"大概百分之四十七就是我们所能到手的全部了"一类的想法。

老箍桶匠素来相信时间的力量，他说时间是一个好小鬼。第三年年终，台·格拉桑写信给葛朗台，说债权人已经答应，在结欠的二百四十万法郎中再收一成，就可把债券交还。

葛朗台复信说，闹了亏空把他兄弟害死的那个公证人与经纪人，倒逍遥的活着！他们不应当负担一部分吗？现在要对他们起诉，逼他们拿出钱来，减轻一点我们这方面的亏累。

第四年终了，欠款的数目讲定了十二万法郎。然后清算人与债权人，清算人与葛朗台，往返磋商，拖了六个月之久。总而言之，赶到葛朗台被逼到非付不可的时节，在那年的第九个月，他又回信给两位清算人，说他侄子在印度发了财，向他表示要把亡父的债务全部归清；他不能擅自料结这笔债，要等侄子回音。

第五年过了一半，债权人还是给"全部归清"几个字搪塞着，老奸巨猾的箍桶匠暗地里笑着，把"全部归清"的话不时说一遍。每逢嘴里提到"这些巴黎人！……"时，他总得附带一副阴险的笑容，赌一句咒。可是那些债主最后的命运，却是商场大事纪上从来未有的纪录。后来，当这个故事的发展使他们重新出场的时候，他们所处的地位，还是当初给葛朗台冻结在那里的地位。

公债涨到一百十五法郎，葛朗台老头抛了出去，在巴黎提回二百四十万法郎左右的黄金，和公债上的复利六十万法郎，一齐倒进了密室内的木桶。台·格拉桑一直留在巴黎；原因是：第一他当了国会议员；第二他虽然当了家长，却给索漠的生活磨得厌烦死了，爱上了公主剧院最漂亮的一个女演员弗洛琳；他当年军队生活的习气又在银行家身上复活了。不用说，他的行为给索漠人一致认为伤风败俗。他太太还算运气，跟他分了家，居然有魄力管理索漠的银号，用她的名字继续营业，把台·格拉桑因荒唐而败掉的家私设法弥补。几位克罗旭推波助澜，把这个活寡妇的尴尬地位弄得更糟，以致她的女儿嫁得很不得意，娶欧也妮·葛朗台做媳妇的念头也放弃了，阿道夫跟台·格拉桑一起在巴黎，据说变得很下流。克罗旭他们终于得胜了。

"你丈夫真糊涂，"葛朗台凭了抵押品借一笔钱给台·格拉桑太太时说，"我代你抱怨，你倒是一个贤惠的太太。"

"啊！先生，"可怜的妇人回答说，"他从你府上动身到巴黎去的那一天，谁想得到他就此走上了坏路呢？"

"太太，皇天在上，我直到最后还拦着不让他去呢。当时所长先生极想亲自出马的。我们现在才明白为什么他争着要去。"

这样，葛朗台便用不着再欠台·格拉桑什么情分了。

05

家庭的苦难

不论处境如何，女人的痛苦总比男人多，而且程度也更深。男人有他的精力需要发挥：他活动，奔走，忙乱，打主意，眼睛看着将来，觉得安慰。例如查理。但女人是静止的，面对着悲伤无法分心，悲伤替她开了一个窟窿，让她往下钻，一直钻到底，测量窟窿的深度，把她的愿望与眼泪来填满。例如欧也妮。她开始认识了自己的命运。感受，爱，受苦，牺牲，永远是女人生命中应有的文章。欧也妮变得整个儿是女人了，却并无女人应有的安慰。她的幸福，正如鲍舒哀刻画入微的说法，仿佛在墙上找出来的钉子，随你积得怎么多，捧在手里也永远遮不了掌心的。悲苦绝不姗姗来迟的教人久等，而她的一份就在跟前了。查理动身的下一天，葛朗台的屋子在大家眼里又恢复了本来面目，只有欧也妮觉得突然之间空虚得厉害。瞒着父亲，她要把查理的卧房保存他离开时的模样。葛朗台太太与拿侬，很乐意助成她这个维持现状的愿望。

"谁保得定他不早些回来呢？"她说。

"啊！希望他再来噢，"拿侬回答，"我服侍他惯了！多和气,多好的少爷,脸庞儿又俏,头发卷卷的像一个姑娘。"

欧也妮望着拿侬。

"哎哟,圣母玛利亚!小姐,你这副眼神要入地狱的!别这样瞧人呀。"

从这天起,葛朗台小姐的美丽又是一番面目。对爱情的深思,慢慢地浸透了她的心,再加上有了爱人以后的那种庄严,使她眉宇之间多添了画家用光轮来表现的那种光辉。堂兄弟未来之前,欧也妮可以跟未受圣胎的童贞女相比;堂兄弟走了之后,她有些像做了圣母的童贞女:她已经感受了爱情。某些西班牙画家把这两个不同的玛利亚表现得那么出神入化,成为基督教艺术中最多而最有光辉的造像。查理走后,她发誓天天要去望弥撒;第一次从教堂回来,她在书店里买了一幅环球全图钉在镜子旁边,为的能一路跟堂兄弟上印度,早晚置身于他的船上,看到他,对他提出无数的问话,对他说:

"你好吗?不难受吗?你教我认识了北极星的美丽和用处,现在你看到了那颗星,想我不想?"

早上,她坐在胡桃树下虫蛀而生满青苔的凳上出神,他们在那里说过多少甜言蜜语,多少疯疯癫癫的废话,也一起做过将来成家以后的美梦。她望着围墙上空的一角青天,想着将来;然后又望望古老的墙壁,与查理卧房的屋顶。总之,这是孤独的爱情,持久的,真正的爱情,渗透所有的思想,变成了生命的本体,或者像我们父辈所说的,变成了生命的素材。

晚上,那些自称为葛朗台老头的朋友来打牌的时候,她装作很高兴,把真情藏起;但整个上午她跟母亲与拿侬谈论查理。拿侬懂得她可以对小主人表同情,而并不有亏她对老主人的职守,

她对欧也妮说:

"要是有个男人真心对我,我会……会跟他入地狱。我会……哦……我会为了他送命;可是……没有呀。人生一世是怎么回事,我到死也不会知道的了。唉,小姐,你知道吗,高诺阿莱那老头,人倒是挺好的,老盯着我打转,自然是为了我的积蓄喽,正好比那些为了来嗅嗅先生的金子,有心巴结你的人。我看得很清,别看我像猪一样胖,我可不傻呢。可是小姐,虽然他那个不是爱情,我也觉得高兴。"

两个月这样过去了。从前那么单调的日常生活,因大家关切欧也妮的秘密而有了生气,三位妇人也因之更加亲密。在她们心目中,查理依旧在堂屋灰暗的楼板下面走来走去。早晨,夜晚,欧也妮都得把那口梳妆匣打开一次,把叔母的肖像端详一番。某星期日早上,她正一心对着肖像揣摩查理的面貌时,被母亲撞见了。于是葛朗台太太知道了侄儿与欧也妮交换宝物的可怕的消息。

"你统统给了他!"母亲惊骇之下说,"到元旦那天,父亲问你要金洋看的时候,你怎么说?"

欧也妮眼睛发直,一个上半天,母女俩吓得半死,糊里糊涂把正场的弥撒都错过了,只能参加读唱弥撒。

三天之内,一八一九年就要告终。三天之内就要发生大事,要演出没有毒药、没有尖刀、没有流血的平凡的悲剧,但对于剧中人的后果,只有比弥赛纳王族里所有的惨剧还要残酷。

"那怎么办?"葛朗台太太把编织物放在膝上,对女儿说。

可怜的母亲,两个月以来受了那么多的搅扰,甚至过冬必不可少的毛线套袖都还没织好。这件家常小事,表面上无关重要,对她却发生了不幸的后果。因为没有套袖,后来在丈夫大发雷霆骇得她一身冷汗时,她中了恶寒。

"我想,可怜的孩子,要是你早告诉我,还来得及写信到巴黎给台·格拉桑先生。他有办法收一批差不多的金洋寄给我们;虽然你父亲看得极熟,也许……"

"可是哪儿来这一大笔钱呢?"

"有我的财产做抵押呀。再说台·格拉桑先生可能为我们……"

"太晚啦,"欧也妮声音嘶哑,嗓子异样的打断了母亲的话,"明天早上,我们就得到他卧房里去跟他拜年了。"

"可是孩子,为什么我不去看看克罗旭他们呢?"

"不行不行,那简直是自投罗网,把我们卖给了他们了。而且我已经拿定主意。我没有做错事,一点儿不后悔。上帝会保佑我的。听凭天意吧。唉!母亲,要是你读到他那些信,你也要心心念念的想他呢。"

下一天早上,一八二〇年一月一日,母女俩恐怖之下,想出了最天然的托辞,不像往年一样郑重其事的到他卧房里拜年。一八一九至一八二〇的冬天,在当时是一个最冷的冬天。屋顶上都堆满了雪。

葛朗台太太一听到丈夫在房里有响动,便说:

"葛朗台,叫拿侬在我屋里生个火吧;冷气真厉害,我在被窝里冻僵了。到了这个年纪,不得不保重一点。"她停了一会又说:"再说,让欧也妮到我房里来穿衣吧。这种天气,孩子在她屋里梳洗会闹病的。等会我们到暖暖和和的堂屋里跟你拜年吧。"

"咄,咄,咄,咄!官话连篇!太太,这算是新年发利市吗？你从来没有这么唠叨过。你总不见得吃了酒浸面包吧[1]？"

说罢大家都不出一声。

"好吧，"老头儿大概听了妻子的话软心了，"就照你的意思办吧，太太。你太好了，我不能让你在这个年纪上有什么三长两短，虽然拉·裴德里埃家里的人多半是铁打的。"他停了一会又嚷："嗯！你说是不是？不过咱们得了他们的遗产，我原谅他们。"

说完他咳了几声。

"今天早上你开心得很，老爷。"葛朗台太太的口气很严肃。

"我不是永远开心的吗，我……

  开心，开心，真开心，你这箍桶匠，
  不修补你的脸盆又怎么样！"

他一边哼一边穿得齐齐整整的进了妻子的卧房。

"真，好家伙，冷得要命。早上咱们有好菜吃呢，太太。台·格拉桑从巴黎带了夹香菇的鹅肝来！我得上驿站去拿。"说着他又咬着她的耳朵：

"他还给欧也妮带来一块值两块的拿破仑。我的金子光了，太太。我本来还有几块古钱，为了做买卖只好花了。这话我只能告诉你一个人。"

然后他吻了吻妻子的前额，表示庆祝新年。

"欧也妮，"母亲叫道，"不知你父亲做了什么好梦，脾气

---

[1] 系莫里哀喜剧中语，说鹦鹉吃了酒浸的面包，才会说话。

好得很——得啦，咱们还有希望。"

"先生今天怎么啦？"拿侬到太太屋里生火时说，"他一看见我就说：大胖子，你好，你新年快乐。去给太太生火呀，她好冷呢——他说着伸出手来给我一块六法郎的钱，精光滴滑，簇崭全新，把我看呆了。太太，你瞧。哦！他多好。他真大方。有的人越老心越硬；他却温和得像你的果子酒一样，越陈越好了。真是一个十足地道的好人……"

老头儿这一天的快乐，是因为投机完全成功的缘故。台·格拉桑把箍桶匠在十五万法郎荷兰证券上所欠的利息，以及买进十万公债时代垫的尾数除去之后，把一季的利息三万法郎托驿车带给了他，同时又报告他公债上涨的消息。行市已到八十九法郎，那些最有名的资本家，还出九十二法郎的价钱买进正月底的期货。葛朗台两个月中间的投资赚了百分之十二，他业已收支两讫，今后每半年可以坐收五万法郎，既不用付捐税，也没有什么修理费。内地人素来不相信公债的投资，他却终于弄明白了，预算不出五年，不用费多少心，他的本利可以滚到六百万，再加上田产的价值，他的财产势必达到惊人的数字。给拿侬的六法郎，也许是她不自觉的帮了他一次大忙而得到的酬劳。

"噢！噢！葛朗台老头上哪儿去呀，一清早就像救火似的这么奔？"

街上做买卖的一边开铺门一边想。后来，他们看见他从码头上回来，后面跟着驿站上的一个脚夫，独轮车上的袋都是满满的。有的人便说："水总是往河里流的，老头儿去拿钱哪。"

"巴黎，法劳丰，荷兰，流到他家里来的水可多哩。"另外一个说。

"临了,索漠城都要给他买下来喽。"第三个又道。

"他不怕冷,"一个女人对她的丈夫说,"老忙着他的事。"

"嗨!嗨!葛朗台先生,"跟他最近的邻居,一个布商招呼他,"你觉得累赘的话,我来给你扔了罢。"

"哦!不过是些大钱罢了。"葡萄园主回答。

"是银子呢。"脚夫低声补上一句。

"哼,要我照应吗,闭上你的嘴。"老头儿一边开门一边对脚夫咕噜。

"啊!老狐狸,我拿他当作聋子,"脚夫心里想,"谁知冷天他倒听得清。"

"给你二十个子儿酒钱,得啦!去你的!"葛朗台对他说,"你的独轮车,等会叫拿侬来还你——娘儿们是不是在望弥撒,拿侬?"

"是的,先生。"

"好,快,快一点儿!"他嚷着把那些袋交给她。

一眨眼,钱都装进了他的密室,他关上了门,躲在里面。

"早餐预备好了,你来敲我的墙壁。先把独轮车送回驿站。"

到了十点钟,大家才吃早点。

"在堂屋里父亲不会要看你金洋的,"葛朗台太太望弥撒回来对女儿说,"再说,你可以装作怕冷。挨过了今天,到你过生日的时候,我们好想法把你的金子凑起来了……"

葛朗台一边下楼一边想着把巴黎送来的钱马上变成黄金,又想着公债上的投机居然这样成功。他决意把所有的收入都投资进去,直到行市涨到一百法郎为止。他这样一算,欧也妮便倒了楣。他进了堂屋,两位妇女立刻给他拜年,女儿跳上去搂着他的脖子撒娇,太太却是又庄严又稳重。

"啊!啊!我的孩子,"他吻着女儿的前额,"我为你辛苦呀,你不看见吗?……我要你享福。享福就得有钱。没有钱,什么都完啦。瞧,这儿是一个簇新的拿破仑,特地为你从巴黎弄来的,天!家里一点儿金屑子都没有了,只有你有。小乖乖,把你的金子拿来让我瞧瞧。"

"哦!好冷呀;先吃早点吧。"欧也妮回答。

"行,那么吃过早点再拿,是不是?那好帮助我们消化——台·格拉桑那胖子居然送了这东西来。喂,大家吃呀,又不花我的钱。他不错,这台·格拉桑,我很满意。好家伙给查理帮忙,而且尽义务。他把我可怜的兄弟的事办得很好——嗯哼!嗯哼!"他含着一嘴食物嘟囔,停了一下又道:"唔!好吃!太太,你吃呀!至少好教你饱两天。"

"我不饿,你知道,我一向病病歪歪的。"

"哎!哎!你把肚子塞饱也不打紧,你是拉·裴德里埃出身,结实得很。你真像一根小黄草,可是我就喜欢黄颜色。"

一个囚徒在含垢忍辱,当众就戮之前,也没有葛朗台太太母女俩在等待早点以后的大祸时那么害怕。葛朗台老头越讲得高兴,越吃得起劲,母女俩的心抽得越紧。但是做女儿的这时还有一点依傍:在爱情中汲取勇气。她心里想:

"为了他,为了他,千刀万剐我也受。"

这么想着,她望着母亲,眼中射出勇敢的火花。

十一点,早餐完了,葛朗台唤拿侬:

"统统拿走,把桌子留下。这样,我们看起你的宝贝来更舒服些,"他望着欧也妮说,"孩子!真的,你十十足足有了五千九百五十九法郎的财产,加上今天早上的四十法郎,一共是六千法郎差一个。好吧,我补你一法郎凑足整数,因为小乖乖,你知道……哎哎,拿侬,你干吗听我们说话?去吧,去做你的事。"

拿侬走了。

"听我说,欧也妮,你得把金子给我。你不会拒绝爸爸吧,嗯,我的小乖乖?"

母女俩都不出一声。

"我吗,我没有金子了。从前有的,现在没有了。我把六千法郎现款跟你换,你照我的办法把这笔款子放出去。别想什么压箱钱了。我把你出嫁的时候,——也很快了——我会替你找一个夫婿,给你一笔本省从来没有听见过的,最体面的压箱钱。小乖乖,你听我说,现在有一个好机会:你可以把六千法郎买公债,半年就有近两百法郎利息,没有捐税,没有修理费,不怕冰雹,不怕冻,不怕涨潮,一切跟年成捣乱的玩意儿全没有。也许你不乐意把金子放手,小乖乖?拿来吧,还是拿给我吧。以后我再替你收金洋,什么荷兰的,葡萄牙的,蒙古卢比,热那亚金洋,再加你每年生日我给你的,要不了三年,你那份美丽的小家私就恢复了一半。你怎么说,小乖乖?抬起头来呀。去吧,我的儿,去拿来。我这样的把钱怎么生怎么死的秘密告诉了你,你该吻一吻我的眼睛谢我喽。真的,钱像人一样是活的,会动的,它会来,会去,会流汗,会生产。"

欧也妮站起身子向门口走了几步,忽然转过身来,定睛望着

父亲,说:

"我的金子没有了。"

"你的金子没有了!"葛朗台嚷着,两腿一挺,直站起来,仿佛一匹马听见身旁有大炮在轰。

"没有了。"

"不会的,欧也妮。"

"真是没有了。"

"爷爷的锹子!"

每逢箍桶匠赌到这个咒,连楼板都会发抖的。

"哎唷,好天好上帝!太太脸都白了。"拿侬嚷道。

"葛朗台,你这样冒火,把我吓死了。"可怜的妇人说。

"咄,咄,咄,咄!你们!你们家里的人是死不了的!欧也妮,你的金洋怎么啦?"他扑上去大吼。

"父亲,"女儿在葛朗台太太身旁跪了下来,"妈妈难受成这样……你瞧……别把她逼死啊。"

葛朗台看见太太平时那么黄黄的脸完全发白了,也害怕起来。

"拿侬,扶我上去睡,"她声音微弱的说,"我要死了。"

拿侬和欧也妮赶紧过去搀扶,她走一步软一步,两个人费了好大气力才把她扶进卧房。葛朗台独自留在下面。可是过了一会,他走上七八级楼梯,直着嗓子喊:

"欧也妮,母亲睡了就下来。"

"是,父亲。"她把母亲安慰了一番,赶紧下楼。

"欧也妮,"父亲说,"告诉我你的金子哪儿去了?"

"父亲,要是你给我的东西不能完全由我做主,那么你拿回去吧。"欧也妮冷冷的回答,一边在壁炉架上抓起拿破仑还他。

葛朗台气冲冲的一手抢过来,塞在荷包里。

"哼,你想我还会给你什么东西吗!连这个也不给!"说着他把大拇指扳着门牙,得——的一声。"你瞧不起父亲?居然不相信他?你不知什么叫作父亲?要不是父亲高于一切,也就不成其为父亲了。你的金子哪儿去了?"

"父亲,你尽管生气,我还是爱你,敬重你;可是原谅我大胆提一句,我已经二十二岁了。你常常告诉我,说我已经成年,为的是要我知道。所以我把我的钱照我自己的意思安排了,而且请你放心,我的钱放得很妥当……"

"放在哪里?"

"秘密不可泄露,"她说,"你不是有你的秘密吗?"

"我不是家长吗?我不能有我的事吗?"

"这却是我的事。"

"那一定是坏事,所以你不能对父亲说,小姐!"

"的确是好事,就是不能对父亲说。"

"至少得告诉我,什么时候把金子拿出去的?"

欧也妮摇摇头。

"你生日那天还在呢,是不是?"

欧也妮被爱情训练出来的狡猾,不下于父亲被吝啬训练出来的狡猾,她仍旧摇摇头。

"从来没见过这样的死心眼儿,这样的偷盗,"葛朗台声音越来越大,震动屋子,"怎么!这里,在我自己家里,居然有人拿掉你的金子,家里就是这么一点儿的金子!而我还没法知道是谁拿的!金子是宝贵的东西呀。不错,最老实的姑娘也免不了有过失,甚至于把什么都给了人,上至世家旧族,下至小户人家,都有的是；可是把金子送人！因为你一定是给了什么人的，是不是？"

欧也妮声色不动。

"这样的姑娘倒从来没有见到过！我是不是你的父亲？要是存放出去，你一定有收据……"

"我有支配这笔钱的权利没有？有没有？是不是我的钱？"

"哎，你还是一个孩子呢！"

"成年了。"

给女儿驳倒了，葛朗台脸色发白，跺脚，发誓；终于又想出了话：

"你这个该死的婆娘，你这条毒蛇！唉！坏东西，你知道我疼你，你就胡来。你勒死你的父亲！哼！你会把咱们的家产一齐送给那个穿摩洛哥皮鞋的光棍。爷爷的锹子！我不能取消你的承继权，天哪！可是我要咒你，咒你的堂兄弟，咒你的儿女！他们都不会对你有什么好结果的，听见没有？要是你给了查理……喔，不可能的。怎么！这油头粉脸的坏蛋，胆敢偷我的……"

他望着女儿，她冷冷的一声不出。

"她动也不动！眉头也不皱一皱！比我葛朗台还要葛朗台。至少你不会把金子白送人吧，嗯，你说？"

欧也妮望着父亲，含讥带讽的眼神把他气坏了。

"欧也妮，你是在我家里，在你父亲家里。要留在这儿，就得服从父亲的命令。神甫他们也命令你服从我。"

欧也妮低下头去。他接着又说：

"你就拣我最心疼的事伤我的心，你不屈服，我就不要看见你。到房里去。我不许你出来，你就不能出来。只有冷水跟面包,我叫拿侬端给你。听见没有?去!"

欧也妮哭作一团,急忙溜到母亲旁边。

葛朗台在园中雪地里忘了冷,绕了好一会圈子,之后,忽然疑心女儿在他妻子房里,想到去当场捉住她违抗命令的错儿,不由的高兴起来,他便像猫儿一般轻捷的爬上楼梯,闯进太太的卧房,看见欧也妮的脸埋在母亲怀里,母亲摸着她的头发,说:

"别伤心,可怜的孩子,你父亲的气慢慢会消下去的。"

"她没有父亲了!"老箍桶匠吼道,"这样不听话的女儿是我跟你生的吗,太太?好教育,还是信教的呢!怎么,你不在自己房里?赶快,去坐牢,坐牢,小姐。"

"你硬要把我们娘儿俩拆开吗,老爷?"葛朗台太太发着烧,脸色通红。

"你要留她,你就把她带走,你们俩替我一齐离开这儿……天打的!金子呢?金子怎么啦?"

欧也妮站起身子,高傲地把父亲望了一眼,走进自己的卧房。她一进去,老头儿把门锁上了。

"拿侬,把堂屋里的火熄掉。"他嚷道。

然后他坐在太太屋里壁炉旁边的一张安乐椅上:

"她一定给了那个迷人的臭小子查理,他只想我的钱。"

葛朗台太太为了女儿所冒的危险,为了她对女儿的感情,居然鼓足勇气,装聋作哑的冷静得很。

"这些我都不知道。"她一边回答,一边朝床里翻身,躲开丈夫闪闪发光的眼风。"你生这么大的气,我真难受;我预感我只能伸直着腿出去的了。现在你可以饶我一下吧,我从来没有给你受过气,至少我自己这样想。女儿是爱你的,我相信她跟初生的孩子一样没有罪过。别难为她。收回成命吧。天冷得厉害,说不定你会教她闹场大病的。"

"我不愿意看见她,也不再跟她说话。她得关在屋里,只有冷水面包,直到她使父亲满意为止。见鬼!做家长的不该知道家里的黄金到了哪儿去吗?她的卢比恐怕全法国都找不出来,还有热那亚金洋,荷兰杜加……"

"老爷!我们只生欧也妮一个,即使她把金子扔在水里……"

"扔在水里!扔在水里!"好家伙嚷道,"你疯了,太太。我说得到,做得到,你还不知道吗?你要求家里太平,就该叫女儿招供,逼她老实说出来;女人对女人,比我们男人容易说得通。不管她做了什么事,我绝不会把她吃掉。她是不是怕我?即使她把堂兄弟从头到脚装了金,唉,他早已漂洋出海,我们也追不上了……"

"那么,老爷……"

由于当时的神经过敏,或者是女儿的苦难使她格外慈爱,也格外聪明起来,葛朗台太太犀利的目光发觉丈夫的肉瘤有些可怕的动作,她便马上改变主意,顺着原来的口吻,说:

"那么,老爷,你对女儿没有办法,我倒有办法了吗?她一句话也没有对我说,她像你。"

"嗯哼!今天你多会说话!咄,咄,咄,咄!你欺侮我。说不定你跟她通气的。"

他定睛瞪着妻子。

"真的,你要我命,就这样说下去吧。我已经告诉你,先生,即使把我的命送掉,我还是要告诉你:你这样对女儿是不应该的,她比你讲理。这笔钱是她的,她不会糟掉,我们做的好事,只有上帝知道。老爷,我求你,饶了欧也妮罢!……你饶了她,我受的打击也可以减轻一些,也许你救了我的命,我的女儿呀,先生!还我女儿啊!"

"我走啦,"他说,"家里耽不下去了,娘儿俩的念头,说话,都好像……勃罗……啵!你好狠心,送我这笔年礼,欧也妮!"他提高了嗓子,"好,好,哭罢!这种行为,你将来要后悔的,听见没有?一个月吃两次好天爷的圣餐有什么用?既然会把你父亲的钱偷偷送给一个游手好闲的光棍!他把你什么都吃完之后,还会吃掉你的心呢!你瞧着吧,你的查理是什么东西,穿着摩洛哥皮靴目空一切!他没有心肝,没有灵魂,敢把一个姑娘的宝贝,不经她父母允许,带着就跑。"

街门关上了,欧也妮便走出卧房,挨在母亲身边,对她说:

"你为了你女儿真有勇气。"

"孩子,瞧见没有,一个人做了违禁的事落到什么田地!……你逼我撒了一次谎。"

"噢!我求上帝只罚我一个人就是了。"

"真的吗,"拿侬慌张的跑来问,"小姐从此只有冷水面包好吃?"

"那有什么大不了,拿侬?"欧也妮冷静地回答。

"啊!东家的女儿只吃干面包,我还咽得下什么糖酱……噢,不,不!"

"这些话都不用提,拿侬。"欧也妮说。

"我就不开口好啦,可是你等着瞧罢!"

二十四年以来第一次,葛朗台独自用晚餐。

"哎哟,你变了单身汉了,先生,"拿侬说,"家里有了两个妇女还做单身汉,真不是味儿哪。"

"我不跟你说话。闭上你的嘴,要不我就赶你走。你蒸锅里煮的什么,在灶上扑扑扑的?"

"熬油哪……"

"晚上有客,你得生火。"

八点钟,几位克罗旭,台·格拉桑太太和她儿子一齐来了,他们很奇怪没有见到葛朗台太太与欧也妮。

"内人有点儿不舒服;欧也妮陪着她。"老头儿若无其事的回答。

闲扯了一小时,上楼去问候葛朗台太太的台·格拉桑太太下来了,大家争着问:

"葛朗台太太怎么样?"

"不行,简直不行,"她说,"她的情形真教人担心。在她的年纪,要特别小心才好呢,葛老头。"

"慢慢瞧罢。"老头儿心不在焉的回答。

大家告辞了。几位克罗旭走到了街上,台·格拉桑太太便告诉他们:

"葛朗台家出了什么事啦。母亲病得很厉害,她自己还不知道。女儿红着眼睛,仿佛哭过很久,难道他们硬要把她攀亲吗?"

老头儿睡下了,拿侬穿着软鞋无声无息的走进欧也妮卧房,给她一个用蒸锅做的大肉饼。

"喂,小姐,"好心的佣人说,"高诺阿莱给了我一只野兔。你胃口小,这个饼好吃八天;冻紧了,不会坏的。至少你不用吃淡面包了。那多伤身体。"

"可怜的拿侬!"欧也妮握着她的手。

"我做得很好,煮得很嫩,他一点儿不知道。肥肉,香料,都在我的六法郎里面买。这几个钱总是由我做主的了。"

然后她以为听到了葛朗台的声音,马上溜了。

几个月工夫,老头儿拣着白天不同的时间,经常来看太太,绝口不提女儿,也不去看她,也没有间接关涉到她的话。葛朗台太太老睡在房里,病情一天一天的严重,可是什么都不能使老箍桶匠的心软一软。他顽强,严酷,冰冷,像一座石头。他按照平时的习惯上街,回家,可是不再口吃,说话也少了,在买卖上比从前更苛刻,弄错数目的事也常有。

"葛朗台家里出了事啦。"克罗旭党与台·格拉桑党都这么说。

"葛朗台家究竟闹些什么啊?"索漠人在随便哪家的晚会上遇到,总这样的彼此问一声。

欧也妮上教堂,总由拿侬陪着。从教堂出来,倘使台·格拉桑太太跟她说话,她的回答总是躲躲闪闪的,教人不得要领。虽然如此,两个月之后,欧也妮被幽禁的秘密终于瞒不过三位克罗旭与台·格拉桑太太。她的老不见客,到了某个时候,也没有理由好推托了。后来,不知是谁透露了出去,全城都知道从元旦起,葛朗台小姐被父亲软禁在房里,只有清水面包,没有取暖的火,倒是拿侬替小姐弄些好菜半夜里送进去;大家也知道女儿只能候父亲上街的时间去探望母亲,服侍母亲。

于是葛朗台的行为动了公愤。全城仿佛当他是化外之人,又记起了他的出卖地主和许多刻薄的行为,大有一致唾弃之概。他走在街上,个个人在背后交头接耳。

当女儿由拿侬陪了去望弥撒或做晚祷,在弯弯曲曲的街上走着的时候,所有的人全扑上窗口,好奇的打量那有钱的独养女儿的脸色与态度,发觉她除了满面愁容之外,另有一副天使般温柔的表情。她的幽禁与失宠,对她全不相干。她不是老看着世界地图,花园,围墙,小凳吗?爱情的亲吻留在嘴唇上的甜味,她不是老在回味吗?城里关于她的议论,她好久都不知道,跟她的父亲一样。虔诚的信念,无愧于上帝的纯洁,她的良心与爱情,使她耐心忍受父亲的愤怒与谴责。

但是一宗深刻的痛苦压倒了一切其余的痛苦。——她的母亲一天不如一天了。多么慈祥温柔的人,灵魂发出垂死的光辉,反而显出了她的美。欧也妮常常责备自己无形中促成了母亲的病,慢慢在折磨她的残酷的病。这种悔恨,虽经过了母亲的譬解,使她跟自己的爱情越发分不开。每天早上,父亲一出门,她便来到母亲床前,拿侬把早点端给她。但是可怜的欧也妮,为了母亲的痛苦而痛苦,暗中示意拿侬看看母亲的脸色,然后她哭了,不敢提到堂兄弟。倒是母亲先开口:

"他在哪儿呀?怎么没有信来?"

母女俩都不知道路程的远近。

"我们心里想他就是了,"欧也妮回答,"别提他。你在受难,你比一切都要紧。"

所谓一切,便是指他。

"哎,告诉你们,"葛朗台太太常常说,"我对生命没有一点儿留恋。上帝保佑我,使我看到苦难完了的日子只觉得高兴。"

这女人的说话老是虔诚圣洁，显出基督徒的本色。在那年最初几个月之内，当丈夫到她房里踱来踱去用午餐的时候，她翻来覆去的对他说着一篇同样的话，虽然说得极其温柔，却也极其坚决，因为知道自己不久人世，所以反而有了平时没有的勇气。他极平淡的问了她一句身体怎样，她总是回答说：

"谢谢你关心我的病；我是不久的了，要是你肯把我的苦恼减轻一些，把我的悲痛去掉一些，请你饶了女儿吧；希望你以身作则，表示你是基督徒，是贤夫，是慈父。"

一听到这些话，葛朗台便坐在床边，仿佛一个人看见阵雨将临而安安静静躲在门洞里避雨的神气。他静静的听着，一言不答。要是太太用最动人最温柔最虔诚的话恳求他，他便说：

"你今天脸色不大好啊，可怜的太太。"

他脑门硬绷绷的，咬紧了嘴唇，表示他已经把女儿忘得干干净净。甚至他那一成不变的，支吾其词的答话使妻子惨白的脸上流满了泪，他也不动心。

"但愿上帝原谅你，老爷，"她说，"像我原谅你一样。有朝一日，你也得求上帝开恩的。"

自从妻子病后，他不敢再叫出那骇人的咄、咄、咄、咄的声音。这个温柔的天使，面貌的丑恶一天天的消失，脸上映照着精神的美，可是葛朗台专制的淫威并没因之软化。

她只剩下一颗赤裸裸的灵魂了。由于祷告的力量，脸上最粗俗的线条都似乎净化，变得细腻，有了光彩。有些圣洁的脸庞，灵魂的活动会改变生得最丑的相貌，思想的崇高纯洁，会印上特别生动的气息：这种脱胎换骨的现象大概谁都见识过。在这位女子身上，痛苦把肉体煎熬完了以后换了一副相貌的景象，对心如铁石的老箍桶匠也有了作用，虽是极微弱的作用。他说话不再盛气凌人，却老是不出一声，用静默来保全他做家长的面子。

他的忠心的拿侬一到菜市上，立刻就有对她主人开玩笑或者谴责的话传到她耳里。虽然公众的舆论一致讨伐葛朗台，女仆为了替家里争面子，还在替他辩护。

"嗨，"她回答那些说葛朗台坏话的人，"咱们老起来，不是心肠都要硬一点吗？为什么他就不可以？你们别胡说八道。小姐日子过得挺舒服，像王后一样呢。她不见客，那是她自己喜欢。再说，我东家自有道理。"

葛朗台太太给苦恼折磨得比疾病还难受，尽管祷告也没法把父女俩劝和，终于在暮春时节的某天晚上，她把心中的隐痛告诉了两位克罗旭。

"罚一个二十三岁的女儿吃冷水面包！……"特·篷风所长嚷道，"而且毫无理由；这是妨害自由，侵害身体，虐待家属，她可以控告，第一点……"

"哎，哎，老侄，"公证人插嘴道，"说那些法庭上的调调儿干吗？——太太，你放心，我明天就来想法，把软禁的事结束。"

听见人家讲起她的事，欧也妮走出卧房，很高傲的说：

"诸位先生，请你们不要管这件事。我父亲是一家之主。只要我住在他家里，我就得服从他。他的行为用不到大家赞成或反对，他只向上帝负责。我要求你们的友谊是绝口不提这件事。责备我的父亲，等于侮辱我们。诸位，你们对我的关切，我很感激；可是我更感激，要是你们肯阻止城里那些难听的闲话，那是我偶然知道的。"

"她说得有理。"葛朗台太太补上一句。

欧也妮因幽居、悲伤与相思而增添的美,把老公证人看呆了,不觉肃然起敬的答道:

"小姐,阻止流言最好的办法,便是恢复你的自由。"

"好吧,孩子,这件事交给克罗旭先生去办罢,既然他有把握。他识得你父亲的脾气,知道怎么对付他。我没有几天好活了,要是你愿意我最后的日子过得快活一些,无论如何你得跟父亲讲和。"

下一天,照葛朗台把欧也妮软禁以后的习惯,他到小园里来绕几个圈子。他散步的时间总是欧也妮梳头的时间。老头儿一走到大胡桃树旁边,便躲在树干背后,把女儿的长头发打量一会,这时他的心大概就在固执的性子与想去亲吻女儿的欲望中间摇摆不定。他往往坐在查理与欧也妮海誓山盟的那条破凳上,而欧也妮也在偷偷的,或者在镜子里看父亲。要是他起身继续散步,她便凑趣的坐在窗前瞧着围墙,墙上挂着最美丽的花,裂缝中间透出仙女萝,昼颜花,和一株肥肥的、又黄又白的景天草,在索漠和都尔各地的葡萄藤中最常见的植物。

克罗旭公证人很早就来了,发现老头儿在晴好的六月天坐在小凳上,背靠了墙望着女儿。

"有什么事好替你效劳呢,公证人?"他招呼客人。

"我来跟你谈正经。"

"啊!啊!有什么金洋换给我吗?"

"不,不,不关钱的事,是令爱欧也妮的问题。为了你和她,大家都在议论纷纷。"

"他们管得着?区区煤炭匠,也是个家长。"

"对啊,煤炭匠在家里什么都能做,他可以自杀,或者更进一步,把钱往窗外扔。"

"你这是什么意思?"

"嗳!你太太的病不轻呀,朋友。你该请裴日冷先生来瞧一瞧,她有性命之忧哪。不好好的把她医治,她死后我相信你不会安心的。"

"咄,咄,咄,咄!你知道我女人闹什么病呀。那些医生一朝踏进了你大门,一天会来五六次。"

"得啦,葛朗台,随你。咱们是老朋友;你的事,索漠城里没有一个人比我更关切,所以我应当告诉你。好吧,反正没多大关系,你又不是一个孩子,自然知道怎样做人,不用提啦。而且我也不是为这件事来的。还有些别的事情恐怕对你严重多哩。到底你也不想把太太害死吧,她对你太有用了。要是葛朗台太太不在了,你在女儿面前处的什么地位,你想想吧。你应当向欧也妮报账,因为你们夫妇的财产没有分过。你的女儿有权利要求分家,教你把法劳丰卖掉。总而言之,她承继她的母亲,你不能承继你的太太。"

这些话对好家伙宛如晴天霹雳,他在法律上就不像生意上那么内行。

他从没想到共有财产的拍卖。

"所以我劝你对女儿宽和一点。"克罗旭末了又说。

"可是你知道她做的什么事吗,克罗旭?"

"什么事?"公证人很高兴听听葛朗台的心腹话,好知道这次吵架的原因。

"她把她的金子送了人。"

"那不是她的东西吗?"公证人问。

"哎,他们说的都是一样的话!"老头儿做了一个悲壮的姿势,让手臂掉了下去。

"难道为了芝麻大的事,"公证人接着说,"你就不想在太太死后,要求女儿放弃权利吗?"

"嘿!你把六千法郎的金洋叫作芝麻大的事?"

"嗳!老朋友,把太太的遗产编造清册,分起家来,要是欧也妮这样主张的话,你得破费多少,你知道没有?"

"怎么呢?"

"二十万,三十万,四十万法郎都说不定!为了要知道实际的财产价值,不是要把共有财产拍卖,变现款吗?倘使你能取得她同意……"

"爷爷的锹子!"老箍桶匠脸孔发白的坐了下来,"慢慢再说罢,克罗旭。"

沉默了一会,或者是痛苦的挣扎了一会,老头儿瞪着公证人说:

"人生残酷,太痛苦了。"他又换了庄严的口吻:"克罗旭,你不会骗我吧,你得发誓刚才你说的那一套都是根据法律的。把民法给我看,我要看民法!"

"朋友,我自己的本行还不清楚吗?"

"那么是真的了?我就得给女儿抢光,欺骗,杀死,吞掉的了。"

"她承继她的母亲啊。"

"那么养儿女有什么用?啊!我的太太,我是爱她的。幸亏她硬朗得很:她是拉·裴德里埃家里的种。"

"她活不了一个月了。"

老箍桶匠敲着自己的脑袋，走过去，走回来，射出一道可怕的目光盯着克罗旭，问道：

"怎么办？"

"欧也妮可以把母亲的遗产无条件的抛弃。你总不愿意剥夺她的承继权吧，你？既然要她作这种让步，就不能亏待她。朋友，我告诉你这些，都是对我自己不利的。我靠的是什么，嗯？……不是清算，登记，拍卖，分家等等吗？"

"慢慢瞧吧，慢慢瞧吧。不谈这些了，克罗旭。你把我的肠子都搅乱了。你收到什么金子没有？"

"没有；可是有十来块古钱，可以让给你。好朋友，跟欧也妮讲和了吧。你瞧，全索漠都对你丢石子呢。"

"那些混蛋！"

"得啦，公债涨到九十九法郎哪。人生一世总该满意一次吧。"

"九十九，克罗旭？"

"是啊。"

"嗨！嗨！九十九！"老头儿说着把老公证人一直送到街门。

然后，刚才听到的一篇话使他心中七上八下的，在家里待不住了，上楼对妻子说：

"喂，妈妈，你可以跟你女儿混一天了，我上法劳丰去。你们俩都乖乖的啊。今天是咱们的结婚纪念日，好太太：这儿是十块钱给你在圣体节做路祭用。你不是想了好久吗？得啦，你玩儿吧！你们就乐一下，痛快一下吧，你得保重身体。噢，我多开心噢！"

他把十块六法郎的银币丢在女人床上,捧着她的头吻她的前额。

"好太太,你好一些了,是不是?"

"你心中连女儿都容不下,怎么能在家里接待大慈大悲的上帝呢?"她激动的说。

"咄,咄,咄,咄!"他的声音变得柔和婉转了,"慢慢瞧罢。"

"谢天谢地!欧也妮,快来拥抱你父亲,"她快活得脸孔通红的叫着,"他饶了你啦!"

可是老头儿已经不见了。他连奔带跑的赶到庄园上,急于要把他搅乱了的思想整理一下。那时葛朗台刚刚跨到第七十六个年头。两年以来,他更加吝啬了,正如一个人一切年深月久的痴情与癖好一样。根据观察的结果,凡是吝啬鬼,野心家,所有执着一念的人,他们的感情总特别灌注在象征他们痴情的某一件东西上面。看到金子,占有金子,便是葛朗台的执着狂。他专制的程度也随着吝啬而俱增;妻子死后要把财产放手一部分,哪怕是极小极小的一部分,只要他管不着,他就觉得逆情背理。怎么!要对女儿报告财产的数目,把动产不动产一股脑儿登记起来拍卖?

"那简直是抹自己的脖子。"他在庄园里检视着葡萄藤,高声对自己说。

终于他主意拿定了,晚饭时分回到索漠,决意向欧也妮屈服,巴结她,诱哄她,以便到死都能保持家长的威风,抓着几百万家财的大权,直到咽最后一口气为止。老头儿无意中身边带着百宝钥匙,便自己开了大门,轻手蹑脚的上楼到妻子房里,那时欧也妮正捧了那口精美的梳妆箱放在母亲床上。趁葛朗台不在家，母女俩很高兴的在查理母亲的肖像上咂摸一下查理的面貌。

"这明明是他的额角，他的嘴！"老头儿开门进去，欧也妮正这么说着。

一看见丈夫瞪着金子的眼光，葛朗台太太便叫起来：

"上帝呀，救救我们！"

老头儿身子一纵，扑上梳妆匣，好似一头老虎扑上一个睡着的婴儿。

"什么东西？"他拿着宝匣往窗前走去，"噢，是真金！金子！"他连声叫嚷，"这么多的金子！有两斤重。啊！啊！查理把这个跟你换了美丽的金洋，是不是？为什么不早告诉我？这交易划得来，小乖乖！你真是我的女儿，我明白了。"

欧也妮四肢发抖。老头儿接着说：

"不是吗，这是查理的东西？"

"是的，父亲，不是我的。这匣子是神圣不可侵犯的，是寄存的东西。"

"咄，咄，咄，咄！他拿了你的家私，正应该补偿你。"

"父亲……"

好家伙想掏出刀子撬一块金板下来，先把匣子往椅上一放。欧也妮扑过去想抢回；可是箍桶匠的眼睛老盯着女儿跟梳妆匣，他手臂一摆，使劲一推，她便倒在母亲床上。

"老爷！老爷！"母亲嚷着，在床上直坐起来。

葛朗台拔出刀子预备撬了。欧也妮立刻跪下，爬到父亲身旁，高举着两手，嚷道：

"父亲，父亲，看在圣母面上，看在十字架上的基督面上，看在所有的圣灵面上，看在你灵魂得救面上，看在我的性命面上,你不要动它!这口梳妆匣不是你的,也不是我的,是一个受难的亲属的,他托我保管,我得原封不动的还他。"

"为什么拿来看呢,要是寄存的话?看比动手更要不得。"

"父亲,不能动呀,你教我见不得人啦!父亲,听见没有?"

"老爷,求你!"母亲跟着说。

"父亲!"欧也妮大叫一声,吓得拿侬也赶到了楼上。

欧也妮在手边抓到了一把刀子,当作武器。

"怎么样?"葛朗台冷笑着,静静的说。

"老爷,老爷,你要我命了!"母亲嚷着。

"父亲,你的刀把金子碰掉一点,我就把这刀结果我的性命。你已经把母亲害到只剩一口气,你还要杀死你的女儿。好吧,大家拼掉算了!"

葛朗台把刀子对着梳妆匣,望着女儿,迟疑不决。

"你敢吗,欧也妮?"他说。

"她会的,老爷。"母亲说。

"她说得到做得到,"拿侬嚷道,"先生,你一生一世总得讲一次理吧。"

箍桶匠看看金子,看看女儿,愣了一会。葛朗台太太晕过去了。

"哎,先生,你瞧,太太死过去了!"拿侬嚷道。

"哦,孩子,咱们别为了一口箱子生气啦。拿去吧!"箍桶匠马上把梳妆匣扔在了床上,"——拿侬,你去请裴日冷先生——得啦,太太,"他吻着妻子的手,"没有事啦,咱们讲和啦——不是吗,小乖乖?不吃干面包了,爱吃什么就吃什么

165

吧……啊！她眼睛睁开了——嗳嗳，妈妈，小妈妈，好妈妈，得啦！哎，你瞧我拥抱欧也妮了。她爱她的堂兄弟，她要嫁给他就嫁给他吧，让她把小箱子藏起来吧。可是你得长命百岁的活下去啊，可怜的太太。嗳嗳，你身子动一下给我看哪！告诉你，圣体节你可以拿出最体面的祭桌，索漠从来没有过的祭桌。"

"天哪，你怎么可以这样对你的妻子跟孩子！"葛朗台太太的声音很微弱。

"下次绝不了，绝不了！"箍桶匠叫着，"你瞧就是，可怜的太太。"

他到密室去拿了一把路易来摔在床上。

"喂，欧也妮，喂，太太，这是给你们的，"他一边说一边把钱掂着玩，"嗳嗳，太太，你开开心；快快好起来吧，你要什么有什么，欧也妮也是的。瞧，这一百金路易是给她的。你不会把这些再送人了吧，欧也妮，是不是？"

葛朗台太太和女儿面面相觑，莫名其妙。

"父亲，把钱收起来吧；我们只需要你的感情。"

"对啦，这才对啦，"他把金路易装进口袋，"咱们和和气气过日子吧。大家下楼，到堂屋去吃晚饭，天天晚上来两个铜子的摸彩。你们痛快玩吧！嗯，太太，好不好？"

"唉！怎么不好，既然这样你觉得快活，"奄奄一息的病人回答，"可是我起不来啊。"

"可怜的妈妈，"箍桶匠说，"你不知道我多爱你——还有你，我的女儿！"

他搂着她，把她拥抱。

"噢！吵过了架再搂着女儿多开心，小乖乖！……嗨，你瞧，小妈妈，现在咱们两个变了一个了。"他又指着梳妆匣对欧也妮说："把这个藏起来吧。去吧，不用怕。我再也不提了，永远不提了。"

不久，索漠最有名的医生，裴日冷先生来了。诊察完毕，他老实告诉葛朗台，说他太太病得厉害，只有给她精神上绝对安静，悉心调养，服侍周到，可能拖到秋末。

"要不要花很多的钱？要不要吃药呢？"

"不用多少药，调养要紧。"医生不由的微微一笑。

"嗳，裴日冷先生，你是有地位的人。我完全相信你，你认为什么时候应该来看她，尽管来。求你救救我的女人；我多爱她，虽然表面上看不出，因为我家里什么都藏在骨子里的，那些事把我心都搅乱了。我有我的伤心事。兄弟一死，伤心事就进了我的门，我为他在巴黎花钱……花了数不清的钱！而且还没得完。再会吧，先生。要是我女人还有救，请你救救她，即使要我一百两百法郎也行。"

虽然葛朗台热烈盼望太太病好，因为她一死就得办遗产登记，而这就要了他的命；虽然他对母女俩百依百顺，一心讨好的态度使她们吃惊；虽然欧也妮竭尽孝心的侍奉；葛朗台太太还是很快的往死路上走。像所有在这个年纪上得了重病的女人一样，她一天憔悴一天。她像秋天的树叶一般脆弱。天国的光辉照着她，仿佛太阳照着树叶发出金光。有她那样的一生，才有她那样的死，恬退隐忍，完全是一个基督徒的死，死得崇高，伟大。

到了一八二二年十月，她的贤德，她的天使般的耐心和对女儿的怜爱，表现得格外显著；她没有一句怨言的死了，像洁白的羔羊一般上了天。在这个世界上她只舍不得一个人，她凄凉的一生的温柔的伴侣——她最后的几眼似乎暗示女儿将来的苦命。想到把这头和她自己一样洁白的羔羊,孤零零的留在自私自利的世界上任人宰割,她就发抖。

"孩子,"她断气以前对她说,"幸福只有在天上,你将来会知道。"

下一天早上,欧也妮更有一些新的理由,觉得和她出生的、受过多少痛苦的、母亲刚在里面咽气的这所屋子分不开。她望着堂屋里的窗棂与草垫的椅子不能不落泪。她以为错看了老父的心,因为他对她多么温柔多么体贴:他来搀了她去用午饭,几小时的望着她,眼睛的神气差不多是慈祥了;他瞅着女儿,仿佛她是金铸的一般。

老箍桶匠变得厉害,常在女儿前面哆嗦,眼见他这种老态的拿侬与克罗旭他们,认为是他年纪太大的缘故,甚至担心他有些器官已经衰退。可是到了全家戴孝那天,吃过了晚饭,当唯一知道这老人秘密的公证人在座的时候,老头儿古怪的行为就有了答案。

饭桌收拾完了,门都关严了,他对欧也妮说:

"好孩子,现在你承继了你母亲啦,咱们中间可有些小小的事得办一办——对不对,克罗旭?"

"对。"

"难道非赶在今天办不行吗,父亲?"

"是呀,是呀,小乖乖。我不能让事情搁在那儿牵肠挂肚。你总不至于要我受罪吧。"

"噢!父亲……"

"好吧,那么今天晚上一切都得办了。"

"你要我干什么呢?"

"乖乖,这可不关我的事——克罗旭,你告诉她吧。"

"小姐,令尊既不愿意把产业分开,也不愿意出卖,更不愿因为变卖财产,有了现款而付大笔的捐税,所以你跟令尊共有的财产,你得放弃登记……"

"克罗旭,你这些话保险没有错吗,可以对一个孩子说吗?"

"让我说呀,葛朗台。"

"好,好,朋友。你跟我的女儿都不会抢我的家私——对不对,小乖乖?"

"可是,克罗旭先生,究竟要我干什么呢?"欧也妮不耐烦的问。

"哦,你得在这张文书上签个字,表示你抛弃对令堂的承继权,把你跟令尊共有的财产,全部交给令尊管理,收入归他,光给你保留虚有权……"

"你对我说的,我一点儿不明白,"欧也妮回答,"把文书给我,告诉我签字应该签在哪儿。"

葛朗台老头的眼睛从文书转到女儿,从女儿转到文书,紧张的脑门上尽是汗,一刻不停的抹着。

"小乖乖,这张文书送去备案的时候要花很多钱,要是对你可怜的母亲,你肯无条件抛弃承继权,把你的前途完全交托给我的话,我觉得更满意。我按月付你一百法郎的大利钱。这样,你爱做多少台弥撒给谁都可以了!……嗯!按月一百法郎,一块钱作六法郎,行吗?"

"你爱怎办就怎办吧,父亲。"

"小姐,"公证人说,"以我的责任,应当告诉你,这样你自己是一无所有了……"

"嗨！上帝，"她回答，"那有什么关系！"

"别多嘴，克罗旭。一言为定，"葛朗台抓起女儿的手放在自己手中一拍，"欧也妮，你绝不翻悔，你是有信用的姑娘，是不是？"

"噢！父亲……"他热烈的拥抱她，把她紧紧的搂得几乎喘不过气来。

"得啦，孩子，你给了我生路，我有了命啦；不过这是你把欠我的还了我：咱们两讫了。这才叫作公平交易。人生就是一件交易。我祝福你！你是一个贤德的姑娘，孝顺爸爸的姑娘。你现在爱做什么都可以。"

"明儿见，克罗旭，"他望着骇呆了的公证人说，"请你招呼法院书记官预备一份抛弃文书，麻烦你给照顾一下。"

下一天中午时分，声明书签了字，欧也妮自动的抛弃了财产。

可是到第一年年终，老箍桶匠庄严地许给女儿的一百法郎月费，连一个子儿都没有给。欧也妮说笑之间提到的时候，他不由的脸上一红，奔进密室，把他从侄儿那里三钱不值两文买来的金饰，捧了三分之一下来。

"嗳，孩子，"他的语调很有点挖苦意味，"要不要把这些抵充你的一千二百法郎？"

"噢，父亲，真的吗，你把这些给我？"

"明年我再给你这么些。"他说着把金饰倒在她围裙兜里。

"这样，不用多少时候，他的首饰都到你手里了。"他搓着手，因为能够利用女儿的感情占了便宜，觉得很高兴。

话虽如此，老头儿尽管还硬朗，也觉得需要让女儿学一学管家的诀窍了。连着两年,他教欧也妮当他的面吩咐饭菜,收人家的欠账。他慢慢地,把庄园田地的名称内容,陆续告诉了她。第三年上,他的吝啬作风把女儿训练成熟,变成了习惯,于是他放心大胆的,把伙食房的钥匙交给她,让她正式当家。

五年这样的过去了,在欧也妮父女单调的生活中无事可述,老是些同样的事情,做得像一座老钟那样准确。葛朗台小姐的愁闷忧苦已经是公开的秘密;但是尽管大家感觉到她忧苦的原因,她从没说过一句话,给索漠人对她感情的猜想有所证实。她唯一来往的人,只有几位克罗旭与他们无意中带来走熟的一些朋友。他们把她教会了打韦斯脱牌,每天晚上都来玩一局。

一八二七那一年,她的父亲感到衰老的压迫,不得不让女儿参与田产的秘密,遇到什么难题,就教她跟克罗旭公证人商量——他的忠实,老头儿是深信不疑的。然后,到这一年年终,在八十二岁上,好家伙患了疯瘫,很快的加重。裴日冷先生断定他的病是不治的了。

想到自己不久就要一个人在世界上了,欧也妮便跟父亲格外接近,把这感情的最后一环握得更紧。像一切动了爱情的女子一样,在她心目中,爱情便是整个的世界,可是查理不在眼前。她对老父的照顾服侍,可以说是鞠躬尽瘁。他开始显得老态龙钟,可是守财奴的脾气依旧由本能支持在那里。所以这个人从生到死没有一点儿改变。

从清早起,他教人家把他的转椅,在卧室的壁炉与密室的门中间推来推去,密室里头不用说是堆满了金子的。他一动不动的待在那儿,极不放心的把看他的人,和装了铁皮的门,轮流瞧着。听到一点儿响动,他就要人家报告原委;而且使公证人大为吃惊的是，他连狗在院子里打呵欠都听得见。他好像迷迷糊糊的神志不清，可是一到人家该送田租来，跟管庄园的算账，或者出立收据的日子与时间，他会立刻清醒。于是他推动转椅，直到密室门口。他教女儿把门打开，监督她亲自把一袋袋的钱秘密的堆好，把门关严。然后他又一声不出的回到原来的位置，只要女儿把那个宝贵的钥匙交还了他，藏在背心袋里，不时用手摸一下。他的老朋友公证人，觉得倘使查理·葛朗台不回来，这个有钱的独养女儿稳是嫁给他当所长的侄儿的了，所以他招呼得加倍殷勤，天天来听葛朗台差遣，奉命到法劳丰，到各处的田地，草原，葡萄园去，代葛朗台卖掉收成，把暗中积在密室里的成袋的钱，兑成金子。

末了，终于到了弥留时期，那几日老头儿结实的身子进入了毁灭的阶段。他要坐在火炉旁边，密室之前。他把身上的被一齐拉紧，裹紧，嘴里对拿侬说着：

"裹紧，裹紧，别让人家偷了我的东西。"

他所有的生命力都退守在眼睛里了，他能够睁开眼的时候，立刻转到满屋财宝的密室门上：

"在那里吗？在那里吗？"问话的声音显出他惊慌得厉害。

"在那里呢，父亲。"

"你看住金子！……拿来放在我面前！"

欧也妮把金路易铺在桌上，他几小时的用眼睛盯着，好像一个才知道观看的孩子呆望着同一件东西；也像孩子一般，他露出一点儿很吃力的笑意。有时他说一句：

"这样好教我心里暖和！"脸上的表情仿佛进了极乐世界。

本区的教士来给他做临终法事的时候，十字架，烛台，和银镶的圣水壶一出现,似乎已经死去几小时的眼睛立刻复活了,目不转睛的瞧着那些法器,他的肉瘤也最后的动了一动。神甫把镀金的十字架送到他唇边,给他亲吻基督的圣像,他却作了一个骇人的姿势想把十字架抓在手里,这一下最后的努力送了他的命。他唤着欧也妮,欧也妮跪在前面,流着泪吻着他已经冰冷的手,可是他看不见。

"父亲,祝福我啊。"

"把一切照顾得好好的!到那边来向我交账!"这最后一句证明基督教应该是守财奴的宗教。

于是欧也妮在这座屋子里完全孤独了;只有拿侬,主人对她递一个眼神就会懂得,只有拿侬为爱她而爱她,只有跟拿侬才能谈谈心中的悲苦。对于欧也妮,拿侬简直是一个保护人,她不再是一个女仆,而是卑恭的朋友。

父亲死后,欧也妮从克罗旭公证人那里知道,她在索漠地界的田产每年有三十万法郎收入;有六十法郎买进的三厘公债六百万,现在已经涨到每股七十七法郎;还有价值二百万的金子,十万现款,其他零星的收入还不计在内。她财产的总值大概有一千七百万。

"可是堂兄弟在哪里啊?"她咕哝着。克罗旭公证人把遗产清册交给欧也妮的那天,她和拿侬两个在壁炉架两旁各据一方的坐着,在这间空荡荡的堂屋内,一切都是回忆,从母亲坐惯的草垫椅子起,到堂兄弟喝过的玻璃杯为止。

"拿侬,我们孤独了!"

"是的,小姐;嗳,要是我知道他在哪里,我会走得去把他找来,这俏冤家。"

"汪洋大海隔着我们呢。"

正当可怜的承继人,在这所包括了她整个天地的又冷又暗的屋里,跟老女仆两个相对饮泣的时候,从南德到奥莱昂,大家议论纷纷,只谈着葛朗台小姐的一千七百万家私。她的第一批行事中间,一桩便是给了拿侬一千二百法郎终身年金。拿侬原来有六百法郎,加上这一笔,立刻变成一门有陪嫁的好亲事。不到一个月,她从闺女一变而为人家的媳妇,嫁给替葛朗台小姐看守田地产业的安东纳·高诺阿莱了。高诺阿莱太太比当时旁的妇女占很大的便宜。五十九岁的年纪看上去不超过四十。粗糙的线条不怕时间的侵蚀。一向过着修院式的生活,她的鲜红的皮色,铁一般硬棒的身体,根本不知衰老为何物。也许她从没有结婚那天好看过。生得丑倒是沾了光,她高大,肥胖,结实;毫不见老的脸上,有一股幸福的神气,教有些人羡慕高诺阿莱的福分。

"她气色很好。"那个开布店的说。

"她还能够生孩子呢,"盐商说,"说句你不爱听的话,她好像在盐卤里腌过,不会坏的。"

"她很有钱,高诺阿莱这小子眼力倒不错。"另外一个街坊说。

人缘很好的拿侬从老屋里出来,走下弯弯曲曲的街,上教堂去的时候,一路受到人家祝贺。

欧也妮送的贺礼是三打餐具。高诺阿莱想不到主人这样慷慨,一提到小姐便流眼泪:他甚至肯为她丢掉脑袋。成为欧也妮的心腹之后,高诺阿莱太太在嫁了丈夫的快乐以外,又添了一桩快乐:因为终于轮到她来把伙食房打开,关上,早晨去分配粮食,好似她去世的老主人一样。其次,归她调度的还有两名仆役,一个是厨娘,一个是收拾屋子、修补衣裳被服、缝制小姐衣衫的女仆。高诺阿莱兼做看守与总管。不消说,拿侬挑选来的厨娘与女仆都是上选之才。这样,葛朗台小姐有了四个忠心的仆役。老头儿生前管理田产的办法早已成为老例章程,现在再由高诺阿莱夫妇谨谨慎慎的继续下去,那些庄稼人简直不觉得老主人已经去世。

06

如此人生

到了三十岁,欧也妮还没有尝到一点儿人生乐趣。黯淡凄凉的童年,是在一个有了好心而无人识得,老受欺侮而永远痛苦的母亲身旁度过的。这位离开世界只觉得快乐的母亲,曾经为了女儿还得活下去而发愁,使欧也妮心中老觉得有些对不起她,永远的悼念她。欧也妮第一次也是仅有的一次爱情,成为她痛苦的根源。情人只看见了几天,她就在匆忙中接受了而回敬了的亲吻中间,把心给了他;然后他走了,整个世界把她和他隔开了。这场被父亲诅咒的爱情,差不多送了母亲的命,她得到的只有苦恼与一些渺茫的希望。所以至此为止,她为了追求幸福而消耗了自己的精力,却没有地方好去补充她的精力。精神生活与肉体生活一样,有呼也有吸:灵魂要吸收另一颗灵魂的感情来充实自己,然后以更丰富的感情送回给人家。人与人之间要没有这点美妙的关系,心就没有了生机:它缺少空气,它会受难,枯萎。

欧也妮开始痛苦了。对她,财富既不是一种势力,也不是一种安慰;她只能靠了爱情,靠了宗教,靠了对前途的信心而生活。爱情给她解释了永恒。她的心与福音书,告诉她将来还有两个世界好等。她日夜沉浸在两种无穷的思想中，而这两种思想，在她也许只是一种。她把整个的生命收敛起来，只知道爱，也自以为被人爱。七年以来，她的热情席卷一切。她的宝物并非收益日增的千万家私，而是查理的那口匣子，而是挂在床头的两张肖像，而是向父亲赎回来，放在棉花上，藏在旧木柜抽斗中的金饰，还有母亲用过的叔母的针箍。单单为了要把这满是回忆的金顶针套在手指上，她每天都得诚诚心心的戴了它做一点儿绣作——正如潘奈洛泼等待丈夫回家的活计。

看光景葛朗台小姐绝不会在守丧期间结婚。大家知道她的虔诚是出于真心。所以克罗旭一家在老神甫高明的指挥之下，光是用殷勤恳切的照顾来包围有钱的姑娘。

她堂屋里每天晚上都是高朋满座，都是当地最热烈最忠心的克罗旭党，竭力用各种不同的语调颂赞主妇。她有随从御医，有大司祭，有内廷供奉，有侍候梳洗的贵嫔，有首相，特别是枢密大臣，那个无所不言的枢密大臣。如果她想有一个替她牵裳曳袂的侍从，人家也会替她找来的。她简直是一个王后，人家对她的谄媚，比对所有的王后更巧妙。谄媚从来不会出自伟大的心灵，而是小人的伎俩，他们卑躬屈膝，把自己尽量的缩小，以便钻进他们趋附的人物的生活核心。而且谄媚背后有利害关系。所以那些每天晚上挤在这儿的人，把葛朗台小姐唤做特·法劳丰小姐，居然把她捧上了。这些众口一辞的恭维，欧也妮是闻所未闻的，最初不免脸红；但不论奉承的话如何过火，她的耳朵不知不觉也把称赞她如何美丽的话听惯了，倘使此刻还有什么新来的客人觉得她丑陋，她绝不能再像八年前那样满不在乎。而且临了，她在膜拜情人的时候暗中说的那套甜言蜜语，她自己也爱听了。因此她慢慢地听任人家夜夜来上朝似的，把她捧得像王后一般。

特·篷风所长是这个小圈子里的男主角，他的才气，人品，学问，和蔼，老是有人在那儿吹捧。有的说七年来他的财产增加了不少：篷风那块产业至少有一万法郎收入，而且和克罗旭家所有的田产一样，周围便是葛朗台小姐广大的产业。

"你知道吗，小姐，"另外一个熟客说，"克罗旭他们有四万法郎收入！"

"还有他们的积蓄呢，"克罗旭党里的一个老姑娘，特·格里鲍果小姐接着说，"最近巴黎来了一位先生，愿意把他的事务所以二十万法郎的代价盘给克罗旭。这位巴黎人要是谋到了乡镇推事的位置，就得把事务所出盘。"

"他想填补特·篷风先生当所长呢，所以先来布置一番，"特·奥松华太太插嘴说，"因为所长先生不久要升高等法院推事，再升庭长；他办法多得很，保险成功。"

"是啊，"另外一个接住了话头，"他真是一个人才，小姐，你看是不是？"

所长先生竭力把自己收拾得和他想扮演的角色配合。虽然年纪已有四十，虽然那张硬绷绷的暗黄脸，像所有司法界人士的脸一样干瘪，他还装作年青人模样，拿着藤杖满嘴胡扯，在特·法劳丰小姐府上从来不吸鼻烟，老戴着白领带，领下的大折裥颈围，使他的神气很像与一般蠢头蠢脑的家伙是同门弟兄。他对美丽的姑娘说话的态度很亲密，把她叫作"我们亲爱的欧也妮"。

总之，除了客人的数目，除了摸彩变了韦斯脱，再除去了葛朗台夫妇两个，堂屋里晚会的场面和过去并没有什么两样。那群猎犬永远在追逐欧也妮和她的千百万家私，但是猎狗的数量增多了，叫也叫得更巧妙，而且是同心协力的包围它们的俘虏。要是查理忽然从印度跑回来，他可以发现同样的人物与同样的利害冲突。欧也妮依旧招待得很客气的台·格拉桑太太，始终跟克罗旭他们捣乱。可是跟从前一样，控制这个场面的还是欧也妮；也跟从前一样，查理在这儿还是高于一切。但情形究竟有了些进步。从前所长送给欧也妮过生日的鲜花，现在变成经常的了。每天晚上，他给这位有钱的小姐送来一大束富丽堂皇的花，高诺阿莱太太有心当着众人把它插入花瓶，可是客人一转背，马上给暗暗扔在院子角落里。

初春的时候，台·格拉桑太太又来破坏克罗旭党的幸福了，她向欧也妮提起特·法劳丰侯爵，说要是欧也妮肯嫁给他，在订立婚书的时候，把他以前的产业带回过去的话，他立刻可以重振家业。台·格拉桑太太把贵族的门第，侯爵夫人的头衔叫得震天价响，把欧也妮轻蔑的微笑当作同意的暗示，到处扬言，克罗旭所长先生的婚事不见得像他所想的那么成熟。

"虽然特·法劳丰先生已经五十岁，"她说，"看起来也不比克罗旭先生老；不错，他是鳏夫，他有孩子；可是他是侯爵，将来又是贵族院议员，嘿！在这个年月，你找得出这样的亲事来吗？我确确实实知道，葛朗台老头当初把所有的田产并入法劳丰，就是存心要跟法劳丰家接种。他常常对我说的。他狡猾得很呀，这老头儿。"

"怎么，拿侬，"欧也妮有一晚临睡时说，"他一去七年，连一封信都没有！……"

正当这些事情在索漠搬演的时候，查理在印度发了财。先是他那批起码货卖了好价，很快弄到了六千美金[1]。他一过赤道线，便丢掉了许多成见：发觉在热带地方的致富捷径，像在欧洲一样，是贩卖人口。于是他到非洲海岸去做黑人买卖，同时在他为了求利而去的各口岸间，拣最挣钱的货色贩运。他把全副精神放在生意上，忙得没有一点儿空闲，唯一的念头是发了大财回到巴黎去耀武扬威，爬到比从前一个筋斗栽下来的地位更阔的地位。

在人堆中混久了，地方跑多了，看到许多相反的风俗，他的思想变了，对一切都取怀疑态度。他眼见在一个地方成为罪恶的，在另一个地方竟是美德，于是他对是非曲直再没有一定的观念。一天到晚为利益打算的结果，心变冷了，收缩了，干枯了。葛朗台家的血统没有失传，查理变得狠心刻薄，贪婪到了极点。他贩卖中国人，黑人，燕窝，儿童，艺术家，大规模放高利贷。偷税走私的习惯，使他愈加藐视人权。他到南美洲圣·多玛岛上贱价收买海盗的赃物，运到缺货的地方去卖。

初次出国的航程中，他心头还有欧也妮高尚纯洁的面貌，好似西班牙水手把圣母像挂在船上一样；生意上初期的成功，他还归功于这个温柔的姑娘的祝福与祈祷；可是后来，黑种女人，白种女人，黑白混血种女人，爪哇女人，埃及舞女……跟各种颜色的女子花天酒地，到处荒唐胡闹过后，把他关于堂姊，索漠，旧屋，凳子，甬道里的亲吻等等的回忆，抹得一干二净。他只记得墙垣破旧的小花园，因为那儿是他冒险生涯的起点；可是他否认他的家属：伯父是头老狗，骗了他的金饰；欧也妮在他的心中与脑海中都毫无地位，她只是生意上供给他六千法郎的一个债主。

---

1 当时美金一元值五法郎四十生丁。

这种行径与这种念头，便是查理·葛朗台杳无音信的原因。在印度，圣·多玛，非洲海岸，里斯本，美国，这位投机家为免得牵连本姓起见，取了一个假姓名，叫作卡尔·赛弗。这样，他可以毫无危险的到处胆大妄为了；不择手段，急于捞钱的作风，似乎巴不得把不名誉的勾当早日结束，在后半世做个安分良民。这种办法使他很快的发了大财。一八二七年上，他搭了一家保王党贸易公司的一条华丽帆船，玛丽-加洛琳号，回到波尔多。他有三大桶箍扎严密的金屑子，值到一百九十万法郎，打算到巴黎换成金币，再赚七八厘利息。同船有一位慈祥的老人，查理十世陛下的内廷行走，特·奥勃里翁先生，当初糊里糊涂的娶了一位交际花。他的产业在墨西哥海湾中的众岛上，这次是为了弥补太太的挥霍，到那边去变卖家产的。特·奥勃里翁夫妇是旧世家特·奥勃里翁·特·皮克出身，特·皮克的最后一位将军在一七八九年以前就死了。现在的特·奥勃里翁，一年只有两万法郎左右的进款，还有一个奇丑而没有陪嫁的女儿，因为母亲自己的财产仅仅够住在巴黎的开销。可是交际场中认为，就凭一般时髦太太那样天大的本领，也不容易嫁掉这个女儿。特·奥勃里翁太太自己也看了女儿心焦，巴不得马上送她出去，不问对象，即使是想做贵族想迷了心的男人也行。

特·奥勃里翁小姐与她同音异义的昆虫一样，长得像一只蜻蜓[1]；又瘦又细，嘴巴老是瞧不起人的模样，上面挂着一个太长的鼻子，平常是黄黄的颜色，一吃饭却完全变红，这种植物性的变色现象，在一张又苍白又无聊的脸上格外难看。总而言之，她的模

---

[1] 小姐一字在法文中亦作蜻蜓解。

样,正好教一个年纪三十八而还有风韵还有野心的母亲欢喜。可是为补救那些缺陷起见,特·奥勃里翁侯爵夫人把女儿教得态度非常文雅,经常的卫生把鼻子维持着相当合理的皮色,教她学会打扮得大方,传授她许多漂亮的举动,会做出那些多愁多病的眼神,教男人看了动心,以为终于遇到了找遍天涯无觅处的安琪儿;她也教女儿如何运用双足,赶上鼻子肆无忌惮发红的辰光,就该应时的伸出脚来,让人家鉴赏它们的纤小玲珑;总之,她把女儿琢磨得着实不错了。靠了宽大的袖子,骗人的胸褡,收拾得齐齐整整而衣袂往四下里鼓起来的长袍,束得极紧的撑裙,她居然制成了一些女性的特征,其巧妙的程度实在应当送进博物馆,给所有的母亲做参考。查理很巴结特·奥勃里翁太太,而她也正想交结他。有好些人竟说在船上的时期,美丽的特·奥勃里翁太太把凡是可以钓上这有钱女婿的手段,件件都做到家了。一八二七年六月,在波尔多下了船,特·奥勃里翁先生,太太,小姐,和查理,寄宿在同一个旅馆,又一同上巴黎。特·奥勃里翁的府邸早已抵押出去,要查理给赎回来。丈母已经讲起把楼下一层让给女婿女儿住是多么快活的话。不像特·奥勃里翁先生那样对门第有成见,她已经答应查理·葛朗台,向查理十世请一道上谕,钦准他葛朗台改姓特·奥勃里翁,使用特·奥勃里翁家的爵徽;并且只要查理送一个岁收三万六千法郎的采邑给特·奥勃里翁,他将来便可承袭特·皮克大将军与特·奥勃里翁侯爵的双重头衔。两家的财产合起来,加上国家的乾俸,一切安排得好好的话,除了特·奥勃里翁的府邸之外,大概可以有十几万法郎收入。

她对查理说:"一个人有了十万法郎收入,有了姓氏,有了门第,出入宫廷——我会给你弄一个内廷行走的差事——那不是要当什么就当什么了吗？这样，你可以当参事院请愿委员，当州长，当大使馆秘书，当大使，由你挑就是。查理十世很喜欢特·奥勃里翁，他们从小就相熟。"

这女人挑逗查理的野心，弄得他飘飘然；她手段巧妙的，当作体己话似的，告诉他将来有如何如何的希望，使查理在船上一路想出了神。他以为父亲的事情有伯父料清了，觉得自己可以平步青云，一脚闯入个个人都想挤进去的圣·日耳曼区，在玛蒂尔特小姐的蓝鼻子提携之下，他可以摇身一变而为特·奥勃里翁伯爵，好似特李一家当初一变而为勃莱才一样。他出国的时候，王政复辟还是摇摇欲坠的局面，现在却是繁荣昌盛，把他看得眼花了，贵族思想的光辉把他怔住了，所以他在船上开始的醉意，一直维持到巴黎。到了巴黎，他决心不顾一切，要把自私的丈母娘暗示给他的高官厚爵弄到手。在这个光明的远景中，堂姊自然不过是一个小点子了。

他重新见到了阿纳德。以交际花的算盘，阿纳德极力怂恿她的旧情人攀这门亲，并且答应全力支援他一切野心的活动。阿纳德很高兴查理娶一位又丑又可厌的小姐，因为他在印度逗留过后，出落得更讨人喜欢了：皮肤变成暗黄，举动变成坚决，放肆，好似那些惯于决断、控制、成功的人一样。查理眼看自己可以成个角色，在巴黎更觉得如鱼得水了。

台·格拉桑知道他已经回国，不久就要结婚，并且有了钱，便来看他，告诉他再付三十万法郎便可把他父亲的债务偿清。

他见到查理的时候，正碰上一个珠宝商在那里拿了图样，向查理请示特·奥勃里翁小姐首饰的款式。查理从印度带回的钻石确是富丽堂皇，可是钻石的镶工，新夫妇所用的银器，金银首饰与小玩意儿,还得花二十万法郎以上。查理见了台·格拉桑已经认不得了,态度的傲慢,活现出他是一个时髦青年,曾经在印度跟人家决斗,打死过四个对手的人物。台·格拉桑已经来过三次。查理冷冷的听着,然后,并没把事情完全弄清楚,就回答说:

"我父亲的事不是我的事。谢谢你这样费心,先生,可惜我不能领情。我流了汗挣来不到两百万的钱,不是预备送给我父亲的债主的。"

"要是几天之内人家把令尊宣告了破产呢?"

"先生,几天之内我叫作特·奥勃里翁伯爵了。还跟我有什么相干?而且你比我更清楚,一个有十万法郎收入的人,他的父亲绝不会有过破产的事。"他说着,客客气气把台·格拉桑推到门口。

这一年的八月初,欧也妮坐在堂兄弟对她海誓山盟的那条小木凳上,天晴的日子她就在这儿用早点的。这时候,在一个最凉爽最愉快的早晨,可怜的姑娘正在记忆中把她爱情史上的大事小事,以及接着发生的祸事,一件件的想过来。阳光照在那堵美丽的墙上——到处开裂的墙快要坍毁了,高诺阿莱老是跟他女人说早晚要压坏人的,可是古怪的欧也妮始终不许人去碰它一碰。这时邮差来敲门,授了一封信给高诺阿莱太太,她一边嚷一边走进园子:"小姐,有信哪!"

她授给了主人,问:"是不是你天天等着的信呀?"

这句话传到欧也妮心中的声响,其强烈不下于在园子和院子的墙壁中间实际的回声。

"巴黎!……是他的! 他回来了。"

欧也妮脸色发白,拿着信愣了一会。她抖得太厉害了,简直不能拆信。

长脚拿侬站在那儿,两手叉着腰,快乐在她暗黄脸的沟槽中像一道烟似的溜走了。

"念呀,小姐……"

"啊!拿侬,他从索漠动身的,为什么回巴黎呢?"

"念呀,你念了就知道啦。"

欧也妮哆嗦着拆开信来。里面掉出一张汇票,是向台·格拉桑太太与高莱合伙的索漠银号兑款的,拿侬给捡了起来。

  亲爱的堂姊……

——不叫我欧也妮了,她想着,心揪紧了。

  您……

——用这种客套的称呼了!
她交叉了手臂,不敢再往下念,大颗的眼泪冒了上来。

"难道他死了吗?"拿侬问。

"那他不会写信了!"欧也妮回答。

于是她把信念下去:

  亲爱的堂姊,您知道了我的事业成功,我相信您一定很高兴。您给了我吉利,我居然挣了钱回来。我也听从了伯父的劝告。他和伯母去世的消息,刚由台·格拉桑先生告诉我。父母的死亡是必然之事,我们应当接替他们。希望您现在已经节哀顺变。我觉得什么都抵抗不住时间。是的,亲爱的堂姊,我的幻想,不幸都已过去。有什么办法!走了许多地方,我把人生想过了。动身时是一个孩子,回来变了大人。现在我想到许多以前不曾想过的事。堂姊,您是自由了,我也还是自由的。表面上似乎毫无阻碍,我们尽可实现当初小小的计划;可是我太坦白了,不能把我的处境瞒您。我没有忘记我不能自由行动;在长途的航程中我老是想起那条小凳……

欧也妮仿佛身底下碰到了火炭,猛的站了起来,走去坐在院子里一级石磴上。

……那条小凳,我们坐着发誓永远相爱的小凳;也想起过道,灰色的堂屋,阁楼上我的卧房,也想起那天夜里,您的好意给了我很大的帮助。是的,这些回忆支持了我的勇气,我常常想,您一定在我们约定的时间想念我,正如我想念您一样。您有没有在九点钟看云呢?看的,是不是?所以我不愿欺骗我认为神圣的友谊,不,我绝对不应该欺骗您。此刻有一门亲事,完全符合我对于结婚的观念。在婚姻中谈爱情是做梦。现在,经验告诉我,结婚这件事应当服从一切社会的规律,适应风俗习惯的要求。而你我之间第一先有了年龄的差别,将来对于您也许比对我更有影响。更不用提您的生活方式,您的教育,您的习惯,都与巴黎生活格格不入,决计不能配合我以后的方针。我的计划是维持一个场面阔绰的家，招待许多客人，而我记得您是喜欢安静恬淡的生活的。不，我要更坦白些，请您把我的处境仲裁一下罢；您也应当知道我的情形，您有裁判的权利。如今我有八万法郎的收入。这笔财产使我能够跟特·奥勃里翁家攀亲，他们的独养女儿十九岁，可以给我带来一个姓氏，一个头衔，一个内廷行走的差使，以及声名显赫的地位。老实告诉您，亲爱的堂姊，我对特·奥勃里翁小姐没有一点儿爱情；但是和她联姻之后，我替孩子预留了一个地位，将来的便宜简直无法估计：因为尊重王室的思想慢慢地又在抬头了。几年之后，我的儿子承袭了特·奥勃里翁侯爵，有了四万法郎的采邑，他便爱做什么官都可以了。我们应当对儿女负责。您瞧，堂姊，我多么善意的把我的心，把我的希望，把我的财产，告诉给您听。可能在您那方面，经过了七年的离别，您已经忘记了我们幼稚的行为；可是我，我既没有忘记您的宽容，也没忘记我的诺言；我什么话都记得，即使在最不经意的时候说的话，换了一个不像我这样认真的，不像我这样保持童心而诚实的青年，是早已想不起的了。我告诉您，我只想为了地位财产而结婚，告诉您我还记得我们童年的爱情，这不就是把我交给了您，由您做主吗？这也就是告诉您，如果要我放弃尘世的野心，我也甘心情愿享受朴素纯洁的幸福，那种动人的情景，您也早已给我领略过了……

您忠实的堂弟　查理

在签名的时候,查理哼着一阕歌剧的调子:"铛搭搭——铛搭低——叮搭搭——咚!——咚搭低——叮搭搭……"

"天哪!这就叫作略施小技。"他对自己说。

然后他找出汇票,添注了一笔:

附上汇票一纸,请向台·格拉桑银号照兑,票面八千法郎,可用黄金支付。这是包括您慷慨惠借的六千法郎的本利。另有几件东西预备送给您,表示我永远的感激;可是那口箱子还在波尔多,没有运到,且待以后送上。我的梳妆匣,请交驿车带回,地址是伊勒冷-裴尔敦街,特·奥勃里翁府邸。

"交驿车带回!"欧也妮自言自语的说。"我为了它拼命的东西,交驿车带回!"

伤心残酷的劫数!船沉掉了,希望的大海上,连一根绳索一块薄板都没有留下。

受到遗弃之后,有些女子会去把爱人从情敌手中抢回,把情敌杀死,逃到天涯海角,或是上断头台,或是进坟墓。这当然很美;犯罪的动机是一片悲壮的热情,令人觉得法无可恕,情实可悯。另外一些女子却低下头去,不声不响的受苦,她们奄奄一息的隐忍,啜泣,宽恕,祈祷,相思,直到咽气为止。这是爱,是真爱,是天使的爱,以痛苦生以痛苦死的高傲的爱。这便是欧也妮读了这封残酷的信以后的心情。她举眼望着天,想起了母亲的遗言。像有些临终的人一样,母亲是一眼之间把前途看清看透了的。然后欧也妮记起了这先知般的一生和去世的情形，一转瞬间悟到了自己的命运。她只有振翼高飞，努力往天上扑去，在祈祷中等待她的解脱。

"母亲说得不错，"她哭着对自己说，"只有受苦与死亡。"

她脚步极慢的从花园走向堂屋。跟平时的习惯相反，她不走甬道；但灰灰的堂屋里依旧有她堂兄弟的纪念物：壁炉架上老摆着那只小碟子，她每天吃早点都拿来用的，还有那赛佛旧瓷的糖壶。这一天对她真是庄严重大的日子，发生了多少大事。拿侬来通报本区的教士到了。他和克罗旭家是亲戚，也是关心特·篷风所长利益的人。几天以前老克罗旭神甫把他说服了，教他在纯粹宗教的立场上，跟葛朗台小姐谈一谈她必须结婚的义务。欧也妮一看见他，以为他来收一千法郎津贴穷人的月费，便叫拿侬去拿钱；可是教士笑道：

"小姐，今天我来跟你谈一个可怜的姑娘的事，整个索漠都在关心她，因为她自己不知爱惜，她的生活方式不够称为一个基督徒。"

"我的上帝！这时我简直不能想到旁人，我自顾还不暇呢。我痛苦极了，除了教会，没有地方好逃，只有它宽大的心胸才容得了我们所有的苦恼，只有它丰富的感情，我们才能取之不尽。"

"嗳，小姐，我们照顾了这位姑娘，同时就照顾了你。听我说！如果你要永生，你只有两条路好走：或者是出家，或者是服从在家的规律；或者听从你俗世的命运，或者听从你天国的命运。"

"啊！好极了，正在我需要指引的时候，你来指引我。对了，一定是上帝派你来的，神甫。我要向世界告别，不声不响的隐在一边为上帝生活。"

"取这种极端的行动，孩子，是需要长时期的考虑的。结婚是生，修道是死。"

"好呀，神甫，死，马上就死！"她兴奋的口气叫人害怕。

"死？可是，你对社会负有重大的义务呢，小姐。你不是穷人的母亲，冬天给他们衣服柴火，夏天给他们工作吗？你巨大的家私是一种债务，要偿还的，这是你已经用圣洁的心地接受了的。往修道院一躲是太自私了；终身做老姑娘又不应该。先是你怎么能独自管理偌大的家业？也许你会把它丢了。一桩又一桩的官司会弄得你焦头烂额，无法解决。听你牧师[1]的话吧：你需要一个丈夫，你应当把上帝赐给你的加以保存。这些话，是我把你当作亲爱的信徒而说的。你那么真诚的爱上帝，绝不能不在俗世上求永生；你是世界上最美的装饰之一，给了人家多少圣洁的榜样。"

这时仆人通报台·格拉桑太太来到。她是气愤之极，存了报复的心思来的。

"小姐……啊！神甫在这里……我不说了，我是来商量俗事的，看来你们在谈重要的事情。"

"太太，"神甫说，"我让你。"

"噢！神甫，"欧也妮说，"过一会再来吧，今天我正需要你的支持。"

---

[1] 此处所谓牧师，系指负责指导灵修的神甫，非新教教士之牧师。

"不错,可怜的孩子。"台·格拉桑太太插嘴。

"什么意思?"葛朗台小姐和神甫一齐问。

"难道你堂兄弟回来了,要娶特·奥勃里翁小姐,我还不知道吗?……一个女人不会这么糊涂的。"

欧也妮脸上一红,不出一声;但她决意从此要像父亲一般装作若无其事。

"嗳,太太,"她带着嘲弄的意味,"我倒真是糊涂呢,不懂你的意思。你说吧,不用回避神甫,你知道他是我的牧师。"

"好吧,小姐,这是台·格拉桑给我的信,你念吧。"

欧也妮接过信来念道:

> 贤妻如面:查理·葛朗台从印度回来,到巴黎已有一月……

——一个月!欧也妮心里想,把手垂了下来。停了一会又往下念:

> ……我白跑了两次,方始见到这位未来的特·奥勃里翁伯爵。虽然整个巴黎都在谈论他的婚事,教会也公布了婚事征询……

——那么他写信给我的时候已经……欧也妮没有往下再想,也没有像巴黎女子般叫一声"这无赖!"可是虽然面上毫无表现,她心中的轻蔑并没减少一点。

……这头亲事还渺茫得很呢：特·奥勃里翁侯爵绝不肯把女儿嫁给一个破产的人的儿子。我特意去告诉查理，我和他的伯父如何费心料理他父亲的事，用了如何巧妙的手段才把债权人按捺到今天。这傲慢的小子胆敢回我——为了他的利益和名誉，日夜不息帮忙了五年的我，说"他父亲的事不是他的事！"为这件案子，一个诉讼代理人真可以问他要三万到四万法郎的酬金，合到债务的百分之一。可是，且慢，他的的确确还欠债权人一百二十万法郎，我非把他的父亲宣告破产不可。当初我接手这件事，完全凭了葛朗台那老鳄鱼一句话，并且我早已代表他的家属对债权人承诺下来。尽管特·奥勃里翁伯爵不在乎他的名誉，我却很看重我自己的名誉。所以我要把我的地位向债权人说明。可是我素来敬重欧也妮小姐——你记得，当初我们境况较好的时候，曾经对她有过提亲的意思——所以在我采取行动之前，你必须去跟她谈一谈……

念到这里，欧也妮立刻停下，冷冷的把信还给了台·格拉桑太太，说：

"谢谢你；慢慢再说吧……"

"哎哟，此刻你的声音和你从前老太爷的一模一样。"

"太太，你有八千法郎金子要付给我们哪。"拿侬对她说。

"不错；劳驾你跟我去一趟罢，高诺阿莱太太。"

欧也妮心里已经拿定主意，所以态度很大方很镇静的说：

"请问神甫，结婚以后保持童身，算不算罪过？"

"这是一个宗教里的道德问题,我不能回答。要是你想知道那有名的桑切斯[1]在《神学要略》的《婚姻篇》内怎样说,明天我可以告诉你。"

神甫走了。葛朗台小姐上楼到父亲的密室内呆了一天,吃饭的时候,拿侬再三催促也不肯下来。直到晚上客人照例登门的时候,她才出现。葛朗台家从没有这一晚那样的宾客满堂。查理的回来,和其蠢无比的忘恩负义的消息,早已传遍全城。但来客尽管聚精会神的观察,也无法满足他们的好奇心。早有准备的欧也妮,镇静的脸上一点都不露出在胸中激荡的惨痛的情绪。人家用哀怨的眼神和感伤的言语对她表示关切,她居然能报以笑容。她终于以谦恭有礼的态度,掩饰了她的苦难。

九点左右,牌局完了,打牌的人离开桌子,一边算账一边讨论最后几局韦斯脱,走来加入谈天的圈子。正当大家伙儿起身预备告辞的时候,忽然展开了富有戏剧性的一幕,震动了索漠,震动了一州,震动了周围四个州府。

"所长,你慢一步走。"欧也妮看见特·篷风先生拿起手杖的时候,这么说。

听到这句话,个个人都为之一怔。所长脸色发白,不由得坐了下来。

"千万家私是所长的了。"特·格里鲍果小姐说。

"还不明白吗,"特·奥松华太太接着嚷道,"特·篷风所长娶定了葛朗台小姐。"

"这才是最妙的一局哩。"老神甫说。

---

[1] 十六世纪西班牙神学家。

"和了满贯哪。"公证人说。

每个人都有他的妙语，双关语，把欧也妮看作高踞在千万家私之上，好似高踞在宝座上一样。酝酿了八年的大事到了结束的阶段。当着整个索漠城的面，叫所长留下，不就等于宣布她决定嫁给他了吗？礼节体统在小城市中是极严格的，像这一类出乎常轨的举动，当然成为最庄严的诺言了。

客人散尽之后，欧也妮声音激动的说道：

"所长，我知道你喜欢我的是什么。你得起誓，在我活着的时候，让我自由，永远不向我提起婚姻给你的权利，那么我可以答应嫁给你。噢！我的话还没有完呢，"她看见所长跪了下去，便赶紧补充，"我不会对你不忠实，先生。我心里有一股熄灭不了的感情。我能够给丈夫的只有友谊：我既不愿使他难受，也不愿违背我心里的信念。可是你得帮我一次大忙，才能得到我的婚约和产业。"

"赴汤蹈火都可以。"所长回答。

"这儿是一百五十万法郎，"她从怀中掏出一张法兰西银行一百五十股的股票，"请你上巴黎，不是明天，不是今夜，而是当场立刻。你到台·格拉桑先生那里，去找出我叔父的全部债权人名单，把他们召集起来，把叔父所欠的本金，以及到付款日为止的全部息金，照五厘计算，一律付清，要他们立一张总收据，经公证人签字证明，一切照应有的手续办理。你是法官，这件事我只信托你一个人。你是一个正直的，有义气的男子：我将来就凭你一句话，靠你夫家的姓，挨过人生的危难。我们将来相忍相让。认识了这么多年，我们差不多是一家人了，想你一定不会使我痛苦的。"

所长扑倒在有钱的承继人脚下,又快活又凄怆的浑身哆嗦。

"我一定做你的奴隶!"他说。

"你拿到了收据,先生,"她冷冷的望了他一眼,"你把它和所有的借券一齐送给我的堂兄弟,另外把这封信交给他。等你回来,我履行我的诺言。"

所长很明白他的得到葛朗台小姐,完全是由于爱情的怨望;所以他急急要把她的事赶快办了,免得两个情人有讲和的机会。

特·篷风先生走了,欧也妮倒在沙发里哭作一团。一切都完了。所长雇了驿车,次日晚上到了巴黎。第二日清晨他去见台·格拉桑。法官邀请债权人到存放债券的公证人事务所会齐,他们居然一个也没有缺席。虽然全是债主,可是说句公道话,这一次他们都准时而到。然后特·篷风所长以葛朗台小姐的名义,把本利一并付给了他们。照付利息这一点,在巴黎商界中轰动一时。

所长拿到了收据,又依照欧也妮的吩咐,送了五万法郎给台·格拉桑作报酬,然后上特·奥勃里翁爵府。他进门的时候,查理正碰了丈人的钉子回到自己屋里。老爵爷告诉他,一定要等琪奥默·葛朗台的债务清偿之后,才能把女儿嫁给他。

所长先把下面一封信交给查理:

> 堂弟大鉴:叔父所欠的债务,业已全部清偿,特由特·篷风所长送上收据一纸。另附收据一纸,证明我上述代垫的款项已由吾弟归还。外面有破产的传说,我想一个破产的人的儿子未必能娶特·奥勃里翁小姐。您批评我的头脑与态度的话,确有见地:我的确毫无上流社会的气息,那些计算与风气习惯,我都不知;您所期待

195

的乐趣,我无法贡献。您为了服从社会的惯例,牺牲了我们的初恋,但愿您在社会的惯例之下快乐。我只能把您父亲的名誉献给您,来成全您的幸福。别了!

愚姊永远是您忠实的朋友。

欧也妮

这位野心家拿到正式的文件,不由自主的叫了一声,使所长看了微笑。

"咱们现在不妨交换喜讯啦。"他对查理说。

"啊!你要娶欧也妮?好吧,我很高兴,她是一个好人。"他忽然心中一亮,接着说,"哎,那么她很有钱喽?"

"四天以前,"所长带着挖苦的口吻回答,"她有将近一千九百万;可是今天她只有一千七了。"

查理望着所长,发呆了。

"一千七百……万……"

"对,一千七百万,先生。结婚之后,我和葛朗台小姐总共有七十五万法郎收入。"

"亲爱的姊丈,"查理的态度又镇静了些,"咱们好彼此提携提携啦。"

"行!"所长回答,"这里还有一口小箱子,非当面交给你不可。"他把梳妆匣放在了桌上。

"喂,好朋友,"特·奥勃里翁侯爵夫人进来的当儿,根本没有注意到克罗旭,"刚才特·奥勃里翁先生说的话,你一点不用放在心上,他是给特·旭礼欧公爵夫人迷昏了。我再告诉你一遍,你的婚事决无问题……"

"决无问题，"查理应声回答，"我父亲欠的三百万，昨天都还清了。"

"付了现款吗？"

"不折不扣，连本带利：我还得替先父办复权手续呢。"

"你太傻了！"他的丈母叫道，"这位是谁？"她看到了克罗旭，咬着女婿的耳朵问。

"我的经纪人。"他低声回答。

侯爵夫人对特·篷风先生傲慢的点了点头，走了出去。

"咱们已经在彼此提携啦，"所长拿起帽子说，"再见吧，内弟。"

"他竟开我的玩笑，这索漠的臭八哥。恨不得一剑戳破他的肚子才好。"

所长走了。三天以后，特·篷风先生回到了索漠，公布了他与欧也妮的婚事。过了六个月，他升了安越法院的推事。

离开索漠之前，欧也妮把多少年来心爱的金饰熔掉了，加上堂兄弟偿还的八千法郎，铸了一口黄金的圣体匣，献给本区的教堂，在那里，她为他曾经向上帝祷告过多少年！

平时她在安越与索漠两地来来往往。她的丈夫在某次政治运动上出了力，升了高等法院庭长，过了几年又升了院长。他很焦心的等着大选，好进国会。他的念头已经转到贵族院了，那时……

"那时，王上跟他是不是称兄道弟了？"拿侬，长脚拿侬，高诺阿莱太太，索漠的布尔乔亚，听见女主人提到将来显赫的声势时，不禁说出这么一句。

结 局

虽然如此，特·篷风院长（他终于把产业的名字代替了老家克罗旭的姓）野心勃勃的梦想，一桩也没有实现。发表为索漠议员八天以后，他就死了。

洞烛幽微而罚不及无辜的上帝，一定是谴责他的心计与玩弄法律的手段。他由克罗旭做参谋，在结婚契约上订明"倘将来并无子女，则夫妇双方之财产，包括动产不动产，绝无例外与保留，一律全部互相遗赠；且夫妇任何一方身故之后，得不再依照例行手续举办遗产登记，但自以不损害继承人权利为原则，须知上述夫妇互相遗赠财产之举确为……"这一项条款，便是院长始终尊重特·篷风太太的意志与独居的理由。妇女们提起院长，总认为他是一个最体贴的人，而对他表示同情；她们往往谴责欧也妮的隐痛与痴情，而且在谴责一个女人的时候，她们照例是很刻毒的。

"特·篷风太太一定是病得很厉害，否则绝不会让丈夫独居的。可怜的太太！她就会好吗？究竟是什么病呀，胃炎吗？癌症吗？为什么不去看医生呢？这些时候她脸色都黄了；她应该上巴黎去请教那些名医。她怎么不想生一个孩子呢？据说她非常爱丈夫，那么以他的地位，怎么不给他留一个后代承继遗产呢？真是可怕。倘使单单为了任性，那简直是罪过……可怜的院长！"

　　欧也妮因为幽居独处、长期默想的结果，变得感觉灵敏，对周围的事故看得很清，加上不幸的遭遇与最后的教训，她对什么都猜得透。她知道院长希望她早死，好独占这笔巨大的家私——因为上帝忽发奇想，把两位老叔——公证人和教士——都召归了天国，使他的财产愈加庞大了。欧也妮只觉得院长可怜；不料全知全能的上帝，代她把丈夫居心叵测的计划完全推翻了：他尊重欧也妮无望的痴情，表示满不在乎，其实他觉得不与妻子同居倒是最可靠的保障；要是生了一个孩子，院长的自私的希望，野心勃勃的快意，不是都归泡影了吗？

　　如今上帝把大堆的黄金丢给被黄金束缚的女子，而她根本不把黄金放在心上，只在向往天国，过着虔诚慈爱的生活，只有一些圣洁的思想，不断的暗中援助受难的人。

　　特·篷风太太三十三岁上做了寡妇，富有八十万法郎的收入，依旧很美，可是像个将近四十的女人的美。白白的脸，安闲，镇静。声音柔和而沉着，举止单纯。她有痛苦的崇高伟大，有灵魂并没被尘世沾污过的人的圣洁，但也有老处女的僵硬的神气，和内地闭塞生活养成的器局狭小的习惯。虽然富有八十万法郎的岁收，她依旧过着当年欧也妮·葛朗台的生活，非到了父亲从前允许堂屋里生火的日子，她的卧房绝不生火，熄火的日子也依照她年轻时代的老规矩。她的衣着永远跟当年的母亲一样。索漠的屋子，没有阳光，没有暖气，老是阴森森的，凄凉的屋子，便是她一生的小影。她把所有的收入谨谨慎慎的积聚起来，要不是她慷慨解囊的拨充善举，也许还显得吝啬呢。可是她办了不少公益与虔诚的事业，一所养老院，几处教会小学，一所庋藏丰富的图书馆，等于每年向人家责备她吝啬的话提出反证。索漠的几座教堂，靠她的捐助，多添了一些装修。特·篷风太太，有些人刻薄地叫作小姐，很受一般人敬重。由此可见，这颗只知有温情而不知有其他的高尚的心，还是逃不了人间利益的算盘。金钱不免把它冷冰冰的光彩，沾染了这个超脱一切的生命，使这个感情丰富的女子也不敢相信感情了。

"只有你爱我。"她对拿侬说。

这女子的手抚慰了多少家庭的隐痛。她挟着一连串善行义举向天国前进。心灵的伟大，抵销了她教育的鄙陋和早年的习惯。这便是欧也妮的故事，她在世等于出家，天生的贤妻良母，却既无丈夫，又无儿女，又无家庭。

几天以来，大家又提到她再嫁的问题。索漠人在注意她跟特·法劳丰侯爵的事，因为这一家正开始包围这个有钱的寡妇，像当年克罗旭他们一样。

据说拿侬与高诺阿莱两人都站在侯爵方面；这真是荒唐的谣言。长脚拿侬和高诺阿莱的聪明，都还不够懂得世道人心的败坏。

巴黎　一八三三年九月原作
牯岭　一九四八年八月译竣

比哀兰德

01

比哀兰德·洛兰

一八二七年十月,有一日天才透亮,普罗凡"下城"的小广场上来了一个十六岁光景的青年,身上的衣着表明他照现代语言很不客气的说法是个无产者。那个时间,少年人尽可把长方形广场上的屋子一幢幢打量过来,不会受人注意。普罗凡河上的磨坊已经开工。水车声和上城方面传来的回声,在清洌的空气和耀眼的晨光中使环境格外显得幽静,哪怕四五里外在大路上经过一辆班车,你也听得见车身上那些铁器震动的声音。

长里的两排屋子,中间隔着一行菩提树,建筑朴素,显出布尔乔亚日子过得安静,刻板。那地段毫无市面。有钱人家那种华丽的大门也不大看见;即使有也难得打开,除非是马德南先生府上,他是医生,不能不有一辆双轮马车坐着出门。有几家门面上爬着葡萄藤,也有爬着长枝条的蔷薇直到二楼,稀稀朗朗开着一大球一大球的花,把香气递进窗内。广场的一头差不多直达下城的大街。另外一头丁字式横着一条街,和大街平行,街上住户的花园一直伸展到河边,就是灌溉普罗凡盆地的两条河中间的一条。

广场的这一头尤其安静。青年工人认出了人家告诉他的屋子：白石门面，一排排的石头之间露出接缝的沟槽；窗外装着半截的细铁栏杆，栏杆上嵌着黄漆的蔷薇花纹，灰色的百叶窗一律关着。假三层的屋面盖着石板[1]，顶楼上一共有三扇窗。一座山墙顶上装着新式的定风针，形状是个预备放枪打野兔的猎人。楼下大门口有三级石阶。大门的一边，一节铅管把污水通往一条小小的阴沟，可见里头是厨房。另外一边有两个窗洞，紧闭的灰色护窗板上雕出鸡心形的洞眼，透进一些光线，看上去是饭厅。因为有了石级，屋基比较高了；每扇窗下，靠近地面露出地窖的出风洞，装着上漆的铅皮小门，门上许多洞眼还像煞有介事镂出花纹来。样样都是新的。经过修理的屋子，一切讲究的装饰都还新簇簇的，在别的旧屋子中间非常凸出：会观察的人看了马上体会到告老的小商人的俗气和得意。少年人望着门面上的种种光景，神气又高兴又难过；眼睛从厨房移到顶楼上去的动作表示他在心中盘算。太阳的红光照出顶楼上只有一扇窗挂着卡里谷布的窗帘。少年人的脸忽然开朗，完全快活了。他退后几步，靠在一株菩提树上，用西部人特有的拖沓的声音唱出一支布勒塔尼的情歌。布吕奇埃作过不少可爱的歌曲，也发表过这一支。按照布勒塔尼的风俗，村上的青年大多用这支歌向新婚夫妇道喜：

> 愿你们俩婚姻美满，
> 祝你新嫁的郎君，
> 也祝你这新过门的媳妇。

---

1 法国及别的欧洲国家很多用长方形的石板做屋瓦。

新婚的太太,
你如今受着金链的牵缠,
要死了才能解开。

你不能再上舞会,跟我们一起作乐寻欢;
你只好看守门户,
眼睁睁的看着我们去跳舞。

你可曾心下明白,
对丈夫要忠诚到底,
爱他像爱你自己?

我献你这花球,请你赏收。
可怜世上没有不谢的鲜花,
你也没有长久的荣华。

　　这支地方歌曲,同夏朵勃里昂改编的《姊姊,你可还想得起?》一样优美,在香巴涅一带的勃里区[1]的小城中唱起来,一个布勒塔尼女子听了必然引起许多回想。布勒塔尼原是一个庄严古老的乡土,那支歌把当地的风俗,景色和人情的敦厚描写得非常真切。歌词所反映的现实生活有种说不出的凄凉情调,令人深深感动。平时很熟悉而往往很愉快的节奏,竟会唤起一大堆严肃、甜蜜、心酸的往事:这股力量就是民歌的特色,怪不得音乐界对

---

[1] 勃里是巴黎以东的一个地区,分作好几部分,香巴涅为其中之一。香巴涅一带的勃里区小城就是指普罗凡。——布勒塔尼为法国西部的古行省,原有的风俗保存最多。

民歌有种迷信。因为迷信无非是民族经过了多少次革命和打击，始终没有消灭的东西。少年工人一边唱一边目不转睛的望着顶楼上的窗帘。第一节唱完了，毫无动静。唱到第二节，卡里谷布动起来了。"我献你这花球"一句才唱完，窗上便出现一个姑娘的脸。等到工人唱着情调凄凉而文字极简单的两句："可怜世上没有不谢的鲜花，你也没有长久的荣华"，那姑娘已经伸出雪白的手小心翼翼的打开窗来，向工人点头招呼了。

工人突然从树下探出身子，在短褂下面掏出一朵金黄的花，在布勒塔尼极普通的金雀花，但在勃里很少看见，大概是那青年从田野里采来的。

姑娘轻轻的说道："是你吗，布里谷？"

"是啊，比哀兰德，是啊。我到了巴黎，出来跑码头了。不过你在这儿，说不定我就在这儿住下。"

那时，比哀兰德房间底下的二层楼上，窗闩吱吱格格的响起来。布勒塔尼姑娘慌张得不得了，吩咐布里谷：

"快走吧！"

布里谷像受惊的青蛙，一窜就往磨坊那边的街道拐角上窜过去；那条街后半段折入大街——下城的主要街道。但他尽管溜的快，打着铁掌的鞋子踏在普罗凡的街面上，二层楼上开出窗来的人在磨坊的水车声中还是分辨得出。

那人是个女性。男人们清早都睡得好好的，绝不肯为了一个现代打扮的行吟诗人打断好梦，只有姑娘家才会被情歌惊醒。所以那女的是个姑娘，而且是个老姑娘。她手势像蝙蝠似的推开百叶窗，向四下里张望；布里谷早已去远，只隐隐听见他的脚声。我们的眼睛看了最不舒服的莫过于大清早窗口出现一个难看的老姑娘。出门人经过小城小镇自会见到许多有趣的怪事，可是遇到这个景象也要吃不消，觉得太不愉快，太丑恶了，要笑也笑不出。那个耳朵极灵的老姑娘当时一点装扮都没有，既没有假头发做的前刘海，也没有领围。她像老婆子一样脑袋上包着一小块塔夫绸的黑头巾，式样难看无比，睡帽在床上扭来扭去，推到脑后去了，头巾也露在睡帽外面。披头散发的模样使她神气格外凶恶，像画家笔下的妖婆。脑门，耳朵，颈窝，都没有遮盖好，显得一味枯干；僵硬的皱裥红得好难看，把短袖衬衣褪得发白的颜色衬托得愈加分明。衬衣的领口扣着扭曲的带子，敞开了一半，露出的胸脯和不怕出丑的乡下老婆子的胸脯差不多。瘦削的胳膊好比一根竿子，不过外面包了衣服罢了。那位小姐站在窗口显得个子高大，因为她的脸厚实开阔，令人想起某些瑞士人的其大无比的面孔。她的相貌整个儿不成格局，主要的特色是线条僵硬，皮色刺眼，神情的冷酷便是专门研究相貌的人见了也会厌恶。这些浮面的表情有什么变化的时候，不是堆着生意人招呼顾客的笑容，便是露出一副布尔乔亚的蠢相，倒像忠厚老实，跟她来往的人很容易当她好人。屋子是她和兄弟俩共有的产业。兄弟在房里呼呼大睡，哪怕以音响宏大出名的歌剧院乐队在旁演奏，他也不会惊醒。

　　老姑娘眼皮几乎老是带点儿虚肿，眼睫毛很短，浅蓝眼睛又小又冷酷。她把头伸出窗外，抬起眼睛朝顶楼上望，想望见比哀兰德，望了一会觉得无法可想，便缩进屋子，动作赛过乌龟头伸出壳来又缩了回去。百叶窗关上了，广场上仍旧静悄悄的，只有进城的乡下人或是早起的人偶尔有些声响。屋子里只要住了一个老处女，就用不着看家狗：事情不管多么小，她没有一件不看见，不推详，不做出各式各种推论。所以刚才的情形不能不引起老姑娘严重的猜疑，展开一场家庭惨剧。倘若读者允许我把家务纠纷也叫作戏剧的话，这类场面虽然无人得知，也照样惊心动魄。

比哀兰德不再上床。布里谷的出现对她是桩了不起的大事。黑夜本是受难者的伊甸园，比哀兰德白天不能不受的折磨和烦恼，夜里都能逃过。有一首民歌，记不起是德国的还是俄国的，其中的主角觉得黑夜才是快乐的生活，白天只是可怕的噩梦；比哀兰德就有这个感觉。她早上醒来感到愉快还是三年来第一次。童年的往事在她心中唱出甜蜜的诗歌，声音又优美动人。第一节歌她是在睡梦中听到的，第二节使她直跳起来，听了第三节她惊疑不定：遭难的人多半是怀疑派。外面唱到第四节，她已经光着脚站在窗口，身上只有一件衬衫，认出唱歌的是童年的朋友布里谷。啊，不错，是那种方襟的短褂，短小的衣摆笔直向下，两只衣袋在腰里晃来晃去：地道布勒塔尼式的蓝呢短褂，粗糙的罗昂布背心，扣着金鸡心的布衬衫，大翻领；耳环，笨重的皮鞋，从上到下的纹缕褪成花一搭白一搭的蓝布裤，从头到脚是布勒塔尼的穷人打扮，用的料子又粗又结实。背心和短褂上那些兽角形的大白纽扣，比哀兰德看着心儿直跳。她一见金雀花，眼睛都湿了；可是心中才浮起甜蜜的回忆，立刻被一阵强烈的恐怖压了下去。比哀兰德想到表姊可能听见她从床上起来走到窗口；她猜到老姑娘的心思，向布里谷慌慌张张做了一个手势要他走开，布里谷看着莫名其妙，可是马上照办了。

这种不假思索的服从活活表现出纯洁而死心塌地的感情，那是古往今来偶尔在世界上出现过几回的,正如美丽岛[1]上的芦荟,一百年也得开两三次花。谁要看见布里谷溜走的样子,看到他凭着极天真的感情,极天真的表现他的英勇,怎么能不暗暗赞叹呢?比哀兰德正好足十四岁,雅各·布里谷和她是天生的一对。两个还都是孩子呢!比哀兰德看见布里谷被自己的手势吓得魂不附体,拔脚就逃,不由得哭了。她回身坐在一把破靠椅上,面对一张小桌,壁上挂着一面镜子。她把胳膊肘子搁在桌上,两手捧着腮帮出神,坐了个把钟点。她想到布勒塔尼的沼泽区,想到邦霍埃小镇,小雅各替她在老杨树底下解下一条小船,在池塘里划着玩儿,险些儿出事;又想到老态龙钟的祖父祖母,病容满面的妈妈,一貌堂堂的布里谷少校,以及整个无忧无虑的童年。那仍旧是一个梦,在灰暗的背景上照出几道快乐的光彩。

在睡梦中弄皱的小睡帽底下,蓬蓬松松露出一头美丽的浅灰头发;睡帽是她用竹布自己做的,四周钉着管子形的皱边。太阳穴两旁的头发卷儿散在灰色纸卷外面。压得扁扁的粗辫子松开着挂在脑后。白得过分的脸说明她害着少女们常有的萎黄病,医学上的名字倒很好听,叫作克罗罗士。这种病往往使人没有血色,食欲不振,身体内部失调。浑身的皮色像白蜡。脖子和肩膀像枯草一般惨白,怪不得交叉在胸口的胳膊那么瘦。比哀兰德害了那个病,脚也似乎软绵绵的格外细小。衬衫只遮到膝盖,裸露的部分软弱无力,血管发青,没有一点儿红润的肉色。当时她受了寒气,嘴唇发紫。嘴角上堆着凄凉的笑容,细巧的嘴巴露出一口又小又美的透明的牙齿,洁白无比;细气的耳朵,略微带尖而很大

---

[1] 意大利风景优美的玛育湖中的一个小岛。

方的鼻子，虽然浑圆可是很清秀的脸蛋，配在一起十分调和。这张迷人的脸，全部生气集中在一双眼睛里，浅褐色的虹彩洒着黑点，在深沉活泼的眼珠四周放出闪闪的金光。比哀兰德早先性情快活，如今却抑郁不欢。在刻画分明的眼睛的轮廓上，在神气朴实的脑门上，在短短的下巴颏儿的两面，都还留着当年欢乐的痕迹。眼睫毛很长，罩在带着病态的颧骨上像画笔的锋颖。因为皮肤白得过分，脸上的线条和许多小地方越发显得细腻。耳朵竟是雕塑家的杰作，可以说是云石雕出来的。比哀兰德的痛苦不止一端。也许读者要知道她的历史，让我讲给你们听吧。

02

洛兰家的历史

比哀兰德的母亲是普罗凡城内奥弗莱家的小姐,跟那所屋子现在两个业主的母亲,洛格龙太太,是异母姊妹。

奥弗莱先生十八岁结婚,六十九岁续娶。前妻只生一个女儿,相貌很丑,十六岁就嫁给在普罗凡开小客店的洛格龙。

奥弗莱的填房也生一个女儿,可是长得漂亮。因此后果很奇怪,奥弗莱的两个女儿年龄相差极大:第二个女儿出世那年,前妻的女儿已经五十岁。洛格龙太太的后母生下小妹妹来,她自己的两个孩子都已成年。

老风流的女儿十八岁,逗着自己的心意嫁给帝国禁卫军中的洛兰上尉。一个人动了爱情往往会有野心。上尉急于要爬到上校,进了作战部队。营长夫妻俩从奥弗莱先生奥弗莱太太手里得了一笔津贴,心满意足,在帝政时代忽而开战忽而和平的局势之下,不是在巴黎出风头,便是在德国各地跑来跑去。那个时期,早年在普罗凡做油酒杂货生意的奥弗莱老头死了,死的时候八十八岁,根本没来得及安排遗产。开过小客店的洛格龙夫妇偷天换日,把老头儿的产业吞了一大半,只剩下丈人在小广场上的屋子和另外几亩地留给老奥弗莱的寡妇,洛兰太太的母亲。那位太太守寡的时候年纪只有三十八,和许多寡妇一样打错了主意,存心再醮,把婚书上指定给她的屋子和田地卖给奥弗莱前妻的女儿洛格龙老太太,然后嫁了一个姓奈罗的年轻医生。奈罗把她的家私花得精光;过了两年,她郁郁闷闷,潦倒不堪的死了。

因此,奥弗莱遗产中可能派给小女儿洛兰太太的部分大半不知去向,只剩下八千法郎左右。洛兰少校在蒙德罗一仗中阵亡,丢下二十一岁的老婆和一个十四个月的女儿;全部家私除了应得的抚恤金以外,只有洛兰老夫妇将来的遗产。两老在邦霍埃做零售生意;邦霍埃是王台地带的一个小镇,那个地区就叫沼泽区。

阵亡军官的父母,比哀兰德的祖父母,专卖建筑用的木材、石板、砖瓦、铅管之类。不知是能力不济还是运道不好,他们营业不振,只能过一个苦日子。一八一四年拿破仑下野,进口货突然大跌,南德城中有名的高里南商行宣告破产,把洛兰的两万四千法郎存款倒掉了。因此儿媳妇回到老家去很受欢迎。少校的寡妇带来八百法郎一年的抚恤金,在邦霍埃是笔了不得的数目。姊姊姊夫派给洛兰太太的八千法郎,因为彼此住得远,拖拖拉拉经过了许多手续才寄到;洛兰太太拿来交给公婆,公婆把南德城内的一所小屋子给媳妇做抵押品:屋子勉强值到万把法郎,一年收三百法郎房租。

一八一九年,洛兰军官的寡妇,在母亲结了倒霉的第二次婚以后三年,差不多和母亲同时过世。老奥弗莱和年轻老婆生的孩子先天不足,娇弱,矮小。沼泽区气候潮湿,对她身体大不相宜。丈夫家里的人要留她住在本乡,口口声声说世界上再没有比沼泽区更卫生更舒服的地方,当年夏兰德就在这里干出一番事业来的。寡妇受到的怜惜、照顾、抚爱，可以说无微不至；她死后，旁人还称道两老待媳妇的好处。有些人认为军官的寡妇肯住在公婆家，多半是为了布里谷，王台党中的一个硬汉，在夏兰德，迈尔西埃，特·蒙多朗侯爵，特·甘尼克男爵[1]手下跟共和政府打过仗。若果如此，她一定是个非常多情非常有义气的人了。布里谷在保王党部队里做到少校，地方上的人一直恭恭敬敬用这个军衔称呼他；他白天和黄昏都待在洛兰家的堂屋里，守着帝国部队的少校的寡妇，确是邦霍埃人人共见的事实。最后一个时期，邦霍埃的本堂神甫甚至向洛兰老太太提出，要她劝媳妇同布里谷结婚；神甫自愿去托特·甘尔迦罗埃子爵保举布里谷做邦霍埃的治安法官。可怜的少妇死了，神甫的建议当然作罢。

比哀兰德留在祖父母身边。祖父母欠孩子四百法郎一年利息，不消说都花在孩子身上了。两老越来越不会做买卖，又遇上一个做事巴结，手段灵活的同行，他们却只会咒骂，一点不想办法应付。少校是两老的朋友兼顾问，在女朋友死后六个月也死了，或许是因为心里悲伤，或许是旧创复发，他身上有二十七处伤呢。可恶的邻居却是精明的商人，有心逼倒同行，消灭竞争。他眼看两个洛兰还不出钱，偏偏凭着洛兰的约期票借钱给他们；到他们晚年果然逼他们破产了。当初给媳妇而如今变了给孙女的抵押品，其实作不得准，因为那首先是洛兰老太太的法定抵押

---

[1] 以上都是极端派的保王党人，大革命初期在王台地区兴兵作乱，故亦称王台党人。上文说夏兰德干的事业就是指反革命叛乱。巴尔扎克在另一部小说《鸥枭党》中对这些人物有详细描写。

品；她为了免得丈夫老来挨饿，坚持自己的权利[1]。南德的屋子卖了九千五，除去一千五费用，剩下八千法郎归洛兰老太太，她凭着人家的抵押品借出去，作为活命之本。南德有个女修士会办的救济院，叫作圣·雅各堂，和巴黎的圣德－贝利纳堂差不多性质。两个老人交了少数费用，在堂里有吃有住。可是一无财产的孙女儿不便留在身边，洛兰夫妇想起孩子还有洛格龙家的姨丈姨母，便写了封信去。那时普罗凡的洛格龙夫妻都已过世，洛兰写去的信照理是不知下落的了，不料世界上竟有一个帮上帝执行意志的机关，叫作邮政局。

邮政局的事业心远在一般人之上，尽管物质的收获不大，出起主意来便是心思最巧妙的小说家也自愧弗如。邮政局在一封信上所能收到的代价不过是三个到十个铜子，但若找不到收件人，为了挣那几个钱所表现的劲头，只有最顽强的债主可以相比。邮政人员在八十六个洲内来来回回，拚命搜索。事情越难，越刺激办事人的天才，他们多半是些文人，寻访不知下落的收件人时，热诚不亚于经纬局中的数学家，会找遍国内所有的角落。只要露出一线希望，巴黎的各分局立刻重新动员。往往一封信到你手里，你会看了发愣，信封正反两面都密密麻麻涂满了字，说明那股始终不懈的办事精神着实了不起。邮局为送达那样一封信所做的工作，要你自己做起来，在旅行、时间、金钱方面势必花到上

---

[1] 法国民法规定，丈夫在婚书上应指定一项财产押在妻子名下，丈夫亏累时不受牵连，以保障妻子生活，谓之法定抵押品。遇丈夫欠债而宣告清理时，此项法定抵押在法律上享有最优先的权利；即使此项产业另行抵押，亦不能侵害妻子的优先权。故洛兰给媳妇或孙女的抵押，实际上毫无作用。——但亦有妻子在丈夫破产时自愿放弃法定抵押品的权利，帮助丈夫还债。洛兰老太太坚持权利即是不肯放弃，而实际仍是为了抢救一部分产业，日后养活丈夫。

万法郎,结果仅仅收进十二个铜子[1]。真的,送信的比写信的聪明多了。

普罗凡的洛格龙死了已有一年,洛兰写给他的信便转到巴黎圣·但尼街,交给洛格龙的儿子,针线铺的老板。这一点就显出邮局的聪明。凡是承继人总多少心上有些牵挂,不知所得的遗产是否全部,有没有漏掉几笔放出去的债或是忘了什么破衣服烂东西。国库样样事情都猜得到,连人的性格在内。住在巴黎的洛格龙的儿子和洛格龙的女儿都是承继人,对于写到普罗凡去给他们死了的老子的信,准会感到兴趣。这样国库就收进六十生丁。洛兰家两个老人既舍不得孙女离开而觉得伤心之极,又不能不向洛格龙家伸手求救;洛格龙姊弟俩便做了比哀兰德命运的主宰。因此这两人的履历和性格必须说明一下。

---

[1] 法国自一八四八年起方始采用邮票制度,较英国(一八三九年)为迟。据巴尔扎克描写,当时邮政乃是信件送到后收费的。

03

洛格龙家的历史

罗凡的小客店老板,老奥弗莱的大女婿洛格龙老头,脸色通红,鼻子上布满血筋,腮帮好似被酒神贴了两张发红而有小疱的葡萄叶。虽是矮胖身材,大肚子,两腿粗壮,双手肥厚,却和瑞士的旅馆老板一样精明,长相也跟他们相像,仿佛一株被冰雹打过的大葡萄藤。当然洛格龙长得难看,可是老婆和他大同小异。夫妻要配得更相称是不可能的了。

洛格龙喜欢吃喝,叫漂亮姑娘侍候。他不但自私,而且举动粗野,只晓得满足嗜好,天不怕地不怕,想干什么就干什么。他贪得无厌,唯利是图,谈不到什么良心不安;为了图快活,尽量把赚来的钱吃在肚里,直到掉了牙齿为止。但啬刻的脾气依然如故。到晚年,他出盘了小客店,又像上文说的,差不多得了丈人的全部遗产,从填房的丈母娘,比哀兰德的外婆手里,三钱不值两文的买下广场上的小屋子,搬进去养老。

洛格龙夫妻俩每年大约有两千法郎进款,内中一部分是普罗凡四周二十七块田地的租金,一部分是小客店盘了二万法郎所生的利息。奥弗莱老头儿的屋子虽则破旧不堪,洛格龙住进去却是原封不动，好像动了会得瘟疫似的：所有的吝刻鬼都赛过耗子，越是墙壁开裂，到处破烂，越是心里喜欢。退休的小客店老板爱上了园艺，拿出积蓄来扩充园子，一直伸展到河边，辟成一个长方形，两旁砌着围墙，尽头用石子筑起一条堤岸，水生植物不用人工培养就大量繁殖，开着各式各样的花。

洛格龙结婚两年生了一个女儿，过两年又生一个儿子：不料一代不如一代，两个孩子长得奇丑。父母出了很少的钱送他们在乡下寄养。可怜的小家伙们回到家里，带回了乡村的坏习惯。法国农民的屋子又矮又潮湿；奶妈下田做活，把小娃娃关在房里，他们吃不到奶，老半天的大哭大叫。时间一久，嗓子叫坏了，脸上的线条变得粗糙了。妈妈看了觉得脸上无光，想纠正他们的坏习惯，手段的凶狠使老子的严厉反而近乎慈爱。两个孩子在院子里、马房里、小客店的下屋里跑来跑去，或者在城里闲荡；有时挨几顿鞭子；有时给送往外公奥弗莱家去住几天，外公也讨厌他们。这一点薄情使洛格龙夫妇后来把老混蛋的遗产大部分独吞的时候，更多了一个理由壮他们的胆。但洛格龙照样送儿子上学，买了手下一个推车的代替他的兵役。女儿西尔维长到十三岁，老子打发她上巴黎，进一家铺子去学生意。两年之后，走着老门路把儿子奚罗姆-但尼也送了去。遇到朋友们，运货的车夫们，或是小客店的老主顾们问他对两个孩子打什么主意，洛格龙三言两语说出自己的一套办法，倒比一般做老子的还坦白些。

洛格龙喝着酒，或者拿手背抹着嘴唇，回答朋友们："等他们大起来，懂了事，我朝他们屁股上一脚，叫他们自个儿找生路去！"

他挤挤眼睛装出一副精明样儿，又道：

"哎！哎！他们不见得比我饭桶。我爷当初踢我三脚，我只踢他们一脚；爷只给我一个路易[1]，我给他们十个：他们运气比我好多了。这个办法不错吧？说到我身后，剩下多少就是多少；公证人自会帮他们找出来。为着儿女省吃少穿才傻呢？……我生下他们，养大他们，又不要他们报答，我总不欠他们了吧？乡邻，你说是不是？我开场不过是个推车的，还不照样娶了老混蛋奥弗莱的女儿？"

老头儿出了三百法郎房饭钱，送西尔维·洛格龙到圣·但尼街去做学徒。铺子是普罗凡人开的。过了两年，西尔维升做小店员，工钱固然没有，爷娘可不必再付膳宿费了。这就是在圣·但尼街当小店员的待遇。那时西尔维的母亲每年供给她一百法郎零用。再过两年，西尔维拿到三百法郎薪水。从十九岁起，西尔维自食其力。到二十岁上，她在圣·但尼街于里阿店里当副领班，店号叫"蚕宝宝"，专卖成捆的丝。

姊姊的经历就是兄弟的经历。小家伙奚罗姆－但尼·洛格龙进了圣·但尼街最殷实的一家针线铺，叫作"三锭子"；老板也是普罗凡人，姓甘班。西尔维二十一岁才升为薪工一千法郎的领班小姐，奚罗姆－但尼机会好，十八岁就在甘班店里做到领班伙计，薪水一千二。

每逢星期日和节日，姊弟俩总在一起用经济办法玩儿，到巴黎郊外去吃一顿，逛圣·格罗，墨同，贝尔维，范赛纳。一八一五年年终，两人把流着满头大汗挣来的资金合起来，一共有两万左右，从葛南太太手里盘进有名的"姊妹行"，针线零售

---

[1] 法国旧货币，合二十至二十四法郎。

业中的一家大铺子。姊姊管出纳、记账和来往信札。兄弟做老板兼领班伙计,西尔维开头一个时期也兼做领班小姐。

做了五年买卖,到一八二一年,针线业的竞争变得非常剧烈,姊弟俩勉强拔清盘店的本钱,好不容易的维持着老店的信用。当时西尔维四十岁,但长相的难看,一刻不停的劳动,天然的生气面孔,再加上心事,看起来像五十岁。三十八岁的奚罗姆-但尼愣头傻脑,顾客们在账台上碰到的嘴脸要算这副尊容最蠢了。扁平的脑门因为疲劳而陷了下去,刻着三道硬邦邦的皱裥。剪着平头,灰色的短头发有种说不出的冷血动物的蠢相。似蓝非蓝的眼睛既没有热情,也没有思想。一张扁圆脸绝对引不起好感,即使你喜欢拿形形色色的巴黎人作为研究的对象,看了那张脸也笑不出来,只觉得心里难受。他身材矮胖像父亲,可不像小客店老板没头没脑的发福,许多小地方都显出他身体虚弱得不像话。老子皮肤红得过分,他却白得像死人。凡是守在不通气的后店堂里,坐在装着铜栏杆的账桌后面,只会收账,付账,把线团拉出来,绕上去,不是作难伙计,便是对主顾像背书一般说着同样的话的人,就有这种特殊的皮色。姊弟俩的一点儿聪明全部用在本行的生意经上,只知道人欠,欠人,巴黎市场上特有的规矩和习惯;脑子里只记得针、线、缎带、别针、纽扣、裁缝用的东西,以及巴黎针线业所包括的无数商品。两人为了对付来往的信札、发票、清册,把全身本领都使尽了。一离开本行,他们简直什么都不知道,连巴黎都没见识过。在他们心目中,巴黎就是圣·但尼街那一带。狭窄的心胸只把自己的铺子作为活动的天地。他们最擅长跟男女伙计找麻烦,找错儿。要看到大家把货物搬出、收进,所有的手像小耗子的脚一般在柜台上忙个不停,姊弟俩才心中快乐。听见七八个青年人和售货小姐喊喊喳喳，满嘴都是应答主顾的老调，他们就觉得日子吉利，天气真好！等到巴黎天空碧蓝，巴黎人在街上溜达，想不到踏进铺子来的时候，糊涂老板就说：

"淡季来了，没生意做了！"

洛格龙的拿手本领是包扎；学徒们最佩服他扣绳子、解绳子、拆开、重打等等的手段。洛格龙能一边包扎一边望着街上看热闹，或者监督铺子里的工作，不管铺面有多少进深。他把纸包递给顾客，说着"太太还要什么别的东西么？"的时候，什么都没逃过他的眼睛。要没有他姊姊，这个蠢家伙准会弄到破产。西尔维很懂事，有做买卖的天赋。她指挥兄弟向厂家进货；为了在一样商品上赚一个子儿，不惜打发兄弟到偏远的内地跑一趟。女人家多多少少全有的一点儿精明，西尔维不用在感情方面，全用在生意上。盘进铺子的资金还没拨清呢！这个念头好比一个唧筒，鼓动那架机器拼命运转，忙得不亦乐乎。洛格龙始终是个领班伙计，不懂生意上的筋络。利益最能开人心窍，偏偏没法叫洛格龙有一点儿进步。西尔维料到某种商品快过时了，吩咐亏本出售；洛格龙看着目瞪口呆，事后又傻支支的佩服姊姊。他想不出好主意，也想不出坏主意，压根儿就是没有主意。他听从西尔维自有他的理由，可不是从生意上着眼。

"她是我姊姊嘛。"他说。

针线商脸上浑浑噩噩的表情，迟钝的脑子，痴呆的态度，在生理学家和哲学家看来，原因或许就在于生活的孤独，只限于吃喝睡觉，年轻的时候没有钱，不曾尝过快乐的滋味。姊姊一直不让他结婚，大概怕自己在家里失势，也想到娶进来的女人一定比她年轻，没有她那么丑，怕增加开销，弄穷人家。大抵痴呆愚蠢有两种表现：或者沉默，或者多嘴。不开口的愚蠢还可以忍受，洛格龙的愚蠢却是嘴碎得厉害。那零售商养成一种习惯，专爱埋怨伙计，向他们解释半批发半零卖的针线生意上的细节，穿插一些无聊的打趣，就是小商店里流行的那种俏皮话。千篇一律的打诨从前叫作油嘴滑舌，如今时行军队里的俗语，叫作说死话。老板说起话来，铺子里的一小撮人不能不听，自鸣得意的洛格龙便慢慢凑成一套词汇。唠叨多嘴的家伙自以为能说会道，像个演说家呢。零售商平日需要向顾客说明他们想买的东西，刺探他们的意思，把他们不想买的向他们兜销，所以一开口总滔滔不竭。洛格龙久而久之学会一种本事，能说一套没有意义而讨人喜欢的字句。遇到他向主顾解释一些比较冷门的制造方法，当场还觉得自己比主顾高出一等。但一离开他对铺子里一千零一样商品的一千零一样解释，他在思想方面就好比鱼躺在太阳底下的干草上。人家私下替洛格龙和西尔维起了个绰号，叫作机器人。他们没有那种能培养真正感情生活的感情，不管是潜伏的还是活动的感情。姊弟俩生性十分冷酷，肚子里疙瘩多得很；工作的繁重，生活的清苦，长时期做牛做马的学徒生活的回忆，使他们心肠越发变硬。姊弟俩不同情别人的苦难。对于处境困难的人，他们并非不肯原谅，而是不肯通融。在他们看来，所谓德行、荣誉、诚实、一切人情道义，只在于付清到期的票据。他们没有心肝，啬刻得不成体统，专门找人麻烦，在圣·但尼街的生意场中名气坏透。要不同普罗凡人来往，恐怕根本没有人肯到他们店里当学徒，做伙计。他们在能够歇业二三天的季节，一年回乡去三次。乡下总有些听父母安排，要吃生意饭的可怜虫；洛格龙老头替儿子女儿招揽下来，在普罗凡代做学徒交易。他还一味虚荣，向人夸耀两个小的如何如何发财。做家长的想到儿女在巴黎有人好好的教导，好好的监护，将来还有机会接替洛格龙儿子，不由得动了心，把家里嫌多的小孩送往两个单身人开的针线铺。可是花到三百法郎膳宿费的男女学徒，一有办法马上逃出那苦役监，逃出以后的那种高兴使洛格龙姊弟凶悍的名声越来越大。不怕烦的洛格龙老头却自会找新的替死鬼送来。西尔维·洛格龙从十五岁起，为了做买卖就惯会装腔，她有两副嘴脸：一副是售货员的眉开眼笑的嘴脸，一副是干瘪老姑娘原有的嘴脸。她用假装的面目做起戏来妙不可言，竟是满面春风，声音又甜又巴结，对顾客自有一种生意上的魔力。但那天早晨在半开的百叶窗中露出来的才是她的真面目，叫下着决心追求妇女的哥萨克兵见了也要望风而逃，而一八一五年的哥萨克兵[1]还是对各式各样的法国女人一律喜欢的呢。

　　洛兰老夫妇的信送到的时节，洛格龙正戴着老子的孝，承继了遗产，内中有从比哀兰德的外婆手里差不多抢来的屋子，有老头儿生前所置的田地，还有用高利放出去的押款；老酒鬼洛格龙以为农民好容易挣起来的几亩地，将来不能不向他抵债。巴黎的铺子才结清当年的账目。盘进"姊妹行"的资本已经全部拔清。洛格龙姊弟共有六万法郎左右存货，四万现款和有价证券，铺子本身的价值不在其内。姊弟俩在账台后面，坐在靠壁一张暗条子绿丝绒的长凳上，商量今后的计划。所谓账台是凹进在墙里的一小块地方，对面还有同样的一座是领班小姐用的。做买卖的

---

[1] 拿破仑第二次下台以后，各国联军进驻巴黎，俄国军队中就有哥萨克骑兵。

个个希望升格做布尔乔亚。姊弟俩盘掉铺子大概可有十五万,父亲的遗产在外。出盘铺子的钱多半只能分期收回;就算这笔款项统统拿去装修老家的屋子,单单把能够调动的现金买进公债,各人每年也有三四千法郎收入。这样,他们可以回到普罗凡去住着自己的产业,一同过活了。店里领班小姐的父亲是陶纳马里地方的一个富农,有九个孩子;家私分做九股,各人所得也就有限,做老子的不能不替每个孩子找个职业。不料五年之内九个儿女死了七个,领班小姐马上成为一个出色的对象,洛格龙想娶她做老婆了;可惜试探了一下毫无希望。那位小姐对东家厌恶透顶,叫人一点儿手段都使不出来。西尔维非但不肯帮忙,还反对兄弟结婚,认为让那么厉害的一个姑娘接手他们的铺子倒很合适。她把洛格龙的亲事搁过一边,等回到普罗凡安了家再作道理。

某些小商人过着隐花植物[1]式的生活,没有一个过路人看得出他们的生命力在哪里:大家望着他们,心上想:"他们靠什么活着的?为什么活着的?将来怎么样呢?他们从哪儿来的呢?"你想加以解释,结果被一些小枝节弄糊涂了。要发现在那些头脑里抽芽,鼓动那些人生活的些少诗意,只消往下挖掘,很快就能找到关键所在。巴黎的小商人全抱着一个多多少少无法实现的希望,而没有那希望他们就活不了;有的想造一所戏院或者当戏院经理;有的巴望在区公所有个头衔;有的想在巴黎郊外十几里的地方有一所别庄,盖一个花园,有彩色石膏像,有喷泉,喷出来的水像一条游丝,却花了他们一笔惊人的款子;有的想在民团中当个高级的司令官。

---

[1] 凡植物不开花结果,只生胞子,或以分裂芽生法繁殖者,在植物学上总名为隐花植物,如羊齿植物、藓、苔、菌等皆是。

两个针线商对人间乐园的普罗凡热烈崇拜，正如一切美丽的法国城市的居民崇拜他们的本乡一样。说句公道话，香巴涅一带[1]的确值得喜爱。普罗凡是法国最可爱的城市之一，绝不比法朗奚斯丹[2]和加什米尔盆地逊色；既有波斯大诗人沙地[3]所描写的诗情画意，还有治病的药物在医学上不无贡献。十字军带回的奚里谷蔷薇[4]在普罗凡风景秀丽的盆地上保存着原有的色彩，还多出一些新的特性。普罗凡不仅是法兰西的波斯，而且有矿泉，可能成为巴顿、爱克斯和巴斯[5]一类的名城。

这个风景被两个针线商一年一年的看熟了，不时会在圣·但尼街泥泞的路面上出现。在番尔堆-哥希和普罗凡之间，一片灰色的平原真像沙漠，可是物产丰富，种着一望无际的小麦；过了那个区域就登上一个山头，你突然看见脚下有个城市，城中有两条河，山岩之下展开一片青葱的盆地，起伏的线条柔媚可爱，四处的远景隐没在缥缈的烟霭中。倘从巴黎来，你看到的是普罗凡的侧面；千篇一律的公路在山坡下蜿蜒如带，有时横断山坡；路旁照例有瞎子，有化子，你遇到一个意想不到的秀丽的地方正预备细瞧一下，他们却哼哼唧唧的和你做伴。倘从脱洛阿来，就从平地上入境，先望见古堡、老城和城墙，重重叠叠铺在山岗上。年代较近的市区坐落在山岗底下。普罗凡分做上城和下城两部：上城四面通风，街道陡削，风景优美，四周是山涧式的凹下

---

1 普罗凡所隶属的州以及邻近几州，都在旧行省香巴涅地区之内。
2 近东的人称西欧为法朗奚斯丹，作者在此不知何指。
3 十二世纪的波斯诗人沙地写过一部诗集叫作《哥里斯丹》，一名《蔷薇园》。
4 作者用这个名字并不正确。奚里谷蔷薇是含生草的别名，并非真正的蔷薇。作者本意显然是指巴来斯泰恩蔷薇，亦称法兰西蔷薇或普罗凡蔷薇。
5 这三个是德、法、英三国有名的温泉城。

去的小路，像车辙似的布满在山脊上，长满胡桃树；上城幽静，整洁，气象庄严，高头是残废的古堡。然后是开设许多磨坊的下城，勃里地区的贺尔齐河跟丢尔丹河在城中穿过，水流细小迟缓，可是很深；小客店，商店，告老的布尔乔亚都集中在那里；班车，轻便篷车，运货车，都在下城经过。由两个部分合起来的这个城，有历史的遗物，有情调凄凉的古迹，有赏心悦目的山谷，斜沟中杂草丛生，百花盛开，河道两旁的园子像城上的雉堞；怪不得地方上的子弟和奥凡涅人，萨伏阿人[1]，以及一切的法国人一样，尽管出外谋生，临了都要回到本乡。"死到老窠里去"这句俗语本是形容兔子和忠于乡土的人的，好像就是普罗凡人的格言。

因此，洛格龙姊弟一心想念他们心爱的普罗凡。弟弟卖线的时节，上城的景致历历在目。一边把钉满纽扣的纸板堆起来，一边想着山谷出神。把缎带拉开，卷起，好像看到了闪闪发光的河流。望着插账册的架子，仿佛自己在山沟里往上爬，小时候父亲一恼火，他总逃往那儿去捡胡桃，摘桑子吃。普罗凡的那个小广场，他尤其念念不忘：他打算把屋子翻新，梦想着将来改造过后的门面，卧室，客厅，弹子房，饭厅；菜园可以改为英国式的小花园[2]，铺上草皮，堆起假山洞，安置一个喷泉，放几座雕像。圣·但尼街上多半是七层楼三个窗洞的高房子，颜色黄黄的；姊弟两人的卧房就在这样一幢屋子的三楼上，只有一些必不可少的动用东西；可是巴黎没有一个人的家具比那针线商的更华丽了。他每次上街，往往神气像鸦片烟鬼似的打量橱窗里摆的漂亮家

---

[1] 奥凡涅在法国中部偏南，萨伏阿在法国中部偏东，都是旧日的行省。
[2] 凡是比较曲折幽深的园子，法国人都叫作英国式的。

具,做窗帘椅披用的花绸,他屋子里就堆满这些东西。回家老是对姊姊说:

"某某铺子里有一样客厅用的家具,对咱们再合适没有了!"

下一次洛格龙又买进一件新的,老是买个不停!上个月买来的,第二个月又卖出去。要是称他的心改动屋子,把全部收入花上去还不够:他见一样要一样,永远喜欢新花式。他望着新盖的屋子的阳台,有些窗外的装饰只是胆小的尝试,他研究之下,觉得那些嵌线,雕塑,花样,放在这儿糟蹋了。

"这些漂亮东西搬到普罗凡去才好呢!"他心上想。

针线店老板嘴里咀嚼着刚刚下肚的中饭,站在门口,靠着橱窗,呆呆的瞪着眼睛,做着光华灿烂的好梦:他看见一所奇妙的屋子,他在自己的园子里散步,听着喷泉洒落在石圆台上,明晃晃的像珍珠;他一会儿打弹子,一会儿种花。要是他姊姊手里拿着笔,忘了埋怨伙计而转起念头来,也会发觉自己在招待普罗凡的布尔乔亚,戴着款式新奇的帽子对着她客厅的大镜子照来照去。姊弟俩开始觉得圣·但尼街空气不卫生了;中央菜场的泥浆味儿使他们想闻闻普罗凡的蔷薇香了。为了不得不卖完最后一段纱线丝线和最后一个纽扣,他们的思乡病和自溺狂受着抑制。两个希伯来人的确吃过长时期的苦,针线业好比一片荒凉的沙漠,一路上弄得他们上气不接下气,相形之下,普罗凡那块"福地"愈加吸引他们了。

正想着那个美妙的远景出神的时候,来了洛兰家的信。两个针线商竟不大知道有比哀兰德这个表妹。小客店老板解决奥弗莱的遗产已经是多年以前的事,还在两个小辈刚开店的时期;洛格龙生前也很少提到他的产业。姊弟俩年纪轻轻就上巴黎,不大记得有一个洛兰姨母。只要把家谱讨论了个把钟点,才想起有个姨母是外公奥弗莱的续弦生的女儿,和他们的母亲是异母姊妹;而洛兰姨妈的娘就是倒了霉气死的奈罗太太。他们这才觉得外公的续娶对他们大大不利,奥弗莱的家私被后妻分掉了一半。再加洛格龙老头嘴皮刻薄,脱不了小客店老板的本色,当年怪怨老丈人的话,儿子女儿也听到过一些。

两个针线商凭着这些不利于比哀兰德的回想,考虑洛兰家的来信。招留一个孤儿,一个女孩子,一个表妹,万一姊弟两人都不结婚的话将来还是他们的承继人:这就有从长计议的必要。他们从各方面研究问题。第一,他们从来没见过比哀兰德。其次,照管一个姑娘总是件麻烦事儿。他们不是要对她负责吗?倘若不中意,又没法退回;再说,将来还得把她嫁人。万一在普罗凡待嫁的姑娘中,洛格龙找到了"合适的鞋子",全部家私不是都应当留给自己的儿女吗?在西尔维心目中,对兄弟"合适的鞋子"必须是个又蠢,又丑,又有钱,肯让她一手摆布的姑娘。两个生意人决定不接受比哀兰德,由西尔维写回信。当时店务很忙,回信给耽搁下来,好在事情不急;不久老姑娘竟忘得干干净净,因为领班小姐答应谈判受盘姊妹行的价钱了。在布里谷出现之前四年,西尔维·洛格龙和兄弟两人回到了普罗凡。四年之后,因为布里谷来了,比哀兰德的生活才引起大家的注意。可是姊弟俩在内地的所作所为,和他们在巴黎的一段生活同样需要一番解释;因为普罗凡给比哀兰德的致命伤,不亚于表兄表姊过去做买卖的经历。

04

退休针线商的病理

从内地到巴黎去做小买卖的人，从巴黎回到内地必有些新观念带回去；然后他钻进内地生活，染上内地习惯，改良革新的一时之兴慢慢消沉，带回来的观念也不知去向。内地的连续而迟缓的小变化便是这样产生的；那些变化说明各州各府的城市怎样被巴黎铲去一层浮面，也指出告老的小商人必须经过一个过渡阶段，才能重新做一个彻底的内地人。这过渡阶段很痛苦，好比害一场病一样。做零卖生意的从整天唠叨变做无话可说，从巴黎的忙碌变到内地的一无所事，没有一个不感到苦闷。那般好人挣了一份家业，回来花掉一部分钱满足他们酝酿多年的欲望，同时消耗一些精力，因为活动惯了，不能说停就停。凡是不迷着一样东西的人就出门旅行，或者在市镇上作政治活动。有的去打猎、钓鱼，为难他们的佃户或房客。有的放高利贷，像洛格龙老头；有的买股票，像多多少少的无名人士。洛格龙姊弟两个的主意，你们已经知道，是大兴土木，盖一所漂亮屋子。亏得他们有这个嗜好，普罗凡下城的广场上才有布里谷刚才打量过的门面，内部的房间经过重新分配，摆着豪华的家具。

包工的每敲一只钉子都得问过两个洛格龙，请他们在图样和估价单上签字，还得长篇大论，细细到到向他们解释每个项目的性质，制造的地方，有几等不同的价钱。倘若东西别致，那必定是蒂番纳先生，或者于里阿少太太，或者迦色朗市长用过的。只要一样东西和普罗凡有钱的布尔乔亚中任何一家所用的有些相近，争论的结果便是包工的得胜。

洛格龙小姐说："既然迦色朗先生府上用过了，就放上去吧。他眼光好，一定错不了。"

洛格龙道："西尔维，他建议在过道的壁带上面加卵形体。"

"你管那个叫卵形体吗？"

"是的，小姐。"

"为什么？名字好古怪！从来没听见过。"

"东西总见过吧？"

"当然。"

"你懂不懂拉丁文？"

"不懂。"

"好吧，我告诉你：卵就是蛋，卵形就是像蛋那样的形状。"

洛格龙叫道："你们这些建筑师真滑稽！大概就因为此，你们样样都要敲竹杠！"

包工的问："过道要不要油漆？"

西尔维道："我看不用了，又是五百法郎！"

包工的说："客厅和楼梯那么好看，不装饰过道就不相称。矮小的勒苏太太去年还叫人油漆过道呢。"

"其实她丈夫当着检察官，不见得会长住普罗凡的。"

包工的说:"嘿!他将来准是法院院长。"

"那么你叫蒂番纳先生当什么呢?"

"蒂番纳先生吗?他有个漂亮太太,我才不替他操心呢:他早晚要调到巴黎去的。"

"咱们的过道到底漆不漆呢?"

洛格龙道:"漆吧,至少让勒苏家看看咱们没有一样比不上他们。"

两个洛格龙在普罗凡安家的第一年,整个儿消磨在那样的讨论上面,消磨在高高兴兴的看工人做活上面,消磨在觉得样样新奇而问长问短上面,也消磨在费了不少气力想和普罗凡的几份大户人家来往上面。

洛格龙姊弟无论哪一等世面都没见识过,一向守着自己的铺子,在巴黎一个人都不认识,他们心痒难熬,只想尝尝应酬交际的乐趣。两个出门人回到本乡,发现城里住的有开"蚕宝宝"铺子的于里阿先生,于里阿太太和底下两代;有甘班一家或者说甘班一族,孙子还是巴黎做"三锭子"的老板;还有把"姊妹行"盘给洛格龙的葛南太太,三个女儿都嫁在普罗凡。于里阿、甘班和葛南三个大族满城都有亲戚,赛过爬在草坪上的移心草。市长迦色朗先生是甘班先生的女婿。本堂神甫班罗先生是于里阿太太的亲兄弟。于里阿太太原是班罗家的小姐。法院院长蒂番纳先生是葛南太太的兄弟,葛南太太签起名来总把娘家的姓蒂番纳一齐写上。

城里的王后是美丽的蒂番纳少太太,有钱的罗甘太太的独养女儿;罗甘太太的丈夫从前是巴黎的一个公证人,可是大家绝口不提他的名字。蒂番纳太太文雅,漂亮,人又风趣;她母亲不要她留在身边，在结婚前几天才从私塾接回，特意把她嫁在内地。曼拉尼·罗甘觉得住在普罗凡等于充军，所以待人接物特别周到。她陪嫁丰富，日后还有大宗遗产可得。至于蒂番纳先生，年老的父亲因为给大女儿葛南太太预支了一大笔遗产，决定将来把离普罗凡二十里地的一处田产拨给儿子，年收八千法郎。蒂番纳夫妇一结婚，院长的薪俸和住的屋子不算，就有两万进款，以后还有两万一年收入。人家说起来："他们日子才好过呢！"美丽的蒂番纳太太只有一件正经事儿，就是要送丈夫进国会；他当了议员就好做巴黎的法官；到那个时候，蒂番纳太太打算把丈夫从初级法院很快的送进高等法院。因此蒂番纳太太尽量拉拢当地的人，讨好他们，而更了不起的是她居然做到了。每星期两次，她在上城的漂亮住宅里招待本地所有的布尔乔亚。尽管地位很难处，二十二岁的年轻太太还没走错过一步。她顾着每个人的面子，给每个人凑趣助兴：对老成的人做得老成，对姑娘们做得像个姑娘，遇到做母亲的就拿出一副做母亲的神气，遇到年轻妇女她轻松活泼，处处帮忙，而对所有的人都满面春风，一团和气。一句话说完，她是普罗凡的顶儿尖儿，为地方上增光的人物！她心里的话一句都不曾出口，普罗凡所有的选民已经打好主意，但等院长到了规定的年龄就提他做候选人。人人相信院长才能出众，认为他是自己人，当他靠山。啊！蒂番纳先生一定成功，他要做到司法部长，替普罗凡大大的出把力呢！

现在要讲一讲百事顺利的蒂番纳太太凭什么能在小小的普罗凡城内当领袖。蒂番纳先生的姊姊葛南太太嫁了女儿，自己再醮给收税官迦拉同先生。葛南家的大女儿嫁给检察官勒苏，第二个嫁给马德南医生，最小的嫁给公证人奥弗莱。勒苏、马德南、奥弗莱三家的太太和她们的母亲迦拉同太太，认为蒂番纳院长是家族中最有钱最能干的人物。检察官是院长的外甥婿，巴不得舅岳升到巴黎去，好让他来当普罗凡的院长。因此上面那四位太太，其中迦拉同太太最疼的就是兄弟，联合起来捧蒂番纳太太，事事向她请教，和她商量。于里阿先生的大儿子娶着一个富农的独养女儿，觉得院长夫人是巴黎天堂上滴降下凡的仙女，对她发生了一股动人的、突如其来的、讳莫如深的、纯洁的热情。狡猾的曼拉尼绝不肯为一个于里阿给自己找麻烦，却有本领叫他始终扮着阿马提斯[1]的角色，利用他的傻劲，劝他办一份报纸，由她在背后操纵。两年以来，于里阿受着如醉若狂的热情鼓动，在普罗凡办了一家班车行、一份报纸。报纸名叫《蜂房……普罗凡报》，登载有关文学、考古与医学的文字，由小圈子里的几个人执笔。本区的广告费做了报纸的开销，三百个订户付的订报费便是盈余。报上发表一些感伤的，在勃里地区没有人懂的小诗，题目是《献给她！！！》后面加上三个惊叹号。年轻的于里阿夫妇到处宣扬蒂番纳夫人的好处，替葛南党拉拢了于里阿党。从此以后，院长府上自然成为当地第一个交际场所。普罗凡寥寥可数的几个贵族，只有上城的特·勃莱奥代老伯爵夫人主持一个沙龙[2]。

两个洛格龙仗着跟于里阿，甘班，葛南三家的老关系[3]，也仗着外公的侄曾孙奥弗莱和他们是亲戚，回乡以后最初六个月先受到于里阿老太太和迦拉同太太的接待；又经过相当周折，踏进了

---

1 十六世纪西班牙传奇中人物，忠于爱情的典型骑士。始终扮演阿马提斯的角色就是说限于精神恋爱。
2 沙龙原义为客厅，这里指的是私人家中定期招待贵宾的集会。
3 上文提过，西尔维在于里阿开的铺子里当过学徒，做过领班；她的兄弟是在甘班开的三锭子铺子里学的生意。姊弟俩盘下的姊妹行原是葛南太太的产业。

美丽的蒂番纳太太的大门。大家在接待两个洛格龙之前,不免先要把他们研究一番。普罗凡出身的人在圣·但尼街上做过买卖,现在回家享福,当然不便拒之门外。可是一切交际界的目的总是想集合一般财产,教育,生活习惯,知识,性格差不多的人。甘班,葛南,于里阿一帮人地位比较高,布尔乔亚的资格更老;不像洛格龙的老子是个放高利贷的小客店老板,过去的私生活和承继奥弗莱遗产的手段都不大体面。蒂番纳家出身的迦拉同太太的女婿,公证人奥弗莱,肚里清楚得很:洛格龙承继的事就是他的前任经手的。那般告老的商人回乡已有十二年,在教育,世故和举动方面已经达到普罗凡交际场中的水平;从蒂番纳太太出场以后,那个社会还染上一些巴黎色彩,多了一点风雅气息。大家沉瀣一气,互相了解,会安排自己的举动言语,使得人人愉快。他们熟悉彼此的性格,相处惯了。

　　一朝被市长迦色朗先生招待过了,两个洛格龙觉得短时期内能交结到本地最上等的人物,高兴得很。西尔维学会了波斯顿。洛格龙一样玩意儿都不会,关于自己屋子的话说完了,只能坐在一边抓耳挠腮,把话往肚里咽;可是那些话好比丸药,吞下去很不受用,他站起身子,神气像要开口,又心里虚忒忒的重新坐下,嘴唇空扯一阵,样子很好笑。西尔维在牌桌上老实不客气本相毕露。她时时刻刻找人麻烦,输了钱嘀咕不停,赢了钱趾高气扬,叫人难堪;又喜欢动不动争论,捉弄人家,叫对手和合伙的都吃不消,成为应酬场中的厌物。十二家人家在城内赛过布着一张洞眼极密的网,到处都有面子关系,利害关系,新来的人一不小心就会冲撞别人或者自己栽在地下。洛格龙姊弟满肚皮都是又无聊又露骨的醋意,想挤进这样一个社会去当个角色。屋子的装修既然花到三万法郎，姊弟俩大概有一万一年的进款。他们自以为非常有钱了，逢人便说他们的新屋子将来多么豪华富丽，把狭窄的心胸，极端的无知，可笑的忌妒，一齐暴露出来。美丽的蒂番纳太太在迦色朗太太家，大姑迦拉同太太家，于里阿老太太家，早已打量过两个洛格龙；在自己家中第一次接待他们的晚上，等客人散尽，只有于里阿的儿子还没走的时候，那位本地王后当着院长对于里阿说出心里的话：

"那么你们都和两个洛格龙很投机了？"

普罗凡的阿马提斯回答说："你问我吗？我母亲见了他们心烦，内人见了他们头疼；三十年前西尔维小姐在我父亲手下学生意，我父亲已经受不住了。"

美丽的院长夫人伸出玲珑的小脚搁在壁炉的挡灰架上，说道："我真想要他们明白，我的客厅不是小客店。"

于里阿翻起眼睛朝着天花板，意思好像说："我的天！这话多风趣，多深刻！"

"我要我的客人都是第一流的人物；招待了洛格龙他们就完了。"

院长道："他们没有感情，没有头脑，也没有规矩。一个人卖了二十年针线，比如说像我姊姊……"

蒂番纳太太插嘴道："朋友，你姊姊在无论哪个应酬场中都不失体统。"

院长往下说："……倘若还是糊里糊涂，摆出一副针线商面孔，不晓得脱胎换骨，把香巴涅伯爵当作香槟酒账目[1]，像今天晚上两个洛格龙那样，那还是坐在家里不出来的好。"

于里阿道："他们叫人恶心。仿佛普罗凡只有他们一所屋子。他们想把我们统统压倒。其实他们的家私只够勉强过活。"

蒂番纳太太道："要是只有那个兄弟倒还罢了，还不打搅人。给他一个九连环什么的，他就安安静静待在一边，整个冬天都有的玩了。可是西尔维小姐声音像伤风的斑条狗！一双手像龙虾脚！于里阿，外边可一字别提。"

于里阿走了，娇小玲珑的太太对丈夫道：

"朋友，我不能不招待的本地人已经很可观了，再多出这两个来，怎么吃得消！你要同意的话，不请他们也罢。"

院长答道："家里的事你做主就是了，不过咱们要招冤家的。两个洛格龙会投入反对派，至此为止反对派在普罗凡还有名无实。洛格龙他们已经同古罗男爵和维奈律师有来往了。"

曼拉尼笑道："好啊！那他们不是帮你的忙吗？没有敌人，哪有胜利？要是进步党暗中捣乱，或者来个秘密组织，有一场斗争，你名气就大了。"

院长望着他年轻的太太，佩服之中带些害怕。

下一天，在迦色朗太太家人人交头接耳，说洛格龙姊弟在蒂番纳太太府上不受欢迎，关于小客店的话轰动一时。蒂番纳太太过了一个月才回拜西尔维小姐。这种傲慢的态度在内地最受注意。西尔维在蒂番纳太太家玩波斯顿，为了打输一副满贯的牌跟

---

[1] 香槟与香巴涅是一个字，国内以英文读音译为香槟已成惯例，故仍用旧译名。伯爵与账目二字完全同音。香巴涅伯爵是从前香巴涅地区的封建主。洛格龙姊弟是小商人，不知道历史，只知道香槟酒。

老成的于里阿老太太闹得面红耳赤;西尔维说是她老东家不怀好意,有心和她捣乱。她喜欢耍弄别人,从来没想到别人会对她如法炮制。蒂番纳太太第一个想出办法,趁两个洛格龙未到之前,先凑好牌搭子,西尔维只能从这一桌溜到那一桌,看别人玩儿,别人用刻薄的神气冷眼觑她。于里阿老太太府上又挑了一种西尔维不会玩的牌,改打韦斯脱了。老姑娘终于发觉受到排挤,不懂什么缘故,只道众人忌妒她。不久谁也不邀请两个洛格龙了;但他们照样上门。一般俏皮的人开他们玩笑,并非对他们有什么过不去,只是客客气气的逗他们胡说八道,说出他们新房子里的卵形体,普罗凡独一无二的小酒瓶架等等。洛格龙家的屋子终究装修完了。不消说,他们备着丰盛的酒席请了几回客:扰过别人的应当还敬,借此也夸耀一下家里的阔绰。客人却是为了好奇才赏光的。第一回请的是重要人物,内中有蒂番纳先生夫妇,其实姊弟俩从来没吃过他们一顿;有于里阿先生夫妇,父子婆媳都请了;还有勒苏先生,本堂神甫,迦拉同先生夫妇。按照内地排场,一顿饭从下午五点一直吃到九点。蒂番纳太太在内地行出巴黎阔人家的规矩,有身份的客人一喝完咖啡就起身告辞。她推说家中有晚会,只能先走一步。洛格龙姊弟把他们直送到街上;回进屋子,正因为留不住院长夫妇而感到意外,没料到别的客人有心证明院长夫人确是漂亮人物的作风,学她的样一齐走了;客人散得这么早在内地着实叫人难堪。

西尔维道:"咱们客厅掌灯以后的气派,可惜他们看不见了!"其实西尔维本人就需要靠灯光遮丑。

两个洛格龙早打算要给来客一个出其不意的印象。喧传一时的屋子从来没有让人进去过。那天蒂番纳太太府上的一般常客急煎煎的等着,要听她对洛格龙宫殿的评语。

娇小的马德南太太问院长夫人:"啊!你见识过卢浮宫了,详详细细说给我们听吧。"

"屋子同酒菜差不多,没有什么了不起。"

"怎么样呢?"

蒂番纳太太道:"你们都看得见的大门首先叫人欣赏金漆翻砂的十字格子。大门进去是一长条过道,把屋子分隔得不大平均,因为右首临街只有一扇窗,左手倒有两扇。过道尽头,一扇玻璃门通往园子,石级下面铺着一块草地,摆一个有座子的斯巴达克斯[1]石膏像,漆做古铜色。厨房背后,包工的在楼梯台下安置了一个小小的伙食间,主人也没放过机会要我们观光。楼梯全部漆得像黄黑花纹的云石,螺旋形的盘上去,像咖啡馆里从底层通到中层雅座去的那一种。胡桃木楼梯轻巧得摇摇欲坠,扶手上镶着铜,在主人嘴里是世界新七大奇观之一。底下是通地窖的门。过道的另外一边,靠街是饭厅,靠园子是客厅,两间一样大小,中间开着双扇门,客厅的窗朝着园子。"

"那么是没有穿堂的了?"奥弗莱太太问。

蒂番纳太太回答:"穿堂大概就是那一长条两头通风的过道。屋子里用的全是法国木材,表示他们爱国,顾着国家的利益,一脑子的进步思想和立宪观念。饭间是斜条子交叉的胡桃木地板。碗橱,桌子,椅子,也是胡桃木的。窗上挂着红镶边的白卡里谷布,用俗气的红绳子扣在壁钩上,壁钩大得惊人,形状像玫瑰花瓣,不磨光的部分涂着金漆,香菌头子[2]在半红不红的底子上很

---

[1] 纪元前二世纪至一世纪时罗马奴隶反抗运动的领袖。
[2] 衣帽钩窗帘钩上凸出的部分叫作香菌头子。

凸出。挂那些漂亮窗帘的梗子，两头雕成形状古怪的棕榈叶；窗帘打褶的地方都吊一个狮爪形的刻花铜钩。一口碗橱后面的壁上有一只咖啡馆用的挂钟，上半段塑成饭巾模样，青铜质地，涂着金粉：两个洛格龙特别喜欢这一类花样，巴不得我赞几句，我想来想去只有一句话好对他们说：要是挂钟上用得到饭巾，在饭厅里当然最合适了。碗橱顶上摆两盏大灯，同大饭店账台上用的一样。另外一口碗橱高头挂一个晴雨表，做工复杂得不得了，似乎在两个主人的生活中占着重要地位：洛格龙瞧晴雨表的神气活像瞧他的未婚妻。

"两个窗洞之间，建筑师在壁龛里嵌一只白瓷火炉。壁龛的花哨简直可怕。壁上糊着耀眼的红地描金花纸，仍旧是饭店用的那一种，准是洛格龙就地挑选的。酒席上用白地描金的瓷器，宝蓝地绿花的点心盆；主人打开碗橱给我看到另外一套家常用的陶器餐具。每口碗橱对面有一个大柜子放着桌布饭巾之类。样样簇新，干净，油漆一新，叫人看了刺眼。我觉得那饭厅倒还罢了，总算成个格局：不管怎么俗气，却显得出主人的性格。

可是五张黑不溜秋的版画实在受不了，只配给内政部做张贴告示的衬纸；题目是《包尼阿岛斯基将军跃入埃斯忒河》《保卫格里希关卡》[1]《拿破仑亲自开炮》，还有两张是马塞巴[2]的故事；全部配着金漆框子，框子和图片同样恶俗，叫人看了对一切时行的东西不敢领教。相形之下，于里阿太太家的粉笔画，路易十五时代的精品，不知要高明多少！画着水果，配上那舒服的古老饭

---

[1] 以上都是拿破仑战役中的故事。
[2] 乌克兰哥萨克族的回教祭司马塞巴，为了爱一个贵族妇女而受罪的故事非常有名，成为诗人与画家常用的题材。

厅才调和呢。灰色的护壁板虽然有些虫蛀,却是十足地道的内地风格,同家传的大件头银餐具,古式的瓷器,以及我们的起居习惯,非常相称。内地是内地,冒充巴黎就不伦不类。你们也许会对我说:你是巴黎人啊,怎么不说巴黎好呢?不过我宁可要我这间老客厅,还是蒂番纳老太爷手里布置的:绿白两色的绸窗帘,路易十五式的壁炉架,略微凸出的护壁板,四周嵌小珠子的老式镜子,古色古香的牌桌;还有镶铜边的深蓝赛佛花瓶,花纹古怪的座钟,洛谷谷式的水晶吊灯,挑绣面子的家具:我喜欢这些,才看不上他们客厅里的那种阔绰呢。"

巴黎美人转弯抹角恭维内地的话,马德南先生听着很受用,问道:"他们的客厅怎么样呢?"

"他们的客厅可以说是满堂红,红得非常漂亮,跟西尔维小姐打输了满贯的牌,气得满面通红一样。"

院长道:"那就叫西尔维红。"这个词儿从此成为普罗凡人的口头禅。

"窗帘吗?……红的!……家具吗?……红的!壁炉架呢?……红地黄斑纹的云石!烛台和座钟呢?……红地黄斑纹的云石!古铜座子式样又普通又笨重。天花板上堆出罗马式的烛台花纹,加上希腊式的枝条叶瓣。座钟顶上蹲着一只好脾气的胖狮子,像两个洛格龙一样傻支支的瞧着你。那种所谓装饰狮子完全歪曲了真狮子的面目:脚下踩着一个大圆球,表现装饰狮子特有的生活习惯,它和左派议员一样老抓着一颗黑珠[1],也许竟是立宪派的象征。座钟的面子式样古怪。壁炉架上的大镜子镶的石膏

---

[1] 国会表决议案时赞成的投白珠,反对的投黑珠。王政复辟时代的左派是反对党,即所谓进步党或立宪派。

框虽然全新,却猥琐得很,一派小家子气。家具商的天才尤其表现在壁炉前面的小屏风上,他把红呢叠成许多皱裥,中央用一个窗帘钩子扣起来:那是特地想入非非为两个洛格龙设计的,他们指给客人看的时候不知有多么得意呢。天花板正中挂一盏水晶吊灯,用绿布罩仔细罩着,倒正好遮丑,因为吊灯恶俗之至,古铜灯脚的颜色漆得非常刺眼,四面网络的暗黄漆尤其难看。底下一张喝茶用的圆桌,云石面子不用说也是红地黄斑纹;闪光的金属盘子里摆一套描花的瓷器茶杯,画的花真叫天晓得!杯子中间一个像煞有介事的水晶糖缸,边上镶着铜箍,四周的瓜棱像中世纪人穿的短袄,一把糖夹子恐怕是永远用不到的:将来咱们的孙女辈见了准会直瞪眼睛。客厅糊的是冒充丝绒的红花纸,四边镶上细铜条子,四角用极大的棕榈树做帽钉。每一块护壁板上叠床架屋挂一张彩色石印的画片,框子上笨重的堆花冒充我们精致的木雕,家具的木料是榆树根,钉着斜纹细呢面子,一共有两张长沙发,两张大单人沙发,六把大圈椅,六把单靠椅。半桌上供一个所谓梅提契款式的矾石花瓶,套着玻璃罩;还有那赫赫有名,光彩夺目的小酒瓶架,我们早已听熟了:普罗凡只此一个!窗上挂一层华丽的红绸窗帘,一层薄纱窗帘;每扇窗下有一张牌桌。地毯是奥皮松出品,两个洛格龙挑了普通图案中最俗气的一种,红地玫瑰花。客厅好似没有人动用的:书啊,画片啊,家具上面的小摆设啊,一样都没有。"蒂番纳太太说着瞧了瞧自己的桌子,放满着纪念册,时髦玩意,人家送的各种有趣东西。"既没有鲜花,也没有经常调换的小玩意。屋子冷冰冰的,干巴巴的,和西尔维小姐一般无二。蒲丰说得好:风格就是人品。而凡是客厅都有一个风格。"

美丽的蒂番纳太太含讥带讽,一路描写下去。拿楼下的屋子做样品,不难猜到二楼上姊弟俩住的房间,他们也带客人参观了。可是聪明的包工撺掇两个洛格龙接受的那些可笑的讲究,凭你怎么猜想也想不出来。门上的嵌线,反面也有做工的护窗,壁带高头的装饰,颜色鲜丽的油漆,涂金粉的铜拉手,叫人的铃,能够吸掉烟灰的壁炉烟囱,避潮气的新设备,楼梯上油漆的细木嵌花图案,过分细巧的玻璃窗和锁钮:总之,凡是能提高屋子声价,讨布尔乔亚喜欢的无聊东西,不管三七二十一都用上了。

没有一个人愿意上洛格龙家应酬,他们的野心无法实现。谢绝的理由多得很:每天有晚会,不是迦色朗太太家,便是迦拉同太太家,不是于里阿太太家,便是蒂番纳太太家或是县长家,日程排满了。两个洛格龙只道摆几次酒就能招集一批常客,结果只招来一般打哈哈的青年和世界上到处都有的篾片;正经人一个都不来拜访。西尔维为她心爱的家花了四万法郎一无收获,大吃一惊,决意省吃俭用,把那笔钱挣回来。家中要有一批常客在内地和在巴黎同样困难;西尔维眼见请人吃饭实现不了这个希望,反而花到三四十法郎一顿,酒还不算在内,便赶紧停止请客。她打发了厨娘,只雇一个乡下姑娘打杂。烧饭做菜由西尔维亲自动手,说是她喜欢烹饪。

回到普罗凡十四个月以后,姊弟俩变得一无所事,完全孤独。西尔维被人从交际场中排挤出来,对蒂番纳、于里阿、奥弗莱、迦色朗,以及普罗凡所有的上流人物切齿痛恨,称他们为帮口,跟他们的关系非常冷淡。她恨不得组织第二个集团和他们对抗,无奈身份较低的布尔乔亚全是做小买卖的,只有星期日和节日才得空闲;此外只剩下一些名声不好听的人,如维奈律师和奈罗医生之类，或者是没法招待的拿破仑党，例如男爵古罗上校。其实洛格龙不知谨慎，已经和他们有了接触，上层的布尔乔亚警告他也没用。因此姊弟两人只能待在饭间的火炉旁边，回忆他们的买卖，老主顾的面貌和别的愉快的事。过完第二个冬天的时候，他们觉得百无聊赖，从早到晚不知怎么消磨光阴。临到睡觉，他们说："总算又过了一天！"两人早晨起来尽量拖时间，在床上多躺一会好一会，慢条斯理的穿衣打扮。洛格龙自己剃胡子，把脸色细细打量，看出什么变化就去报告姊姊。他和女佣人争论洗脸水的冷热；到园子去看种的花发不发；在河边溜达，那儿他盖了一个亭子。他检查门窗木料有没有涨缩，框子有没有开裂，图画嵌的是否牢固。回进屋子，他告诉姊姊一只母鸡病了，或是什么地方有霉点，叫他担心；姊姊一会儿摆刀叉，一会儿埋怨女佣人，装作十分忙碌。对洛格龙最有用的家具莫过于那个晴雨表，他无缘无故就走上去瞧一眼，像对朋友似的亲亲热热拍几下，说道："天气恶劣呢！"姊姊回答道："噢！是这个时令嘛。"有人上门，洛格龙少不得向他称赞那个仪表的许多妙处。中饭又花掉一些时间。两人每吃一口都嚼个半天，因此消化极好，不用怕生胃癌。他们看看《蜂房报》和《立宪报》，把时间捱到中午。巴黎报纸是和维奈律师古罗上校合订的。洛格龙亲自把《立宪报》送给上校。上校住在广场上马德南先生屋里；洛格龙最喜欢听他长篇大论的谈话，弄不明白上校究竟有什么危险。他不知轻重，向古罗提到城里人如何一致排斥他，拿帮口里议论古罗的话搬给他听。上校对谁都不怕，又是打枪击剑的高手，把蒂番纳的老婆和她的于里阿，还有上城里拥护官方的人，骂得体无完肤，说他们受外国津贴，为了钻谋差事什么勾当都干得出来,临到选举逞着自己的心意乱念当选人的姓名,还做下许多别的混账事儿。下午二点前后,洛格龙出门兜个小小的圈子。倘若有个小商人在店门口拦着他问:"洛格龙老头,身体怎么样?"他就很高兴。他和人攀谈,打听城里的新闻;普罗凡的闲言闲语,他都听在耳朵里拿去传布。他一直走到上城,天气好的日子,还往山沟里小路上溜达。有时遇到几个和他一样出来散步的老人,那是他最得意的事了。普罗凡有些看破巴黎生活的人,也有些朴实的学者整天和书本做伴。读者不妨想象一下,那些人谈起话来,洛格龙在旁听着是怎样一副形象。助理推事台丰特里名为法官,主要是个考古学家,他指着山下的盆地对医生的父亲、博学的老马德南先生说道:

"你倒替我解释一下看看,为什么欧洲的有闲阶级都赶到斯巴[1]去,不上普罗凡来?法国医学界不是明明承认这儿的矿泉性质更好,包含的铁质,治疗的功能,可以同咱们蔷薇花的药性并驾齐驱吗?"

那位博学的老先生回答:"有什么办法!世界上自有这一类无理可说的怪事。一百年以前,根本没人知道包尔多的葡萄酒。上个世纪最了不起的人物之一,法兰西的阿尔西拜提、黎希留元帅[2],害过肺病,原因人人知道,在居伊安纳[3]总督任内给当地的葡萄酒治好了。包尔多的收入马上增加到一万万,黎希留把包尔多的边界一直推到安古兰末,推到卡奥,周围一百六十多里!谁也

---

[1] 比利时的矿泉城。
[2] 阿尔西拜提是纪元前五世纪希腊有名的将军,苏格拉底的门弟子,天才极高,野心极大,但毫无道德观念。——黎希留元帅即十七世纪法国权相黎希留红衣主教的侄孙,生活放荡,但是一个很有才能的军人兼外交家。
[3] 法国古行省之一,首府即包尔多。

不知道包尔多的葡萄园到哪儿为止。奇怪的是黎希留元帅在包尔多竟没有一座骑在马上的纪念像！"

台丰特里先生道："啊！一二百年之内普罗凡要是发生这一类的事，我希望下城的小广场上或者上城的古堡附近，会立一座白石浮雕，塑上奥波阿克斯[1]先生的头像，纪念他提倡普罗凡矿泉的功劳！"

马德南医生的父亲道："亲爱的先生，也许普罗凡根本没有复兴的希望。这个城已经破产了。"

洛格龙听到这里，睁大着眼睛叫起来：

"怎么？"

学者回答："十二世纪的时候，普罗凡是个首都，跟巴黎竞争过来，还占上风呢：香巴涅的那些伯爵在这儿设着宫廷，正如普罗望斯也有勒南王的宫廷。那个时代，文明，繁华，诗歌，风雅，妇女，社会的一切精华并不限于巴黎一处。城市一朝衰落了，和破产的商号同样不容易重振旗鼓。如今普罗凡只剩下一段光荣的历史，芬芳的蔷薇，还有区区一个县政府。"

台丰特里道："唉！倘若所有封建时代的首都全部保存下来，法国就不是现在这样的面目了。蒂菩[2]家族又是诗人，又是战士，又是风流豪侠的贵族，岂是一般县长所能代替的？普罗凡在蒂菩治下的地位，不亚于过去法拉拉在意大利、威玛在德意志的地位，也是今日慕尼黑想要攀登的地位。"

洛格龙叫道："普罗凡当初是个首都？"

---

[1] 普罗凡出身的化学家，药物学家（1745—1840），著有关于普罗凡矿泉的专书。
[2] 十二至十三世纪时统治香巴涅地区的封建主，封号是伯爵。上文所谓"香巴涅的那些伯爵"即指蒂菩一族。

考古学家台丰特里回答说:"难道你连这一点都不知道?"

他拿手杖在上城的地面上敲了几下,叫道:"你不知道普罗凡的这个部分,底下全是地下坟场吗?"

"地下坟场?"

"对啊!坟场的层数之多、范围之大,简直不可思议;像大教堂一样分成许多小堂,还有成堆的柱子。"

马德南老人看见助理推事谈到他心爱的题目,便道:"台丰特里先生正在写一部重要的考古著作,打算在书中说明那些古怪的建筑。"

洛格龙知道他的屋基早先是盆地,兴冲冲的回去了。两个单身人花了五六天工夫追究普罗凡的地下坟场,好几个黄昏都有话可谈了。洛格龙靠这种来源得到一些材料,回家讲给姊姊听,或是关于古代普罗凡的历史,或是东家和西家的婚姻关系,再不然是过时的政治新闻。因此他出去散步,一路总得问个上百遍,往往向同一个人也要再三询问:"喂,外面说些什么啊?"——"喂,有什么新闻啊?"回到家中,他倒在客厅的长沙发上,好像筋疲力尽,其实只是被笨重的身子拖累了。他在客厅和厨房之间来来回回,走上一二十次,开门,关门,看钟点,好容易盼到吃晚饭。姊弟俩还在外边串门的时期,上床以前总算不寂寞;自从不得不在家枯坐之后,消磨一个黄昏竟像横渡沙漠一般艰苦。有几回,一般人夜晚作客回来,走到小广场听见洛格龙家有人怪叫,仿佛兄弟在谋杀姊姊;原来是苦闷的针线商恶形恶状的打呵欠。两个机器人齿轮生了锈,没有东西好碾磨,只能大叫一阵。

兄弟说起要娶亲,可是一无办法。他觉得自己老了,身体不行,想到女人就害怕。西尔维明白家里必须添一个人才好,便想起他们的穷表妹来。普罗凡个个人以为娇小的洛兰太太和女儿两个都死了,从来没问过西尔维。西尔维却样样记在心上,像她那种地道的老处女是什么东西都丢不了的。因为要不露痕迹的和兄弟谈到比哀兰德,她装作偶然找到了洛兰家的旧信。兄弟想到屋里可能有个小姑娘,几乎高兴起来。西尔维给洛兰老夫妇写了一封半亲热半生意口吻的信,推说为了出盘铺子,搬回普罗凡,忙着安家,耽误了回信。她表示愿意招留表妹,声明万一洛格龙先生不结婚,比哀兰德日后有一万二千收入的遗产可得。

姊弟俩等洛兰表妹来的那份焦急的心情,只有两种人能体会:或者像那布高陶诺索[1]一般变得近于野兽,关在植物园的铁笼子里,除了饲养员送来的生肉以外捉不到动物吃;或者是一个告老回家没有伙计好折磨的商人。信发出三天,他们已经在盘算表妹什么时候能到。西尔维以为行了这件善事,可以使普罗凡的上流社会为了她的表妹重新上门。蒂番纳太太要自己府上成为普罗凡第一个交际场所,显然瞧不起他们姊弟;西尔维却到她家里去大吹大擂,说他们的表妹比哀兰德,洛兰上校的女儿,要到普罗凡来了;她既同情表妹的不幸,也因为有一个年轻漂亮的承继人介绍给大家,表示很高兴。

蒂番纳太太气概不凡的坐在壁炉旁边的沙发上,含讥带讽的回答说:"你怎么不早一些发现你的表妹呢?"

迦色朗太太趁发牌的当口,三言两语悄悄的讲了一遍奥弗莱老头的遗产故事。公证人奥弗莱又说出小客店老板的强凶霸道。

院长蒂番纳先生客客气气的问:"她在哪儿呢,可怜的姑

---

[1] 纪元前七至六世纪时的巴比伦王,曾发疯七年,和野兽一同过活。

娘？"

洛格龙道："在布勒塔尼。"

检察官勒苏插了一句："布勒塔尼地方大得很呢。"

洛格龙道："她的祖父祖母写信给我们……姊姊，信什么时候来的？"

西尔维正在打听迦色朗太太的衣衫料子哪儿买的，没顾到说话的轻重，随口回答说：

"在我们出盘铺子以前。"

"而你们直到三天以前才回信！"公证人叫起来。

西尔维涨红着脸，像炉子里烧旺的炭一样。

洛格龙接着说："我们的信是写到圣·雅各堂去的。"

在座有个法官在南德当过助理推事，说道："不错，有那么一个老人堂性质的机关；不过你们的表妹不可能在那儿，圣·雅各堂只收六十岁以上的老人。"

洛格龙道："她和她的祖母洛兰住在一起。"

公证人道："她有一笔小小的财产，八千法郎，是你父亲……不，是你外公留给她的。"公证人有心把话说错。

洛格龙听不出话中有刺，只傻支支的叫了声："啊。"

院长问："你对表妹的财产和境况，难道一点都不知道吗？"

法官口气很严厉的说："洛格龙先生要知道的话，就不会让她住在那种救济院性质的地方了。我现在想起了，洛兰先生和洛兰太太在南德的一所屋子被国家征用，卖掉了；洛兰小姐的产权已经落空，当时的手续是我经手办的。"

公证人又提到洛兰上校，说他要是活着，知道女儿住在圣·雅各堂，要不大吃一惊才怪呢。洛格龙姊弟觉得那些人恶毒透了，赶紧走出。西尔维心上明白，她的新闻并不受到欢迎；个个人瞧她不起；再要和普罗凡的高等社会交际是不可能的了。从那天开始，对普罗凡的一般大族以及他们的党羽，两个洛格龙不再隐瞒胸中的仇恨。古罗上校和维奈律师一向在洛格龙面前说的蒂番纳、葛南、迦色朗、甘班和于里阿家的闲话，弟弟也一下子搬给姊姊听了。

他说："喂，西尔维，我就不懂蒂番纳太太干吗瞧不起圣·但尼街上的生意帮。她身上最体面的一部分还是从圣·但尼街来的呢。她的母亲罗甘太太和'猫咪打球'的老板琪奥默是表兄妹；你知道，琪奥默后来把铺子盘给女婿勒巴。蒂番纳太太的老子便是一八一九年卷了款子逃走，害皮罗多破产的那个公证人。可见蒂番纳太太的家私是抢来的。一个公证人的老婆听凭丈夫骗了人家的钱再倒账，自己却逍遥自在，应该算什么样的人呢？哼！干的好事！我看罗甘太太就为了跟银行家杜·蒂埃的关系，才把女儿嫁到普罗凡来的。亏他们还敢自命不凡！嘿！……上流社会就是这批东西。"

但尼·洛格龙和姊姊西尔维骂了普罗凡的帮口，反而不知不觉变为地方上的人物，快要有宾客上门了。当地被压迫的利益正缺少一个活动的舞台，不久就把他们的客厅作为一个中心。到了这一步，告老的针线商居然在历史上政治上有了地位；因为普罗凡的进步党本来只有一些游移分子，靠着洛格龙才力量集中，团结起来；当然，那在洛格龙完全是出于无心。内幕是这样的——

古罗上校和维奈律师意见相同，孤立的地位也相同，素来彼此接近；他们冷眼旁观，把洛格龙姊弟出门交际的那个阶段看在眼里。两人为了同样的理由标榜同样的爱国主义，就是说都想当个角色。但尽管他们有心做领袖,手下可缺少人马。普罗凡的进步党只有一个退伍军人出身的咖啡馆老板,一个小客店老板,和奥弗莱抢生意的公证人戈囊,和马德南竞争的奈罗医生;还有几个无党派的人,散在本区里的几个富农和从前承买公共财产的业主。上校和律师很高兴能拉拢一个糊涂虫,他的家私可以帮助他们活动,向他们的事业投资,在某些情形之下可以出面做发起人,家里的屋子正好给进步党做会议厅。他们便利用两个洛格龙对当地豪门派的仇恨。上校、律师和洛格龙为了合订《立宪报》已经略有接触;古罗上校不难把退休的针线商拉入进步党;至于洛格龙不懂政治,连迈尔西埃军曹事件都不知道,还认他为同行等等[1],都毫无关系。

外人既早想利用两个单身人的无知与愚蠢,不久比哀兰德一到,大家更垂涎欲滴,急于下手了。眼看西尔维挤进蒂番纳圈子的希望完全落空,上校便转起西尔维的念头来。老军人们跑的地方不少,丑恶的东西见得很多,在不知多少战场上看过不知多少狰狞可怖,赤身露体的尸首,再难看的相貌也吓不倒他们的了;所以古罗拿老姑娘的财产作为瞄准的目标。上校又矮又胖,耳朵上已经有一大簇浓毛做装饰,还戴一副其大无比的耳环。乱糟糟的花白鬓脚在一七九九年叫作鱼翅。通红的大阔脸带着黄褐色,像所有从勃莱齐那河[2]上逃出来的人一样。尖尖的大肚子底下成一个直角,那是老资格骑兵军官的特色。古罗当初带过第二轻骑兵团。灰色胡子遮着一张"血盆大口":那个窟窿只有这句成

---

[1] 迈尔西埃与法文中针线商一字完全相同,故洛格龙以为他是同行。
[2] 勃莱齐那是白俄罗斯的一条河,一八一二年十一月拿破仑从俄国败退下来,几乎在渡勃莱齐那河时全军覆没。

语好形容。他东西不是吃进去,而是吞下去的!鼻子被大刀斫去一角,因此说话声音很低,鼻音很重,像一般人形容的卡波桑派修士。一双小手又短又阔,的确是妇女们所谓恶棍流氓的手。同身体比起来,两条腿未免细弱了些。在那个肥胖而灵活的身子里面有的是机灵的头脑,表面上装着满不在乎的军人派头,其实人生经验非常丰富,绝对不把社会的规矩约束放在心上。古罗上校得过荣誉团四等勋章,除了荣誉团津贴还有二千四百法郎退伍薪俸,全部家私就是这三千法郎一年收入。

个子瘦长的维奈律师除了进步思想别无本领,唯一的财源只有事务所里一些微薄的收入。普罗凡的诉讼代理人都自己出庭辩护。而且法院为了维奈的政治主张,对他的辩诉没有好感。便是最进步思想的农民打官司也不找维奈,宁可请教一个为法院信任的代理人。据说维奈在戈洛米埃附近勾引了一个有钱的姑娘,逼得她父母不能不答应他们结婚。他那老婆是夏日伯甫出身,勃里地区家世悠久的老贵族,祖上在圣·路易带领十字军东征埃及的时代当过骑士,立了军功,传下这个姓氏。维奈太太为此得罪了父母;他们向维奈声明,所有的财产都留给他们的大儿子,将来只能由大儿子拨出一部分给外甥。维奈野心勃勃的第一著棋子失败了。不久他受着贫穷压迫,没法让老婆体体面面的过活,觉得难以为情,想在检察署谋一个职位;不料夏日伯甫家有钱的房族不肯帮忙。那些保王党看重道德,不赞成这桩木已成舟的亲事;何况所谓新亲是个名不见经传的维奈!他们怎么能保举一个平民百姓呢?维奈想利用老婆在岳家方面活动,结果每一支每一房都给他碰了钉子。只有住在脱罗阿的一个夏日伯甫穷寡妇,身边有个待嫁的女儿,对维奈太太还表示关切。因此后来维奈会想起那位夏日伯甫太太接待他老婆的态度。他到处受人白眼，恨死了老婆的娘家，死了不给他差事的政府，对他闭门不纳的普罗凡上流社会。他只能熬着贫穷的苦。心中的怨毒愈来愈深，给了他抵抗的力量。他算准他的运道必须依靠反政府派的胜利，便投入进步党。他在上城一所破旧的小屋子里潦倒度日，老婆也不大出门。那姑娘本来很有前途，嫁了维奈只能带着一个孩子守在家中，冷清清的无人来往。有些人的穷，穷得有骨气，心情也愉快；但维奈受着野心煎逼，又觉得对一个受他引诱的少女做了件亏心事，不由得憋着一肚子怨气，一天天放宽良心的尺寸，认为只要能向上爬，什么手段都使得。年轻的脸变了样子；扁脑袋，毒蛇脸，阔嘴巴，戴着眼镜，眼睛炯炯发光；有时人家在法院中看到这副嘴脸暗暗吃惊；又细又尖的声音直往你耳朵里钻，刺激得叫人难受。乌七八糟的皮色带着病态，黄一块青一块，明明是无法施展的野心，连续不断的失意和不可告人的穷困在作怪。他口齿伶俐，专会无理取闹；说话既不缺少警句，也富有形象；既博学，又刁猾。他惯于用升官发财的欲望做一切计划的出发点，着实有资格当政客。只要逃过法网，任何手段在所不惜的人，是非常厉害的；维奈的力量就在这里。这位未来的国会辩论健将，宣布奥莱昂王室登台[1]的人物之一，使比哀兰德的命运受到极残酷的影响。眼前他想在普罗凡办一份报纸做武器。他靠着上校帮助，远行的把两个单身人研究过了，决定派洛格龙的用场。这一回算盘没有打错。七年工夫，家中绝粮的事不止有过一次，如今苦尽甘来，悲惨的日子快结束了。那天古罗在小广场上告诉维奈，两个

---

[1] 指一八三〇年七月路易·菲利普的登台。

洛格龙同上城的高等布尔乔亚和官方的党羽决裂了，维奈拿胳膊肘子朝古罗腰里意义深长的碰了一下，说道：

"只要是女人，好看也罢，难看也罢，对你都无所谓，你应当和洛格龙小姐结婚，咱们可以在这儿干些事业出来。"

上校道："我也这样想；可是他们把可怜的洛兰上校的女儿，他们的承继人，接到家里来了。"

"你不妨叫他们写一份遗嘱把家私传给你。嗨！现现成成一所漂亮屋子将来就是你的了。"

"至于那女孩子吆，嗯，嗯，等咱们看过了再讲。"上校的说话带着开玩笑的神气，同时也不怀好意。一个心地像维奈那样的人看了，知道在那个老粗眼中，个把小姑娘根本算不得什么。

05

比哀兰德初见世面

比哀兰德的祖父母进了救济院，凄凄凉凉的过着待尽余年；年轻而有志气的孩子眼看自己靠着人家施舍过活，心里痛苦极了，听说还有两个有钱的亲戚，不由得感到高兴。她小时候的同伴，布里谷少校的儿子，在南德学木工，知道比哀兰德要出门了，捧出他的全部家当六十法郎，做学徒辛辛苦苦挣来的酒钱，送给比哀兰德，让她能搭着车子上路。比哀兰德收下的时候那种毫不介意的态度非常了不起，显出他们是真正的朋友；反过来，要是比哀兰德帮助朋友而朋友道谢，她也要生气的。过去布里谷每逢星期日总到圣·雅各堂去安慰比哀兰德，陪她玩儿。对于我们不由自主看中的对象应当如何照顾，如何尽心出力，也是一种滋味无穷的学习，年轻力壮的工人已经把那一套学会了。两人常常星期日坐在园子的一角，为前途作着许多天真的打算：比哀兰德在家等着，小木匠骑着刨子去周游世界，为她打出一个天下来。

一八二四年十月，正当比哀兰德十一足岁的时期，两个老人和青年木工忍着悲痛，把比哀兰德送上从南德到巴黎去的班车，央求车夫到巴黎送上普罗凡的班车，托他一路照料。可怜的布里谷！

他像一条狗似的跟在车后奔着，尽量望着他心爱的比哀兰德。布勒塔尼姑娘挥手叫他回去，他却跑出城外四五里地，直到筋疲力尽才停下来，眼泪汪汪对比哀兰德瞧了最后一眼。比哀兰德望不见布里谷了，也哭了；但她把头探出车门，发觉朋友还站在那儿，看着沉重的班车越去越远。洛兰老夫妇和布里谷毫无经验，布勒塔尼姑娘到了巴黎就一文不剩。车夫听孩子讲起有钱的亲戚，便代她付了巴黎的旅馆账，向脱罗阿的班车车夫领回垫款，托他把孩子送到普罗凡，向那边的亲戚收钱，完全像运货一样。

离开南德以后四天，一个星期一晚上九点光景，王家驿车公司的班车正在普罗凡的大街上卸下旅客和包裹，一个胖胖的老车夫经过当地办事处主任的指点，牵着比哀兰德的手，带着她的行李，统共只有两件袍子，两双袜子，两件衬衫，送到洛格龙小姐府上。

车夫道："小姐和各位都好！我把你们的表妹送来了；真的，她乖得很呢。你们欠我四十七法郎。尽管孩子没有带多少东西，单子上还得你们签个字。"

西尔维小姐和她兄弟又惊又喜，忙起来了。

车夫道："对不起，车子等着，请你们签了字，给我四十七法郎六十生丁……我跟南德的车夫，随你们给些酒钱就是了。我们一路照呼过来，当作自己的孩子一样：代她付了旅馆钱、饭钱、从巴黎到普罗凡的车钱，还付了些零碎账。"

西尔维道："怎么！只要四十七法郎六十生丁！……"

车夫叫道："你不见得要还价吧？"

洛格龙道："那么发票呢？"

"发票？账目都在单子上。"

"废话少说，照付就是！"西尔维吩咐兄弟。"你看除了照付有什么办法？"

洛格龙去拿了四十七法郎六十生丁。

车夫道："我跟我南德那个伙计就不该拿些酒钱吗？"

西尔维从装满钥匙的旧红丝绒袋里掏出两个法郎。

车夫道："算了，你留着吧。我们宁可看在孩子面子白当差的。"

他拿起单子走了，一路对胖老妈子说：

"摆什么臭架子！犹太人不一定都在犹太。"

西尔维听见了，说道："那些人粗野得不像话。"

女佣人阿伹尔把两个拳头叉在腰里，回答说："哦，孩子也亏得他们照顾啊！"

洛格龙道："好在咱们又不同那种人一起过活。"

女佣人问："叫她睡在哪儿呢？"

比哀兰德就这样到了表兄表姊家，一进门就受到这样的接待，被他们愣头傻脑的瞧着。她像个包裹似的被人从圣·雅各堂扔出来，直接扔到表亲府上；和祖父母同住的房间十分破烂，这里的饭厅在她眼中像王宫一般。她手足无措，非常难为情。布勒塔尼姑娘的模样和那种装束，除了两个退休的针线商以外，没有一个人不觉得可爱：粗呢的蓝裙子，粉红竹布的围身，大鞋子，蓝袜子，白颈围，通红的手戴着红毛线白镶边的半截手套，还是车夫替她买的。地道布勒塔尼式的帽子在南德路上弄皱了，在巴黎浆洗过，托着那张快活的脸赛过神像背后的光轮。那顶本地风光的小帽用的是细竹布料子，四周镶着镂空的硬花边，钉一圈扁平的管子形叠裥，又朴素又有趣，值得细细描写一番。从竹布和镂空花边中透过来的光线,照在皮肤上半明半暗,十分柔和,特别显出少女的妩媚:这是画家们竭力追求的境界,雷沃博·劳倍画的一幅《收获者》,其中一个抱着孩子的母亲,相貌像拉斐尔的人物,就有这种风韵。脸蛋嵌在一片光晕中间,白里泛红,神气极天真,而且生气勃勃,说明比哀兰德身体好得不得了。有样的耳朵,嘴唇,清秀的鼻尖,因为屋子暖和,都红红的上了火,使健康的皮色愈加显得洁白。

西尔维道:"喂,怎么不和我们说话呢?我是你的洛格龙表姊,他是你表兄。"

洛格龙道:"可要吃东西吗?"

西尔维问:"你哪一天从南德动身的?"

洛格龙道:"竟是个哑巴。"

胖老妈子解开比哀兰德的小包,还是用洛兰老头的一块手帕做的包袱,说道:"可怜的孩子,竟没有衣衫。"

西尔维道:"去亲你表兄。"

比哀兰德亲了洛格龙。

洛格龙道:"去亲你表姊。"

比哀兰德亲了西尔维。

阿但尔道:"孩子赶路赶得昏昏沉沉,说不定要睡觉了。"

突然之间,比哀兰德不由自主的觉得两个亲戚讨厌;过去她可从来不曾讨厌过人。西尔维和老妈子带比哀兰德上三楼去睡,就是布里谷看见挂白卡里谷窗帘的那一间。房内摆着一张单人床,蓝漆的杆子上吊一顶布帐子,一口没有白石面子的胡桃木五斗柜,一张胡桃木小桌子,一面镜子,一张底下没有门的难看的床几,还有三把破椅子。因为是顶楼,前面墙壁的上半段是只斜角，壁上糊着蓝地黑花的起码花纸。地砖涂过颜色，上过蜡，踏在脚下冷得很。地毯只有床前一块薄薄的草席。用普通云石砌的壁炉架，上面嵌一面大镜子，架上摆一对金漆的铜烛台，一只俗气的矾石杯子，两只鸽子蹲在两边喝水，代替提手，那是西尔维巴黎卧房里的东西。

表姊问："你觉得这里舒服么？"

孩子用清脆的声音回答："噢！美极了！"

女佣人喃喃说道："她倒好说话——要不要暖暖被窝呢？"

西尔维道："好吧，恐怕被单潮了。"

阿但尔送上汤婆子，还拿来扣睡帽的带子。比哀兰德睡惯布勒塔尼的粗布被褥，想不到这里的布又细又软，诧异得很。孩子安顿完毕，睡下了；阿但尔一边下楼一边忍不住说：

"小姐，她的全副家当还不值三法郎。"

西尔维自从行出一套办法，节省开支以后，为了只点一盏灯，只生一处火，叫女佣人晚上坐在饭厅里；逢着古罗上校维奈律师上门，阿但尔才退入厨房。那天比哀兰德到了，整个黄昏都不寂寞了。

西尔维道："明天就得给她里里外外做起衣衫来，她简直什么都没有。"

阿但尔道："她只有脚上一双大鞋子，倒有斤把重呢。"

洛格龙道："她那个地方就是这样。"

"小姐，她瞧她的房间的神气，您看见没有？老实说，那间屋子给小姐的表妹住还不够体面呢。"

西尔维道："得了吧，别胡说。你看她已经高兴死了。"

阿但尔掏空了比哀兰德的小包，说道："天哪！这样的衬衫！

不要刺肉吗?真的,一样东西都穿不得了。"

男东家,女东家,女佣人,一直商量到十点钟:衬衫该用怎样的竹布,多少钱一尺的,袜子需要几双,衬裙用什么料子,要多少条,估计比哀兰德的内外衣衫总共要多少钱。

洛格龙对姊姊说:"你少了三百法郎办不了。"他按着老习惯,记着每样东西的价钱,总数已经用心算加好了。

西尔维道:"要三百法郎!"

"对,三百法郎!你算吧。"

姊弟两个从头再算一遍,果然要三百法郎,工钱在外。

西尔维上床的时候心里想:"哎啊!一上手就是三百法郎!"一上手三个字倒把她当时的心思表现得活龙活现。

爱情浓厚的夫妻生的孩子,往往赋有爱情的特色:温柔,活泼,快活,高尚,热心。比哀兰德便是这样一个孩子,生来极敏感,至此为止还保留她原有的感情,也不曾有过一点儿不顺心的事;她看到两个表亲的态度,觉得心上受了压迫,痛苦得很。对她说来,布勒塔尼是个苦地方,可是充满温暖的情意。洛兰家的两老做起买卖来一无能力,但像一切没有心计的人一样,感情最丰富,脾气最爽快,待人最体贴。他们的孙女儿在邦霍埃只顺着她的天性发展,没有受过别的教育。比哀兰德可以随便在池塘里划船,在镇梢上和田野里跑来跑去,跟同伴雅各·布里谷在一起,同保尔和维奚尼[1]完全没有分别。两个孩子竟是人人疼爱,个个喜欢。他们自由自在,整天忙着小孩子的各式玩意:夏天不是去看钓鱼,便是捉虫,采花,种这样种那样;冬天或者溜冰,

---

[1] 十八世纪末裴那登·圣比哀写过一部牧歌体小说,描写一男一女两个孩子,保尔和维奚尼,天真无邪的恋爱故事。

或者堆雪人，做雪宫，扔雪球打架。他们到处受人欢迎，看到笑脸。到上学的年龄，家里遭了变故。雅各死了父亲，没法生活，家属送他去学木工，师傅看他可怜，不收饭钱，像后来比哀兰德在圣·雅各堂一样。但即使在那私立的救济院中，可爱的比哀兰德也照样受到大家的怜惜、宠爱、照顾。孩子受惯这样的温情，连陌生人和班车上的车夫对她的神气、说话、眼风、态度，都不像对别人那样；如今在她迫切向往而又那么有钱的表亲身上反而看不见这些。所以除开新到一个地方大感惊奇之外，还有精神气氛的改变使她心情更复杂。人的心和身体一样会觉得忽冷忽热。可怜的孩子莫名其妙的只想哭；幸而她累了，睡熟了。

在乡下长大的儿童都起得很早，比哀兰德第二天比厨娘早醒两小时。她穿好衣服。在表姊头顶上的房间里走了一会，望望小广场，想下楼，看见楼梯那么漂亮，呆住了，把仿古的花纹，镶的铜皮，各种装饰品和油漆等等饱看了一会。走到底下，没法打开通往花园的门，只得退回楼上；等阿但尔醒了又下来，直奔园子。她称心象意的在园中走了一转，一直到河边，看见亭子怔了怔，走进去了；到表姊西尔维起来为止，她还在东张西望，觉得没有一样东西不新奇。吃早饭的时候，表姊对她说：

"原来是你，小家伙，天才亮就在楼梯上摸来摸去，闹出许多响声来。我被你吵醒了，就此没睡着。你应当非常安静，学得乖乖的，悄悄的玩儿。你表兄不喜欢吵闹。"

洛格龙道："还得留心你一双脚。你穿着糊满泥巴的鞋子跑进亭子，把地下打满脚印。你表姊喜欢干净。你这么大的姑娘也应当懂清洁了。难道你在布勒塔尼不晓得干净吗？啊，不错，我从前去收买丝线看见那些野人，真作孽啊！"洛格龙拿眼睛望着姊姊说,"嗯,她胃口倒不错,好像三天没吃饭了。"

这样,比哀兰德一开头就觉得被表兄表姊的责备伤害了,为什么伤害,她不明白。她生来率直,坦白,天真未凿,根本不会用脑子。她弄不清表兄表姊在哪一点上不对,只要以后吃了许多苦才慢慢懂得。

表兄表姊发现比哀兰德处处表示惊讶,心中很高兴,想趁此机会让自己得意一下,吃过早饭便带她参观华丽的客厅,告诉她一切贵重物件都不能乱动。单身人因为生活孤独,精神上又不能不有所寄托,往往把虚构的感情代替天然的感情,喜欢猫,狗,金丝雀,有的喜欢女佣人,有的喜欢上司。洛格龙和西尔维两人没头没脑的喜欢他们的屋子和家具,他们为之花了那么多钱呢。西尔维发觉阿但尔不会擦抹家具,永远保存得簇新,便每天早上帮佣人收拾。这番打扫工作不久成为西尔维的正经事儿。因此家具非但不用折旧,反而更有声价!目的是要动用而不能用旧,不能弄脏,木料不能擦伤,漆水不能脱落。老姑娘不久为这件事着了迷。她柜子里藏着零碎的呢绒,油蜡,凡立水,各种刷子,用起来和做紫檀木器的专家一样内行;她有专用的鸡毛掸子,专用的抹布;尽管擦洗打磨,绝不碰伤皮肤,她身子才结实呢!目光像钢铁般又冷又硬的蓝眼睛,连家具底下也随时望得进去。所以要发现她真正的感情所在,比发现牧羊女脚下的羊还容易。

西尔维在蒂番纳家有话在先,就不能为着三百法郎退缩。第一个星期,西尔维从早忙到晚,比哀兰德也有连续不断的消遣:外面的衣衫要定做,要试样子;衬衣衬裙要裁剪,叫女工到家里来缝。比哀兰德不会做针线。

洛格龙道:"嘿!真是好教养!——小宝贝,难道你一样活儿都不会吗？"

比哀兰德只晓得有感情，听着表兄的话做了一个小姑娘家撒娇的手势。

洛格龙又问："你在布勒塔尼一天到晚干些什么呢？"

"就是玩嘛，"比哀兰德天真的回答。"大家都跟我玩儿，爷爷和奶奶都有故事讲给我听。噢！他们真喜欢我呢！"

洛格龙道："啊！原来你充阔佬。"

比哀兰德瞪着眼睛，不懂那句圣·但尼街上的取笑话。

西尔维对鲍兰小姐说："她一窍不通，简直是块木头。"鲍兰小姐是普罗凡手艺最好的女裁缝。

"她还小得很呢！"女工望着比哀兰德回答。比哀兰德把小小的清秀的脸儿朝着她，神气怪俏皮。

比哀兰德喜欢女工们远过于表兄表姊；她对她们撒娇，看她们做活，说一些只有儿童会说的有趣的话，她见了洛格龙和西尔维已经吓得不敢说了；因为他们喜欢叫手下人战战兢兢，好像恐惧是对人有益的。女工们也挺喜欢比哀兰德。可是衣服完工之前，老姑娘少不得大呼小叫的吆喝几次。

"这小姑娘要叫我们大大的破财了！"西尔维对兄弟说。裁缝有些地方想替比哀兰德重量尺寸，西尔维在旁叫着："喂，孩子，安静一下好不好？见鬼！这是为你，不是为我啊。"看见比哀兰德向女工问长问短，就说："别打搅鲍兰小姐，工钱不是你付的！"

鲍兰小姐问："小姐，这里要不要做钩针？"

"要的，越结实越好。这许多衣衫，我才不打算天天做一套呢。"

装扮表妹和翻造房屋一样。比哀兰德应当和迦色朗太太的女儿穿的一样讲究。蒂番纳太太的小姑娘穿着古铜色的时式小皮靴，比哀兰德也就有了古铜色的时式小皮靴。至于上等细纱袜子，做工最好的胸褡，蓝细呢的连衫裙，白塔夫绸里子的漂亮披风，都是为的和于里阿老太太的孙女比赛。西尔维最怕一般做母亲的眼光厉害，看得仔细，所以衬里衣衫不能不跟外面的相配。比哀兰德的玛达波朗布衬衫做得非常好看。鲍兰小姐说县长太太的几位小姐穿着细竹布裤子，又有绲边，又镶花边，总之是最新的款式。比哀兰德便有了裤脚管钉花边的裤子。西尔维又替她定做一件白缎子衬里的蓝丝绒小外套，跟马德南家女孩子穿的差不多。这么一打扮，比哀兰德立刻成为普罗凡城中最俊俏的小姑娘。星期日望过弥撒，走到教堂门口，所有的女太太们都过来拥抱孩子。蒂番纳，迦色朗，迦拉同，奥弗莱，勒苏，马德南，甘班，于里阿，那些人家的太太对可爱的布勒塔尼姑娘喜欢得如醉若狂。这一下的轰动使西尔维大为得意，原来她待比哀兰德好，心目中并无比哀兰德，只想为自己争面子。可是临了西尔维仍旧为着表妹出风头而生气，原因是这样的：人家请比哀兰德去玩，西尔维为了要压倒那些太太，答应了。比哀兰德被她们接去，和她们的女孩子一起玩儿，一起吃饭。比哀兰德到处大受欢迎，正好和两个洛格龙相反。西尔维只看见人家来把孩子接去，不见她们的孩子到她家来，心里为之不平。比哀兰德在蒂番纳，马德南，迦拉同，于里阿，勒苏，奥弗莱和迦色朗那些太太家非常开心，又是一片天真，回家不会隐瞒她的快乐，只觉得别人的好心好意和表兄表姊处处找麻烦的作风大不相同。做母亲的看见孩子快活，自己也会跟着高兴；无奈两个洛格龙收留比哀兰德是为自己,不是为孩子;他们非但毫无慈爱,还存着自私自利的念头,带着将本求利的生意眼。

漂亮的内衣,星期日的服装和家常衣衫,开始给比哀兰德带来灾难。想到什么做什么,随便玩儿惯的孩子,把鞋子,靴子,连衫裙,尤其是绲边的裤子,一眨眼就穿破了。母亲埋怨孩子只替孩子着想,说的话是温和的,除非孩子做错了事,气愤不过,才会粗声大气;但在衣着这个大问题上,表兄表姊最着急的是他们的金钱;他们想到的是自己,不是孩子。儿童对于管教他们的人的错处,感觉像猫一般灵敏,他们非常清楚人家是爱他们还是勉强容忍他们。纯洁的心灵觉得细微的区别比显著的对比更加难受。孩子还不懂善恶,可是天生的分得出美丑,这个美感受到破坏的时候,他是知道的。比哀兰德受到的教训,不管是教她女孩子家的举动也好,要她学得端庄稳重也好,要她懂得节省也好,骨子里都从一个大题目出发,就是:**比哀兰德是个花钱的无底洞**。这些责备对比哀兰德是致命伤,同时把两个单身人引回到做买卖时期的老路上去;他们为了在普罗凡安家,一时离开了老路,但本性早晚要露出头来,一发不可收拾的。

洛格龙和姊姊两人惯于当家做主,批评指摘,对伙计不是发命令,就是狠狠的埋怨;没有人好折磨的时候简直难过日子。狭窄的头脑需要对人强凶霸道来刺激自己的神经,正如伟大的心灵必须受到平等待遇,感情才能活动。气量小的人虐待人也罢,行好事也罢,都能发挥本性;他们可以用残酷的方式或者施舍的方式控制别人,肯定自己的威势;究竟往哪方面走主要取决于他们的性情。懂得了以上的心理,再加上利害关系,多数人事纠纷的谜就能解答。从此表兄表姊的生活绝对少不了比哀兰德。她初来的时节,两个洛格龙为着做衣服忙个不停;而且多一个同居的人也觉得新鲜,可以使他们分心。一切新事,不论是新发生的感情还是新到手的权力,都会养成一套特殊的习惯。西尔维开头叫比哀兰德**我的孩子**,后来不叫**我的孩子**,直呼为**比哀兰德**了。埋怨的话先是半软半硬,后来变得尖刻难听了。姊弟俩一走上这条路就进步飞快,居然不再觉得无聊了!这并非阴险残酷的人设下的计谋,而是一种荒谬的专制,等于本能一样。姊弟俩自以为是比哀兰德的恩人,正如从前自以为是学徒们的恩人。比哀兰德的真实,高尚,过于灵敏的感觉,和两个洛格龙的麻木不仁正好处于极端,她最恨受埋怨,美丽明净的眼中会痛苦得当场冒出眼泪来。在外边多么讨人喜欢的天真活泼,她花着很大的劲硬压下去,只敢在小朋友们的母亲面前流露;可是到第一个月快完的时候,她在家里开始变得拘谨呆板,洛格龙问她是否病了。听到这句古怪的问话,她拔起脚来奔往园子,站在河边痛哭,簌落落的眼泪直往水里掉;可怜她将来整个儿都要掉入社会的惊涛险浪中去呢。有一天天气很好,孩子上蒂番纳太太家玩儿,尽管很小心,还是把那条漂亮的蓝呢连衫裙撕破了一块;想到回家非挨一顿臭骂不可,马上哭起来。一经盘问,她不免落着眼泪漏出一句两句,说到表姊的严厉。美丽的蒂番纳太太正好有同样的料子,亲自给她换了一幅。事情被西尔维知道了,说是那恶魔般的小姑娘有意跟她捣乱。从那时起,她就不再让那些太太们接比哀兰德去玩了。

比哀兰德在普罗凡过的新生活清清楚楚分做三个阶段。第一阶段大约有三个月,比哀兰德还算过着好日子:两个单身人对她有时亲热,有时呵斥;所谓亲热其实是冷冰冰的,而那些埋怨在比哀兰德听来倒是火辣辣的好不难受。等到西尔维推说孩子年纪大了，一切有教养的姑娘应该会做的事都该学起来了，不准再去看小朋友们的时候，比哀兰德在普罗凡的第一阶段便宣告结束，但是只有这个时期的生活比哀兰德觉得还能忍受。

06

穷表妹投靠阔亲戚的故事

洛格龙家来了比哀兰德以后的种种变动,维奈和古罗都研究过了;他们像狐狸打算闯进鸡棚一样谨慎,而且看到鸡棚里多了一个新角色不大放心。两人难得上门,免得西尔维惊慌;他们借各式各样名目和洛格龙闲扯,一步一步踏进他家里去,态度的稳重,手法的巧妙,便是了不起的太丢狲[1]也要甘拜下风。美丽的蒂番纳太太来接比哀兰德,被西尔维用尖酸的话回绝的那天晚上,律师和上校来拜访洛格龙姊弟,听到这件事彼此瞧了一眼,显出他们俩对普罗凡城里的内幕情形知道得清清楚楚。

律师道:"蒂番纳太太老实不客气要你出丑。这种事情,我们早告诉洛格龙了。同那些人来往绝没有好处。"

上校捻着胡子打断了律师的话,说道:"卖国的帮口干得出什么好事来?倘若我们劝你们同那些人断绝,你们或许疑心我们有什么私仇。可是小姐,你要喜欢打小牌玩玩,干吗不在你自己府上夜晚来一局波斯顿呢?难道像于里阿家那几个笨蛋就没人代替

---

[1] 莫里哀在喜剧《伪君子》中描写一个卑鄙狡猾的小人,名字就叫太丢狲,赚得富翁奥贡的信任,想骗取他的女儿,勾引他的女人,鹊巢鸠占,夺他的家私。

得了么？维奈跟我都会玩波斯顿，再找一个搭子也不难。维奈可以把他的太太介绍给你，她脾气挺好，还是夏日伯甫出身。你也不会像上城那般臭婆娘，要一个管家的好媳妇儿穿扮得像公爵夫人。维奈太太的娘家伤天害理，逼得她在家里样样亲自动手，她像绵羊一般和顺，勇气像狮子一样。"

西尔维·洛格龙露出又长又黄的牙齿向上校笑了笑，上校不但受得了那副怕人的嘴脸，还装出奉承她的样子。

西尔维道："只有四个人，咱们的波斯顿不一定能每天成局。"

"像我这样的老兵，只管拿着养老金坐吃，会有什么事呢？律师到夜晚总是空闲的。"上校又用着含蓄的神气补上一句，"并且你自会有客人上门，我敢担保。"

维奈道："你只消明目张胆反对普罗凡的政府派，跟他们顶下去，就能在地方上大得人心，有许多人捧你。你也好来一个沙龙同蒂番纳家打对台，气气他们。人家笑我们，我们照样回敬。何况那帮口的人根本对你不留余地！"

"怎么呢？"西尔维问。

内地自有一些传声筒会把这个圈子里的闲话送到另外一个圈子去。所有排斥两个针线商的人家批评洛格龙姊弟的议论，维奈全部知道。助理推事兼考古学家台丰特里不属于任何党派；他和别的几个超然派的人，按着内地的习惯把听到的话告诉别人，被维奈利用上了。那天晚上，阴险的律师搬出蒂番纳太太取笑的话，还加油添酱，说得更刻毒。他揭穿洛格龙和西尔维闹的笑柄，激恼他们，挑起他们的仇恨；两个冷血动物也正需要一些养料来培养他们在小事情上的意气。

过了几天，维奈把太太带来了。她文雅，胆怯，既不难看也不好看，性情十分温和，对自己的不幸感受很深。淡黄头发，穿着很朴素，管着一个寒酸的家，显得有些劳累。这样的女人，西尔维再中意没有了。维奈太太看着西尔维的架子不以为意，她屈服惯了，向西尔维低头也无所谓。从她凸出的脑门上，粉红的腮帮上，温柔而慢悠悠的眼神中，可以看出她很会沉思默想，像受惯委屈的妇女一般把事情看得很透，嘴里可绝对不说出来。上校明明是个老粗，偏要殷勤卖俏，讨好西尔维。他和刁猾的维奈在洛格龙家的影响，不久就对比哀兰德发生作用。那只美丽的松鼠关在家里，只有陪着老表姊才能出门，时时刻刻听见"这个动不得！——那个动不得！"的吆喝，还有一刻不停的管教她举动姿势。比哀兰德伛着胸脯，弓着背；表姊要她像自己一样站得笔直，好比小兵向长官行礼；有时还拍拍她背脊要她挺起来。在沼泽区长大的自由快活的孩子只得压制自己的动作，学做机器人。

有天晚上，正是比哀兰德的第二时期才开始的时节，三位常客整晚没看见比哀兰德在客厅里露面；直到睡觉之前她才出来招呼大家，跟表兄表姊拥抱。西尔维向可爱的孩子冷冷的伸出腮帮，仿佛不耐烦她亲吻；那表情太难堪了，比哀兰德不由得冒出眼泪来。

刻毒的维奈说道："小比哀兰德，你可是刺痛了？"

西尔维厉声问道："什么事？"

"没有什么。"可怜的孩子说着去亲她的表兄。

西尔维道："没有什么？一个人不会无事端端哭起来的。"

维奈太太道："好孩子，你怎么啦？"

"有钱的表姊没有穷奶奶待我好。"

西尔维道:"你奶奶夺了你的财产,你表姊将来会给你家私。"

上校和律师彼此偷偷瞧了一眼。

比哀兰德道:"只要疼我,拿我的钱我也情愿的。"

"那么送你回去好了。"

维奈太太道:"这惹人疼的孩子干了什么事啊?"

维奈向老婆恶狠狠冷冰冰的瞪了一眼,可见他素来霸道,绝对不许人违拗。可怜的奴隶赶紧拿起牌来。当初人家只看中她的家私,她既然没有陪嫁,只好永远受气。

"干了什么事?"西尔维猛的抬起头来,把帽子上插的黄花震得直跳。"她就是千方百计的捣乱:她打开我的表看机器,碰了轮盘,弄断了发条。小姐把我的话只当耳边风。我一天到晚叫她东西别乱动,只是白搭,我的话好像是和这盏灯说的。"

比哀兰德当着外人受到埋怨,老大不好意思,轻轻的出去了。

洛格龙道:"这孩子真会淘气,不知道怎样才能制服她。"

维奈太太道:"在她这个年纪,可以进私塾了。"

维奈又瞪了老婆一眼,不许她多嘴;他和上校俩算计两个单身人的计划当然不会让老婆知道。

上校道:"收留别人的孩子就有这些麻烦!不过你或者你弟弟,你们自己还可以有孩子呢;干吗你们俩一个都不结婚呢?"

西尔维满面春风的望着上校:这是她生平第一次碰到一个人觉得她还有希望出嫁。

洛格龙道:"维奈太太说得不错。读了书,比哀兰德好安静一些。请个老师也费不了多少!"

西尔维一心想着上校的话,没有回答兄弟。

维奈对洛格龙道:"我们说过想办一份反对党的报纸,只消你肯垫付保证金,就好请发行人来教你的小表妹。那个可怜的小学教师受着教士排挤,我们想找他来办报——内人说得不错,比哀兰德是一块需要琢磨的璞玉。"

屋内静默了一会,牌桌上的人个个在想心思;然后西尔维在发牌的时候问上校:

"听说你封过男爵是不是?"

"是啊,不过在一八一四年南奥战役以后封的,我一团人那一回创造了奇迹;当时我没有钱,没有后台,凭什么去向铨叙局登记呢?一八一五年我还升了将军;这个军阶和爵位一样,都要经过一次革命才能到手的了。"

洛格龙想过一阵,回答维奈说:"要是你有不动产做抵押品,我可以垫保证金。"

维奈道:"这一点戈囊会想法安排。有了报纸,上校就好得势;你们的沙龙也能压倒蒂番纳家的沙龙和他们的喽啰了。"

西尔维道:"怎么呢?"

维奈趁老婆发牌的当口,把在普罗凡区办一份独立的报纸,如何能使洛格龙,上校和他维奈三人出头的道理解释了一遍。那时比哀兰德在房里哭做一团;她的感情和理智都觉得表姊的错处比她多。沼泽区的孩子凭着本能就懂得,做好事的恩主必然是专制的。她痛恨她的漂亮衣衫,痛恨一切特意为她做起来的东西。受人施舍的代价太高了。她因为做错事情,给人把柄,懊恼得痛哭流涕;可怜小小的孩子竟立下愿心,要自己的行为叫表兄表姊没法开口。她这才发觉布里谷送她积蓄多么了不起。她自以为不幸到极点,没料到客厅里还在设计划策,预备给她受新的苦难。

果然，不多几天，比哀兰德有了一个老师教她认字，写字，做算术。比哀兰德受教育的时期，在洛格龙家闯了祸。桌子，家具，衣衫，都弄上墨水；习字簿和笔尖到处乱丢；桌布坐垫沾着白粉[1]；做功课的时候撕破书本，磨坏书角。表兄表姊已经用非常刺耳的字眼告诉她应当自食其力，不依靠别人。比哀兰德听着难堪的警告，喉咙里一阵阵的抽搐，心扑通扑通的乱跳，可是不敢哭出来；因为一掉眼泪，人家就要追问理由，认为她侮辱了两位宽宏大量的亲戚。

洛格龙却是得其所哉，日子好过了：他像从前埋怨伙计一样埋怨比哀兰德，在她玩得高兴头上去找她，逼着做功课，陪她温书，在可怜的孩子面前竟是个铁面无情的监课先生。西尔维也认为责任所在，应当把自己会做的一点儿女红教给比哀兰德。姊弟俩的脾气绝对谈不上和顺。两个胸襟狭小的人还觉得为难可怜的孩子真有一种乐趣，不知不觉从客气过渡到极端严厉。他们说这是孩子不肯用功，自己讨来的；其实是开蒙太晚，脑子不容易接受。私人教育和公共教育不同的地方原是在于因材施教，无奈比哀兰德的几个老师不懂这一套。因此表兄表姊的过失远过于比哀兰德。她花很多时间学一些初步的东西。有一点儿小差池，就是荒唐啊，糊涂啊，愚蠢啊，饭桶啊，一连串的臭骂。她听不见一句好话，只看见冰冷的目光；无论什么行为都遭到批评，指责，歪曲，吓得她一动都不敢动，变得像羊一般痴呆混沌。事无大小，她只顺着表姊性子，等表姊命令，自己的念头她都闷在肚里，一味依头顺脑，听人摆布。红润的血色慢慢褪下去了，有时

---

[1] 当时没有吸水纸，写过字就在纸上洒粉。

她也叫几声苦。表姊问她:"哪儿不舒服?"可怜的孩子觉得浑身难受,便回答说:

"到处不舒服。"

西尔维道:"哪有到处不舒服的?要是到处有病,你早已死了!"

专会挑眼儿的洛格龙道:"一个人或是心口痛,或是牙齿痛,或是头痛,或是脚痛,或是肚子痛,从来没有到处痛的。什么叫到处?到处不舒服就是没有一处不舒服。你这是什么意思,知道不知道?你的话等于什么都没有说。"

比哀兰德说的女孩子家的天真话,正是知识初开的花朵,人家却用俗套滥调回答她;比哀兰德凭着天生的感觉知道可笑,以后干脆不开口了。

洛格龙还对她说:"你嘴里叫苦,胃口好得像修道士!"

只有胖老妈子阿但尔绝对不伤害这朵娇嫩的鲜花。阿但尔还给她暖被窝,可是瞒着主人,因为有天晚上,她正给东家的承继人安排这点儿小小的享受,被西尔维撞见了,受了一顿埋怨。西尔维说:

"对孩子应当严一些,才能养成他们刚强的性格。我和我兄弟,难道我们的身体就不如别人吗?像你这样只会弄得比哀兰德呜哩呜啦。"两个洛格龙造出这个古怪字儿形容多病好哭的人。

比哀兰德像天使一般可爱,但她一切娇憨的表情都被认为挤眉弄眼。感情的花多么鲜嫩,妩媚,在年轻的心灵中只想向外开放,却受着无情的摧残。比哀兰德心坎里最娇嫩的部分遭到最残暴的打击。要是用撒娇的态度去缓和两个铁石心肠的人,他们就说她别有用心。

洛格龙厉声喝道:"要什么,赶快说出来。你不会无事端端来讨好我的。"

姊弟俩不讲感情,偏偏比哀兰德浑身都是感情。古罗上校只图讨好洛格龙小姐,有关比哀兰德的事总说西尔维有理。维奈听见两个洛格龙责怪孩子,也顺着他们说话;他们加在天使般的比哀兰德身上的一切坏事,维奈都归之于布勒塔尼人的固执脾气,说任凭你花多大力量,下多大决心,也是扭不过来的。两个马屁鬼奉承洛格龙姊弟的手段巧妙无比;洛格龙终究拿出《普罗凡邮报》的保证金,西尔维认了五千法郎股份。上校和律师四处活动,在买进公产的选举人中间——他们最怕进步党的报纸——在富农和所谓中立派人士中间,一共招募到一百股,每股五百法郎。他们无孔不入,活动的范围遍及全州,有几个在别州边境上的乡村也被他们打进去了。凡是股东当然是报纸的定户。《蜂房报》的法律广告和别的广告被《邮报》分去一半。创刊号上发表一篇文章大捧洛格龙,形容得像普罗凡的拉斐德[1]。公众的舆论一有人指挥,就可看出下届选举必有一番剧烈的竞争。美丽的蒂番纳太太为之懊恼不已。她看了一篇攻击她和于里阿的文字,说道:

"怪我糊涂,忘了傻瓜旁边必有骗子,愚夫愚妇永远会吸引像狐狸一般狡猾的人。"

报纸在周围八九十里之内风行以后,维奈便有了一件新做的大褂;一双靴子,一件背心和一条裤子也像样了。头上戴着进步党人那种灰色帽子,堂而皇之露出内衣来了。老婆雇了一个女佣人,衣着打扮显出是要人的太太,也买起漂亮的帽子来。维奈打好算盘,

---

[1] 银行家拉斐德(1767—1844)在王政复辟时代是反对党的领袖之一。

面上做得有情有义，和朋友戈囊两个，就是跟奥弗莱抢生意而替进步党办事的公证人，替洛格龙当顾问，在两桩事情上大大帮了他的忙。洛格龙老子在一八一五年形势最恶劣的时代订的租约，快要满期。种花果蔬菜的事业近年来在普罗凡四周非常发达。律师和公证人代两个洛格龙改订新约，增加了一千四百法郎收入。为着五百株白杨和两个乡公所发生争执，维奈替洛格龙把官司都打赢了。当初买进白杨的款子是洛格龙姊弟的积蓄；他们三年来每年有六千法郎用重利放在外面，这时很巧妙的调动了一下，买进好几块地。农民押给洛格龙老子的田产被维奈拿来抵债；他们拼着性命耕种，改良土质，想积起钱来料清债务，但是始终没办法。两个洛格龙为装修房子而动用的老本，大部分捞回了。他们的田产全在普罗凡四周；老子既是小客店老板，当然很精明，挑的都是好地，每块面积很小，最大的也不到五个阿尔邦[1]；租户殷实，租金有不动产担保，他们差不多全有一些自己的田地。到一八二六年十一月的圣·马丁节[2]，洛格龙家的产业一年有五千法郎收入；赋税归佃户负担，地上没有建筑物，不需要修理，也不用保火险。姊弟俩每人还有年息四千六百法郎的五厘公债，当时行市超过票面；律师劝他们抛出公债，买进田产，保证他们靠着公证人帮忙，调动之后在收益方面一个小钱都不会吃亏。

比哀兰德在这第二时期的最后一段，生活苦不堪言；几位熟客的冷淡，两个表亲的毫无感情，咕哝埋怨的混账脾气，磨人磨得太厉害了；好像从坟墓中来的那股潮湿的冷气，感觉得太清楚了，比哀兰德竟想大着胆子，不名一文的走到布勒塔尼，回到祖

---

[1] 法国古亩，每阿尔邦约合五百平方公尺。
[2] 十一月十一日。

父祖母身边去。可是有两件事情把她拦住了。先是洛兰老头死了。在普罗凡举行的家族会议派洛格龙做表妹的监护人。倘若死的是祖母,洛格龙听着维奈的主意,准会追讨比哀兰德的八千法郎,叫老祖父过不了日子。

维奈对洛格龙狞笑着说:"你将来还能承继比哀兰德呢。谁知道哪个寿长,哪个寿短!"

洛格龙被这句话点醒了,逼洛兰老头的寡妇以生前赠送的名义把八千法郎的虚有权过在比哀兰德名下,担保她欠孙女的债,应缴的税款由洛格龙负担。直到这个手续办妥了,洛格龙方始让洛兰寡妇太平。

祖父的死给比哀兰德刺激很大。她受到这个惨痛的打击的时候,表兄表姊正在安排她的初领圣体,这是使她不能不留在普罗凡的第二件事。初领圣体原是必须经过而且是极简单的仪式,在洛格龙家却引起重大的变化。因为于里阿,勒苏,迦色朗等等的女孩子都由本堂神甫班罗先生指导教理,西尔维认为面子攸关,比哀兰德的导师非请班罗神甫手下的副堂长阿倍先生不可。阿倍据说是坚信会会员,对教会的事业非常卖力,表面上戒律极严,暗中抱着极大的野心,普罗凡的人都见他害怕。教士有个妹子,年纪三十左右,在城里办一个女子私塾。兄妹俩十分相像,都又瘦又黄,黑头发,性情抑郁。

迦特力教的仪式和诗意,布勒塔尼姑娘是从小耳濡目染,熏陶惯的[1]。那庄严的教士说的话直钻进她耳朵,打到心里去。痛苦往往产生信仰,而少女们由于天性温柔,几乎都会倾向神秘主

---

[1] 旧教在布勒塔尼势力极大,教徒特别热心。

义，那原是宗教的最深刻的方面。副堂长播下的教理和《福音书》的种子，落在一块肥沃的土地上。他把比哀兰德的素质完全改变了。少女领圣体等于在精神上和耶稣结合；比哀兰德就用这种心情去爱耶稣；肉体上和精神上的痛苦从此有了一个意义；人家教她在所有的事情中看出上帝的意志。她在洛格龙家心灵受着残酷的伤害，又不能把罪名加在两个亲戚身上，便和一切受难的人一样逃入另外一个天地，靠信仰，希望，慈悲三大德性支持。逃回家乡的念头打消了。西尔维看见比哀兰德经过阿倍先生指导，完全变了一个人，不由得感到诧异，动了好奇心。从那时起，阿倍先生一边指导比哀兰德作初领圣体的准备，同时把西尔维小姐迷失的灵魂带回到上帝身边。西尔维热心宗教了。那耶稣会会员可抓不住但尼·洛格龙；当时立宪思想对某些傻瓜的影响比教会的力量大得多，洛格龙仍旧忠于古罗，忠于维奈，忠于进步党。

不消说，洛格龙小姐结识了阿倍小姐，对她很有好感。两个老姑娘相亲相爱像姊妹一样。阿倍小姐提议让比哀兰德进她的私塾，省得西尔维为教育孩子费许多心，找许多麻烦；姊弟俩回答说没有了比哀兰德，家里太寂寞了。两个洛格龙舍不得小表妹的情感好像还有些过分呢。阿倍小姐一出场，古罗上校和维奈律师认为野心勃勃的副堂长为着妹子像上校一样打着攀亲的主意。

律师和退休的针线商说："你姊姊想叫你娶亲了。"

洛格龙道："娶谁呢？"

上校捻着灰白胡子嚷道："还不是那个当小学教员的老妖婆！"

"姊姊没跟我提过。"洛格龙好不天真的回答。

像西尔维那样专走极端的老处女,一相信宗教就进步很快。教士对这份人家的影响眼见要一天天大起来,旁边还有牵着兄弟鼻子走的西尔维支持。两个进步党人的惊慌不是没有根据,他们觉得阿倍小姐配洛格龙比上校娶西尔维合适多了,如果教士真有这心思,定会引诱西尔维守斋念经,对宗教入迷,还会送比哀兰德进修道院。古罗和维奈十八个月的努力,逢迎吹拍,干的许多无耻勾当,将来可能一无所得。他们对教士兄妹暗中咬牙切齿,可是为了寸步不离的盯着,不能不同阿倍先生阿倍小姐和睦相处。那两个会打波斯顿,会打韦斯脱,没有一晚不到。这一方面劲头十足,那一方面当然不甘落后。律师和上校觉得碰上了对手,而阿倍先生和阿倍小姐也有同感。这样的局面已经是一场斗争了。西尔维受到追求,终于认为古罗这个男人不辱没她的身份:这是上校做的工夫。同样,阿倍小姐也在用言语,眼神,亲热地态度包围洛格龙。双方都不肯拿出大政治家的作风,大大方方说一声:"好,咱们来平分秋色吧!"各人都要俘虏自己的目的物。并且,普罗凡反政府派的势力愈来愈大,两只狡猾的狐狸自以为比教会更强,先动手开火了。

维奈为着自己的利益搜肠刮肚的盘算,动了知恩感德的念头,赶去把特·夏日伯甫母女接来。那两个妇女凭着两千法郎左右进款,在脱洛阿勉强过活。巴蒂尔特·特·夏日伯甫小姐是个姿容绝世的美人儿,一向认为婚姻一定要有感情,到二十五岁还没嫁人,才改变主张。特·夏日伯甫太太受着维奈怂恿,答应把自己的两千法郎和维奈办报以后一年三千法郎收入合在一起,搬到普罗凡去同住。维奈说巴蒂尔特可以在普罗凡嫁给一个姓洛格龙的瘟生,凭着她的聪明才气不难和美丽的蒂番纳太太见个高下。特·夏日伯甫母女一住进维奈的屋子,一接受维奈的主张,进步党立即声势浩大。这个联盟使普罗凡的贵族和蒂番纳帮口着了慌。特·勃莱奥代太太看见两个贵族妇女走错了路,气坏了,请她们上她家去住。她为了保王党做事荒唐唉声叹气;听到母女俩在脱洛阿的处境,愤愤的怪怨那边的保王党。

她说:"怎么!这样一个可爱的小姐竟没有一个乡下老贵族请教?她着实有资格进爵府去当主妇呢。大家让她关在家里虚度青春,现在自个儿送到洛格龙门上去!"

特·勃莱奥代太太把整个州府搜索遍了;娘家只有两千法郎进款,有力量娶这样一位小姐的贵族一个都找不到。蒂番纳一派和县长也着手寻访这样一个人物,可是太晚了。特·勃莱奥代太太痛斥那个弥漫全国的自私自利的风气,说祸根在于唯物主义,在于法律替金钱撑腰,弄得高贵的世家无人过问!美貌无人过问!连洛格龙和维奈这批家伙也胆敢出来同法国国王作对!

特·夏日伯甫小姐和阿倍小姐相比,不但容貌方面绝对占着优势,衣着打扮也占上风。先是皮肤白得耀眼。在二十五岁上发育完满的肩膀和美丽的身材,特别丰满可爱。脖子浑圆,各个部分都接合得天衣无缝;金黄的头发又浓又漂亮;笑容妩媚动人;头的形状很好看,额角很有样子,秀丽的眼睛地位长得合适;身体的线条和姿势,高雅大方的动作,柔软的腰身:浑身上下一切都非常调和。一双漂亮的手,一双小巧玲珑的脚。也许因为身体健康,有些小客店美女的气息,照美丽的蒂番纳太太说来,"在洛格龙眼中,那绝不是一个缺点"。

特·夏日伯甫小姐第一次出现,服装相当朴素。棕色的呢袍子钉着绿的绣花边,露颈袒胸;肩上披一条轻纱,里面用带子扣着,把肩膀，背脊，胸部一齐遮住，但前面仍旧半开半阖。在这层薄薄的纱网之下，巴蒂尔特更加娇艳迷人。她走进屋子，脱下丝绒帽和披肩，露出一对好看的耳朵，戴着金坠子的耳环。脖子里挂一个丝绒做的十字架，好比安哥拉种的白羊，经过自然界奇妙的安排，尾巴上长着一个黑圈。凡是待嫁闺女的花招，她没有一样不会：明明头发卷儿一丝不乱，偏要忙个不停，拿手指去整理，还特意教洛格龙替她扣袖口的带子，露出手腕给他看；可怜洛格龙目眩神迷，竟态度硬邦邦的拒绝了扣袖带的差使；他只能假装冷淡来遮盖心中的激动。针线商大概一辈子就是这一回动了爱情，心虚胆怯的表现很像是讨厌人家。西尔维和赛莱斯德·阿倍都弄错了他的意思，可是瞒不过律师。在这些蠢货中间，律师本来高出一等，上校早已成为同党，现在他的敌人只有那个教士了。

从那时起，上校对待西尔维的一套手法，同巴蒂尔特对待洛格龙毫无分别。他每天晚上换一件洁白的衬衫；外边是大氅的丝绒领，白衬衫的高领口撑着他的脸，正好托出他威武的相貌。他穿上十字暗花的白背心，做了一件新的蓝呢大氅，钮子洞上扣着荣誉团的红星，鲜艳夺目：这些打扮据说是为了尊重巴蒂尔特，不能不顾到外表。下午两点以后，他不再抽烟。花白的头发平铺在土黄色的脑壳上，梳成波浪式。他的外貌和姿态都摆出一副政党首领的架子，表示他预备把法国的敌人，就是说波旁王室，狠狠的收拾一下。

进步党人和特·勃莱奥代府上的一帮，认为特·夏日伯甫小姐比美丽的蒂番纳太太漂亮十倍。送这样一个美人儿到洛格龙家去，当然是跟阿倍先生和阿倍小姐捣乱；但阴险的律师和奸刁的上校还有更毒辣的一手对付他们兄妹。小城市里的两大政客慢慢散布空气,说他们的主张阿倍先生全部赞成。不久普罗凡人提到阿倍,口气当他是进步派的教士。阿倍马上被主教找去谈话,只得停止赴洛格龙家的晚会;但他的妹子照旧上门。从今以后,洛格龙家的沙龙正式成立,在地方上成为一股势力。

因此,那年五六月间洛格龙小圈子里的政治活动,紧张的程度不亚于婚姻的角逐。隐藏在心中的利害关系固然不惜性命相搏,公开的斗争更是攸关大局,轰动一时。大家知道,维兰尔内阁是被一八二六年改选[1]的国会推翻的。公证人戈囊代维奈用赊账的方式买进一所产业,在普罗凡选区弄到一个进步党候选人的资格,差点儿压倒蒂番纳。院长仅仅多得了两票。出入洛格龙家的客人除了维奈太太,特·夏日伯甫太太,特·夏日伯甫小姐,维奈,古罗之外,有时还有戈囊和他的老婆,后来又加入奈罗医生;奈罗青年时期着实荒唐过来,如今收了心,据说很用功,进步党人认为他医道比马德南高明得多。两个洛格龙过去既不明白为什么受人排斥,此刻也弄不懂为什么大得人心。

美丽的巴蒂尔特受着维奈挑拨,把比哀兰德当作敌人,对她骄横傲慢,态度恶劣。大家的利害关系一定要叫可怜的牺牲品无辜受辱。各人肚里存的私心都极其坚决,不可动摇:这些情形维奈太太终于摸清楚了,但是无能为力,只能眼看孩子夹在中间让争权夺利的鬼把戏把她磨成齑粉。要不是丈夫逼着,维奈太太真不愿意上洛格龙家看美丽的小东西受人虐待,使她痛心。比哀兰德也体会到维奈太太暗中照顾的心意,常常挨在她身旁,请她教某几种挑花的针子或者某种绣作。比哀兰德在这些地方的表现,

---

[1] 那次国会改选是一八二七年十一月,不是一八二六年。

说明只要人家对她和顺一些，她原来很聪明，做活很灵巧的。可是那圈子里已经用不着维奈太太，她以后不来了。西尔维还存心嫁人，觉得比哀兰德是个障碍：孩子将近十四岁，雪白的皮肤非常可爱；其实白得有些病态，而且还有别的症候，无知的老姑娘看了都不放在心上。西尔维想出一个好主意，打算叫比哀兰德做丫头，补偿她的消费。维奈为着夏日伯甫家的利益着想，还有阿倍小姐，古罗上校，一切说话有作用的熟客，都劝西尔维歇掉胖子阿但尔。难道比哀兰德不会烧饭，不会做家务活吗？活儿太多的时候，可以找上校的老妈子帮忙，她不但聪明能干，还是普罗凡有名的厨娘。照阴险的律师说来，比哀兰德应该学会做菜，揩抹，打扫，把屋子收拾干净，上菜场去知道各种东西的市价。

可怜的小姑娘不但气量大，而且忠心耿耿，竟自动开口了；在这份人家吃一口饭多么不容易，能够不白吃他们倒也心中高兴。阿但尔辞退了。唯一可能照顾比哀兰德的人走了。从此以后，比哀兰德虽则气力不足，精神和肉体照样受着压迫。两个单身人对她比对佣人还不客气，比哀兰德是属于他们的！为一点儿极小的小事，壁炉架的云石面子上或者玻璃罩上有一些灰土，就得挨骂。那些奢华的东西，比哀兰德从前赞叹不已，现在只觉得可恨。她一心想把事情做好，严厉的表姊老是认为做的不对，要重新再来。两年工夫，比哀兰德不曾受过一回称赞，不曾听到一句亲热的话。只要不受埋怨就算幸福了。她以天使般的耐性忍受两个单身人的坏脾气；他们完全不知道什么叫作温柔和顺，天天使比哀兰德感到受着管辖。小姑娘在两个针线商中间所过的生活，好比被老虎箝夹着，越发加重了她的病。她觉得身体内部骚动得非常厉害，忧郁的情绪发作起来非常突兀，结果是发育受到无可挽回的损害。比哀兰德暗中经过许多难以忍受的痛苦,慢慢的身体起着变化,最后就像童年的朋友在小广场上为她唱布勒塔尼情歌的时候所看见的样子。

布里谷的来到促发了洛格龙家的悲剧。但是我们先得说明那布勒塔尼青年住在普罗凡的根由,情节才能连贯;在这场戏里,布里谷好比一个不开口的角色。

那天早上布里谷溜走的时候,不但被比哀兰德的手势吓了一跳,还因为小朋友神色大变而吃了一惊:他险些儿认不出来,幸亏比哀兰德的声音,眼睛,手势都使他想起小时候那么活泼,那么快活而又那么温柔的同伴。布里谷跑了一段路,和屋子离得远了,两腿索落落的直打哆嗦,背上火辣辣的发烧。他看到的不是比哀兰德,而是比哀兰德的影子。他满腹狐疑,担着心事,一直爬到上城,拣一个望得见广场和比哀兰德住家的地方歇下。他望着屋子好不难过,胸中涌起无数的念头,神思恍惚,好像掉进了无边的苦海。比哀兰德一定受着委屈,心里不快活,想念布勒塔尼!她怎么啦?布里谷翻来覆去想着这些问题,心都碎了;他这才发觉自己对这个异姓姊妹的感情如何深厚。男女儿童的爱情本来极少能持久的。这个奇怪的精神现象所引起的问题,便是保尔与维奚尼那个动人的故事,以及比哀兰德和布里谷的故事,都解答不了。

近代史上只有一桩有名的佳话算是例外。了不起的贝卡尔侯爵夫人和她的丈夫,十四岁就由双方的父母定下亲事,他们相恋相爱,结了婚,在十六世纪成为一个姻缘美满,幸福无比的榜样。侯爵夫人三十四岁做了寡妇,美丽,风雅,人人爱戴,还有帝王追求;可是她进了修道院与世诀别,终身和出家的女子做伴。

布勒塔尼出身的穷工人突然之间动了这种倾心相与的爱情。

当初他和比哀兰德曾经互相照顾，他送比哀兰德旅费又何等高兴，跟在班车后面没命的奔跑，差点儿累死，比哀兰德根本不曾知道！布里谷在三年艰苦的生活中，全靠这一点回忆使他凄凉的日子得到一些温暖。他为着比哀兰德求长进，为着比哀兰德学手艺，到巴黎去打算为比哀兰德挣一份家业。在巴黎住到半个月，忍不住想看看比哀兰德，从星期六夜晚走到星期一早上；他本来预备回去的，但一见小朋友那副动人的面貌，决意在普罗凡住下了。正当比哀兰德的眼睛被泪水蒙住的时候，布里谷也冒出眼泪来：他不知不觉受了奇妙的磁性感应[1]的影响；这门科学虽则有那么多证据，至今受着排斥。在比哀兰德眼中，布里谷固然代表布勒塔尼，代表她最幸福的童年；在布里谷看来，比哀兰德竟和性命一般宝贵！布里谷十六岁，还不会打图样，不会画飞檐的侧影，许多技术不曾学会。但他做的活儿每天能挣到四五个法郎，尽可在普罗凡谋生；那就和比哀兰德靠近了；一方面拜一个当地最好的木匠做师傅，学完手艺，一方面可以保护比哀兰德。

布里谷一刹那间就打定主意。他赶回巴黎，算清账目，拿了手册[2]，行李，工具。三天以后，他投在普罗凡手艺最好的木匠，弗拉比哀手下做伙计。勤谨安分，不喜欢喝酒和喧闹的工人并不多，像布里谷那样的青年当然为师傅们欢迎。我们为了把布勒塔尼人的故事在此告一段落，只消知道他过了半个月在弗拉比哀店里升为大师兄，吃住归老板，跟师傅学计算和素描。木匠师傅住在大街上，

---

[1] 十八至十九世纪时欧洲盛行一种唯心派的学说，叫作磁性感应，大致认为人的精神有交感作用，催眠术也以此种作用为根据。巴尔扎克最相信此种理论，常在小说中提到，在《于絮尔·弥罗埃》中尤有详细叙述。
[2] 当时工人用的一种证明身份的文件。

离开长方形的小广场只有百来步路，洛格龙家就在广场的尽头。布里谷瞒着自己的爱情，绝对不露口风，只向弗拉比哀太太打听洛格龙家的历史。弗拉比哀太太告诉他，开小客店的老头儿当初用了怎样的手段夺得老奥弗莱的遗产。做过针线生意的洛格龙姊弟是怎样的性情脾气，也被布里谷问清楚了。他早晨在菜市上撞见比哀兰德陪着表姊，手里提着满满的一篮食物，叫他看着直打寒噤。星期日布里谷上教堂去，比哀兰德那时穿得非常漂亮。布里谷算在第一回发现比哀兰德像个洛兰小姐。比哀兰德也瞧见她的朋友，做了一个奇怪的暗号要他小心躲藏。这个记号和半个月以前叫他快快溜走的手势一样，不知包含着多少意思。

布里谷在十年之内不知需要挣起一份多大的家私才能娶他的童年女友！将来两个洛格龙传给她的遗产既有屋子，又有一百阿尔邦田地，一万二千进款，还有百年的积蓄。忠诚的布里谷没有把手艺学到家以前，不愿意随便出去碰机会。只要是限于理论方面，在普罗凡学和在巴黎学反正没有分别，他宁可住在比哀兰德近旁。他要比哀兰德知道他的计划，知道有他在此照应，凡事都可依靠他。并且比哀兰德连眼睛都变得苍白无神了，布里谷不揭破这个谜绝不肯离开；因为人身上最后还能保持生气的就是眼睛。比哀兰德好像已经在死神的镰刀之下，弓着背，快要倒下去了；布里谷要弄明白她的痛苦从何而来。比哀兰德两次给他那种动人的暗号，不是否认彼此的友谊，而是要朋友格外小心，使布里谷看着心惊胆战。那是明明要他等待，切勿急于找她，否则对她有极大的危险。她走出教堂对布里谷瞅了一眼，布里谷发现比哀兰德含着一包眼泪。洛格龙家从布里谷来到以后所发生的事情，要布里谷猜出来还不如学会圆积法的计算来得容易些。

07

家庭中的专制

那天早上，比哀兰德惊醒过来见到布里谷，好像是梦中之梦；事后她离开卧房下楼，不由得提心吊胆，慌张得厉害。洛格龙小姐既然会起床，打开窗子，一定是听见了那支歌和歌中的字句，在老姑娘耳朵里那是很犯忌的。什么事情使表姊这样警惕的呢？比哀兰德完全不知道。西尔维可是有极充分的理由非起来赶往窗口不可。

大约八天以来，洛格龙圈子里几个主要人物，为了一些暗中发生的怪事和烦恼不堪的心情，弄得十分紧张。那些无人得知，彼此瞒得紧紧的事故，临了都压在比哀兰德身上，像一阵冰冷的大风雪。也许那一大堆隐秘的东西可以说是心中的垃圾，一切政治上，社会上，以致家庭中的大变化，探本穷源都是那些垃圾在作怪。但用文字叙述，内容虽然正确，形式并不真切。一个人的勾心斗角，用的字眼不像记载勾心斗角的历史那么露骨。有心计的人开出口来总是拐弯抹角，字斟句酌，说上一大堆，故意把意思弄得模糊不清；或者是甜言蜜语，冲淡某些恶毒的用意：这些情形倘想全部记录，势必要写成一部卷帙浩繁的大书，近于《克拉立莎·哈罗》[1]那个美妙的诗篇。

阿倍小姐和西尔维小姐嫁人的心同样急切；但赛莱斯德·阿倍比西尔维小十岁，她认为大势所趋，将来生的孩子可能承继两个洛格龙的全部家私。西尔维四十二岁，已经到了结婚有危险的年龄。两个老姑娘彼此诉说心事，希望对方赞成；赛莱斯德·阿倍有存心报复的教士在背后指使，趁此机会对西尔维说出她可能遭遇的危险。上校是个粗人，当过兵，身体结实，胖胖的个子，年纪不过四十五，他的生活方式准会做到像童话所说的那种美满姻缘：两人白头到老，儿女满堂。西尔维听到这种福气直打哆嗦；她最怕死，所有的单身人全为着自己的寿命发愁。可是推翻维兰尔内阁的国会又得了一次胜利，国王任命玛蒂涅[2]出来组阁了。维奈一派在普罗凡扬眉吐气。维奈如今成了勃里地区最走红的律师，照一般人的说法，他经手的官司打一场赢一场。维奈变了要人。进步党人预言他不久就要上台，将来准是国会议员，检察署署长。至于上校，当普罗凡的市长决无问题。啊！像迦色朗太太那样做当地的领袖，成为市长太太：这个希望西尔维怎么肯放弃呢？她打算请教医生，虽然可能被人耻笑。两个老姑娘都自以为能制服对方，牵着对方的鼻子走，居然想出了一个计策，那也是听教士指挥的妇女很容易想出来的。讨教和马德南竞争的医生，进步党人奈罗，当然不妥。赛莱斯德·阿倍提议让西尔维躲在盥洗室内，由她阿倍小姐出面为这个问题和私塾的特约医生马德南先生谈一谈。不管马德南是否和赛莱斯德串通，总之他回答说，便是三十岁的姑娘结婚也已经有危险了，

---

[1] 十八世纪英国小说家理查逊写的有名的长篇小说。——此处所谓诗篇乃是对一切特别动人的文学作品的通称。

[2] 当时的进步党。

只是危险性不大而已。

医生说到结末，又道："不过像你这种体质绝对不用担心。"

"换了一个四十以上的女人怎么样呢？"赛莱斯德·阿倍小姐问。

"四十岁的女人，结过婚，生过孩子，当然用不着害怕。"

"倘若是一个安分的，非常安分的姑娘，比如说像洛格龙小姐那样，又怎么呢？"

马德南先生道："既然安分，事情就毫无疑问了：那种人靠天照应，平安分娩的事未始没有，不过难得碰到。"

"为什么？"

医生的回答全是病理方面的叙述，叫人听着发慌；他说明为什么年轻人的肌肉和骨头富于伸缩性，到某个年龄会丧失，尤其是由于职业关系长年坐在屋里的妇女，例如洛格龙小姐。

"那么一个规矩本分的姑娘，四十岁出头就不能结婚了吗？"

医生回答说："除非多等几年。不过那谈不上结婚，只是金钱的结合了；不是金钱的结合又是什么呢？"

总之，和医生谈话的结果，一个安分的小姐过了四十岁就不大应该结婚，这是清清楚楚的，事情很严重的，不但合情合理，还有科学根据。马德南先生走后，阿倍小姐发现洛格龙小姐脸上青一块黄一块，瞳孔睁得很大，模样儿好不怕人。

"那么你是非常喜欢上校了？"阿倍小姐问。

"我还存着希望。"老姑娘回答。

阿倍小姐明知道时间久了对上校不利，便假仁假义的说道："那你就等一等再说吧！"

可是这样的婚姻是否与伦理没有冲突还成问题。西尔维上忏悔室去检查自己的良心。严厉的忏悔师说出教会的看法,婚姻只能以传种接代为目的,教会反对第二次结婚,也指责与社会无益的爱情。西尔维听着彷徨无主,烦恼达于极点。内心的斗争使她的痴情越发加强,更加有一股莫名其妙的诱惑力;从夏娃起,一切禁忌的东西对女人都有这股力量。洛格龙小姐的苦闷逃不过律师那双尖锐的眼睛。

一天晚上,牌局散了,维奈走到他亲爱的朋友西尔维身边,拉着她的手坐在一张长沙发上,凑着耳朵问:

"你可是心中有事?"

西尔维闷闷不乐的点点头。律师让洛格龙先去睡觉,单独陪着老姑娘套出她心里的话。老姑娘把私下找人商量的经过统统说了,最后那一次的谈话尤其可怕。律师听着心上想:"哼!神甫,你来这一手!倒是便宜了我!"

司法界的老狐狸给西尔维出的主意比医生的更可怕;他主张西尔维嫁人,但为安全起见,只能在十年以后。律师暗暗发誓,两个洛格龙的家私将来非全部落在巴蒂尔特手里不可。特·夏日伯甫母女由佣人提着灯笼陪送,已经走在半路上;维奈搓着手,嘴边堆着狡猾的笑容,连奔带跑的追上去。阿倍先生是管灵魂的医生,维奈是管金钱的医生,维奈把阿倍的影响完全抵销。洛格龙对宗教毫不热心。所以吃教会饭的和吃法律饭的,两种穿黑袍的人物各胜一局,打成平手。西尔维既怕死,又舍不得做男爵夫人的乐趣,弄得不知如何是好;律师一知道阿倍小姐自以为能嫁给洛格龙,把西尔维打败了,觉得大可顺水推舟,把上校逐出战场。他很识得洛格龙的脾气,自有办法叫他娶美丽的巴蒂尔特。

洛格龙早就受不住夏日伯甫小姐的进攻。维奈知道，但等没有旁人，只有洛格龙，巴蒂尔特和他三个人在场的时候，他们的亲事就好定局。洛格龙生怕情不自禁，对巴蒂尔特连望都不敢望，眼睛老盯着阿倍小姐。至于西尔维爱上校爱到什么程度，维奈刚才亲眼看见了。在一个热心宗教的老处女身上，那种痴情的作用有多大，维奈完全了解；不久他想出一举两得的办法；叫比哀兰德和上校同时倒霉，希望两人互相拖累，同归于尽。

下一天早上，维奈在法院出庭完毕，碰到上校和洛格龙正在按着每天的习惯一同散步。

每逢这三人碰在一起，城里必有许多闲话。这三巨头好比古罗马时代的护民官；县长，司法当局，蒂番纳党，都对他们深恶痛绝；普罗凡的进步党人却觉得有了他们，自己才有威风。维奈大权独揽，报纸归他一人编辑，不用说是党内的头脑；上校当着出面的经理，等于一条胳膊；洛格龙是出钱的老板，可以说是原动力，据说他是巴黎总部与普罗凡支部之间的桥梁。在蒂番纳一帮人嘴里，那三人老是在设计划策，跟政府作对；但进步党人认为他们保护民众的利益，表示钦佩。洛格龙吃饭的时间到了，正往广场方面走去；维奈上前拉着古罗的胳膊，不让他送针线商回家。

他说："喂，上校，你挑的一副担子，让我帮你卸下来吧。你要结婚，还可挑一个胜过西尔维的女人。应付得好，再过两年尽可娶比哀兰德·洛兰那个小姑娘。"

他把教士的阴谋对西尔维的作用讲了一遍。

上校道："这倒是一记杀手锏，而且是从老远来的！"

维奈一本正经的说道："上校，比哀兰德是个妙人儿，你好快活一世呢；你身体这么强壮，绝不会像一般的老夫少妻那样感到苦闷。可是变苦水为甘露并不容易。要叫你的情人退居为配角是极其冒险的行动,拿你的本行做比喻,就像在敌人的炮火之下渡河。凭你当过骑兵团团长的那份儿聪明,你准会拿出与众不同的手段研究局势,采取行动;至此为止,我们一向比人家棋高一着,才有今日的地位。将来我当检察署署长,你来管辖一个州。唉!可惜当时你没有选举权,否则我们跑得还要快,我可以叫那两个公务员不用怕砸破饭碗,把两票收买过来,变成多数。那我就进了国会,和丢班,卡西米·贝里埃等等分庭抗礼了。"

上校久已打着比哀兰德的主意,可是藏在肚里,瞒得紧腾腾的;他对比哀兰德态度粗暴只是故意装腔。单独碰到孩子的时候,他会像做爸爸的一样摸摸她的下巴;孩子心里奇怪,为什么自称为她父亲的老伙伴平日待她那么凶。自从维奈告诉了古罗,西尔维小姐怕结婚怕得好不厉害,古罗便想法找机会和比哀兰德单独见面。那时蛮横的上校变得像猫一般和善:他说她的父亲多么勇敢,他死了,比哀兰德真是太不幸了!

布里谷未来以前几天,西尔维撞见古罗和比哀兰德在一起。她立刻妒火中烧,猛烈的程度不亚于修道士的妒忌。在所有的情欲里头,嫉妒是最多疑最轻信的一种,最容易受奇奇怪怪的幻想支配;但是绝不会使头脑灵清,只能叫人糊涂。妒忌心引起西尔维许多想入非非的念头。她以为那个唱新婚的太太的人是上校。西尔维觉得自己猜的不错,准是上校私下和比哀兰德相会,因为一星期来古罗的态度似乎变了。在她孤单寂寞的生活中,对她表示关切的只有这个男人;因此她目不转睛,用足脑子观察上校;可是一会儿希望无穷,一会儿完全绝望,精神太集中了,到后来竟把事情看得天大,仿佛面对着海市蜃楼,越看越迷糊。俗语说的好：瞪着眼儿尽瞧，结果什么都没瞧见。她虚构出一个情敌来，但一下子又不承认有此想法，一下子又把这个想法完全推翻。她拿自己同比哀兰德作比较：她四十岁，头发已经花白；比哀兰德却是个雪白娇嫩的小姑娘，眼睛的温柔便是铁石心肠见了也会软化。她听人说过，五十左右的男人最喜欢比哀兰德一类的女孩子。上校不曾检束行为，和洛格龙家来往之前，有人在蒂番纳府上提到古罗和他的私生活，尽有些稀奇古怪的事儿，西尔维也是听见的。老处女往往像二十岁的女孩子，过分相信柏拉图式的恋爱；缺乏生活经验的人都不免死抱着理论，不曾体会到有些不可抵抗的社会力量把那些美妙高尚的观念修改，摧残，甚至于一笔勾销。以西尔维来说，一想到上校不忠实就痛彻心肺。

有闲的单身人睡醒以后，总得在床上躺个半天再起来；西尔维在那段时间里盘算自己的事，也想着比哀兰德和刚才有新婚二字把她惊醒过来的那支情歌。不幸她是个笨姑娘，不从百叶窗里张望唱歌的人，偏偏打开窗子，给比哀兰德听见。只要她有暗中刺探的起码头脑，就会看到布里谷，而那幕才开场的悲剧也不至于发生了。

比哀兰德虽然身体虚弱，照样卸下厨房护窗的大木闩，打开护窗，用钩子钩好，又跑去打开过道里通花园的门。她拿着各式不同的扫帚扫地毯，饭厅，过道，楼梯，到处收拾干净；没有一个女佣人，哪怕是荷兰老妈子吧，干起活来及得上她的细致和用心：因为她最怕受埋怨。等到表姊用她那无所不见的业主眼光，不知怎么比最精细的观察家还更尖锐的眼光，到处看过一遍，暗淡冷酷的小蓝眼睛里露出不是满意的表情，那是永远不会有的，而只是心绪平静，比哀兰德就觉得快活了。比哀兰德打扫完毕，已经出了一身薄汗；接着她安排厨房，生起炉子，等会好替表兄表姊房里生火，送热水给他们洗脸，她自己是没有热水用的。她生好饭间里的火炉，摆上吃早饭的杯盘。为了这些杂务，有时要下地窖去拿木柴，或是从阴凉的地方跑到热的地方，或是从热的地方跑到阴凉潮湿的地方。她逗着年轻人的干劲受那些忽冷忽热的变化，多半是为了不要听到难堪的话，或者是听从表姊们的差遣；但像她那种身体，这么一来情况更加恶化，弄得无可挽回。比哀兰德不知道自己有病，只觉得身上不好过；她有些稀奇古怪的口味，不敢说出来，喜欢生的青菜，瞒着人乱吃。天真的孩子哪知道她的情形是一种严重的病，需要小心调养才行。在布里谷未到之前，对她外婆的死不无内疚的奈罗医生要是告诉小姑娘，说她的病有性命之忧，她听了只会高兴：她活着太苦了，对于死欢迎还来不及呢。可是从刚才起她忽然喜欢普罗凡了！因为她除了肉体的痛苦还害着布勒塔尼人的思乡病；这种心病是大家知道的，部队里的长官对布勒塔尼出身的士兵也照顾到这一点。看到那朵黄花，听到那支歌，见到童年的朋友，比哀兰德顿时有了生气，好比久旱之后的植物逢着甘霖又长了青枝绿叶。她想活下去了，还自以为没有病痛呢！

她怯生生的溜进表姊房间，生好壁炉，放下热水壶，和表姊说了几句话，又去叫醒她的监护人，下楼拿伙食店送来的牛奶，面包和各种食物。她在门口站了一会，希望布里谷会想到再来；但布里谷已经上路往巴黎去了。她把饭厅布置停当，正在厨房里做活，听见表姊在楼梯上走下来了。

西尔维·洛格龙小姐穿着棕色塔夫绸晨衣，戴一顶系着结子的纱帽，假头发没有戴好，晨衣外面套一件短袢，脚下穿一双拖拖拉拉的软底鞋。她先在各处巡视一遍，再去找表妹，表妹正等着她吩咐早饭菜。

"啊！多情的小姐，你在这里！"西尔维的声音一半像说笑一半像挖苦。"

"表姊，你说什么？"

"你假惺惺的走进我房里，假惺惺的走出去；你明知道我有话跟你讲。"

"我……"

"今儿早上有人为你唱情歌，看不出你倒是个不折不扣的公主。"

比哀兰德叫道："唱情歌？"

"唱情歌？"西尔维学着比哀兰德的腔调重复了一遍。"而你还有一个情人呢。"

"表姊，什么叫作情人？"

西尔维避而不答，只说："小姐，你还是干脆否认吧，说今天并没什么男人到咱们窗下来跟你提到婚姻！"

奴隶也有奴隶的诀窍，比哀兰德经常受着折磨，学乖了，大着胆子回答：

"我不懂你的话是什么意思……"

"哎哟！我的小猫咪！"老姑娘口气非常尖刻。

比哀兰德陪着小心叫了声："表姊。"

"你说吧，你也没有从床上起来，没有光着脚走到窗口去，哼，要不弄出一场大病来才怪！好吧！那是你活该。再说你没有和你情人讲话吧？"

"没有，表姊。"

"我知道你缺点很多,没想到你还会扯谎。小姐,你仔细想一想吧!今天早上的事一定要向我,向你表兄,交代清楚;要不然你的监护人不能不采取严厉手段。"

老姑娘又嫉妒又好奇,心里难过死了,来一套这样的威吓。比哀兰德只能像痛苦不堪的人一样一声不出。一切被侵犯的可怜虫只有靠沉默取胜:不管妒忌的人来势多么凶狠,敌人的攻击如何野蛮,遇到对方死不开口,打到后来自己也要累倒的。沉默能给你完全而压倒一切的胜利。世界上还有什么比沉默更无隙可乘呢?沉默不依赖任何东西,岂不等于一种无穷无极的境界?西尔维暗中打量比哀兰德。比哀兰德脸红了,但不是整个儿红,而是腮帮上东一块西一块,红得很不规则,火辣辣的色调很特别。做母亲的看见这种病象,会立刻改变语气,把孩子抱在膝上盘问;而且对于比哀兰德清白无辜的许多证据早就领会到,也老早会发觉她的病,懂得原液[1]和血越出了正路,妨碍了消化,进入肺里去了。一块块的红晕意义很清楚,做妈妈的一见就知道孩子马上有生命危险。可是至亲骨肉的感情从来不曾在老姑娘心中觉醒过,她不知道孩子在童年时期的需要,青春时期的保养,她不曾经历过婚后的家庭生活,没有成百上千的琐碎事儿培养她的宽容与同情。艰苦生活对她的影响不是心肠变软,而是长了肉茧。

"她脸红了,她情虚了!"西尔维心上想。她从最坏的方面解释比哀兰德的沉默。

她道:"比哀兰德,趁你表兄没下楼,咱们去谈谈。来吧,"她口气忽然缓和了一些,"去关上大门,有人来自会打铃,咱们

---

[1] 旧生理学认为人身上有四种原液决定人的性情气质。

听得见的。"

河面上罩着一层潮湿的雾，西尔维竟自带了比哀兰德从细砂道上走去。小路在草坪中间弯弯曲曲通到水边；大块的天然石堆成的堤岸别有风光，长满着菖蒲和水生植物。老表姊换了手法，想用软功来引比哀兰德上钩。斑条狗预备扮作猫咪了。她说：

"比哀兰德，你已经不是小孩儿，快要跨进十五个年头了，有个情人也不算稀奇。"

"可是表姊，什么叫作情人？"比哀兰德说着，抬起温柔无比的眼睛望着表姊。表姊那张尖酸冷酷的脸装着一副售货员神气。

在一个受兄弟监护的孩子面前，西尔维没法把情人的性质又正确又文雅的解释出来。她听了这个问句非但不觉得孩子一片天真，叫人心疼，反而认为她作假。

"所谓情人，比哀兰德，是一个喜欢我们，打算和我们结婚的男人。"

比哀兰德道："啊！要是两人彼此中意，我们在布勒塔尼把那个青年叫作未婚夫。"

"所以，孩子，你得记住：承认你喜欢一个男人并没什么不好。瞒着不说才是罪过。是不是这儿的客人里头有什么男人喜欢你呢？"

"我看没有。"

"你对他们也一个都不爱吗？"

"一个都不爱。"

"真的吗？"

"真的。"

"比哀兰德，把眼睛瞧着我。"

比哀兰德便瞧着表姊。

"今儿早晨不是有个男的在广场上唤你的名字么？"

比哀兰德把眼睛低了下去。

"你不是走到窗口去，开了窗，说了话么？"

"没有，表姊；我想看看天气，发现广场上有个乡下人。"

"比哀兰德，你自从初领圣体以后大有长进，变得听话，热心宗教，知道爱你的亲属，敬上帝；我很高兴，一向不跟你说是免得你骄傲……"

可恶的老姑娘竟然把忍气吞声的屈服看作美德！受难者，殉道者，艺术家，在忌妒与仇恨的淫威之下，痛苦达于极点的时候，最甜蜜的安慰就是在平时受惯指摘与诬蔑的场合忽然听见赞美的话。比哀兰德抬起眼睛，非常感动的望着表姊，表姊给她的那么多痛苦，她差不多打算原谅了。

"……可是倘若你那些表现是假装的，倘若我发觉我胸口养着一条毒蛇，那你就是卑鄙无耻，十恶不赦的坏东西！"

意外的称赞突然变为斑条狗的猖猖狂吠，比哀兰德听着心里一阵抽搐，说不出有多么难过；她说："我觉得自己没有什么可责备的地方。"

"你可知道扯谎是该死的罪恶么？"

"知道，表姊。"

"好极了，现在你对着上帝！"老姑娘用庄严的手势指着园子和天空，"你替我发誓你不认识那个乡下人。"

"我不愿意发誓。"比哀兰德回答。

"啊！原来不是什么乡下人，你这万恶的小婆娘！"

比哀兰德被那个牵涉到良心的问题吓坏了，像受惊的小鹿一般穿过园子往外奔去。表姊大喝一声叫她回来。

"有人打铃。"她回答。

"喝！小东西多阴险！"西尔维心里想，"她刁得很。现在我可断定小狐狸精在勾引上校了。她听见我们说他是男爵。嘿！小混蛋想做男爵夫人！还是送她去当学徒，把她打发掉，越早越好！"

西尔维正想得出神，没发觉兄弟从小路上走来，瞧大丽花经过霜冻损坏得怎么样。

"喂！西尔维，你在这儿想什么？我只道你在看鱼呢！有时候鱼会跳出水面来。"

"不是看鱼。"西尔维回答。

"你睡得怎么样？"

接着他讲他夜里做的梦。

"你不觉得我脸色乌糟吗？"

乌糟又是洛格龙的口头语。

自从洛格龙不是爱上特·夏日伯甫小姐，而是对她动了欲念以后，因为我们不能亵渎爱情这个字眼，他很担心自己的气色和身体。那时比哀兰德走下石阶，远远的报告早饭预备好了。西尔维一见表妹，面上立刻青一块黄一块，动了肝火。她瞧着过道，说地板怎么没有擦。

天使般的孩子回答说："等会我擦就是了。"她不知道这种活儿最能损害女孩子的健康。

饭厅收拾得整整齐齐，无可指摘。西尔维坐下来，一边吃早饭一边不断的要这样要那样，那是她心平气和的时候想都想不到的；每逢比哀兰德要上口吃东西，表姊就来个命令，目的无非要可怜的孩子接二连三的站起来。可是单单难为孩子还不够,西尔维只想借端骂她一顿,一时找不着题目,不由得暗中恼火。倘若早饭菜有白煮鸡子,她准会抱怨鸡子煮得太生或太熟。兄弟问她一些糊涂话,她不大回答,可是眼睛始终望着兄弟。她有心不瞧比哀兰德。比哀兰德对这种做作感觉很清楚。她端出早饭来,表兄表姊各人一只大银杯,牛奶是在银杯里隔水温的,还羼着奶油;咖啡由西尔维亲自煮好,临时由姊弟俩自己倒在牛奶里,浓淡随各人口味。西尔维仔细把她美味的饮料调好,忽然瞧见一星咖啡末子,便拿腔作势从黄黄的漩涡中挑出来,瞧了瞧,又低下头去细看了一下,立刻大发雷霆。

"怎么啦?"洛格龙问。

"小姐在我咖啡里羼了灰。喝羼灰的咖啡,你想受用不受用?……那也难怪,一个人总不能兼顾两桩事情。她心上哪儿有什么咖啡!今天早上哪怕画眉飞进厨房,她也瞧不见,何况是灰!何况是她表姊的咖啡!哼!她才不在乎呢。"

她用这种口气说着话,一边把滤斗里漏出来的咖啡末子同没有溶掉的一些糖屑搁在碟子边上。

比哀兰德道:"表姊,这是咖啡啊。"

"噢!是我扯谎?"西尔维大声叫着,怒气冲冲的眼睛闪着凶光,直瞪着比哀兰德。

没有被热情斫伤过的身体自有非常充沛的生命力可以支配。洛格龙小姐冒起火来眼睛格外明亮,因为她从前开店的时候训练有素,常常拼命睁大眼睛,用威严的眼风吓唬底下人,仿佛恐惧是对伙计们有益身心的良药。

"像你这样只配在厨房里吃饭的人还想来批驳我!"

洛格龙嚷道:"你们俩怎么啦?今天早上动不动发毛。"

"为什么我生小姐的气,小姐肚里有数。我没有把事情告诉你,先让她想一想,打定主意。我客客气气对她,她可不配!"

比哀兰德不敢看表姊那双吓人的眼睛,只能从玻璃窗里望着广场。

"她压根儿不听我的,我就像跟这个糖缸说话!可是她耳朵灵得很,会在楼上同站在底下的人攀谈……她那种坏心肠简直没法形容,你千万别想她会做出什么好事来,听见没有,洛格龙?"

洛格龙问姊姊:"她干了什么要不得的事啊?"

老姑娘气得直嚷:"小小的年纪,谁想得到!倒是开场得早呢。"

比哀兰德起来把碗碟收下去,免得发僵;她坐也不是,立也不是,不知道怎么办。虽则那种话不是初次听见,她始终不习惯。表姊的发怒使她觉得自己犯了滔天大罪。她私下想,要是表姊知道了布里谷暗中闯来,更不知要生多么大的气,说不定会撵走布里谷。凡是奴隶所能有的又快又深刻的思想,一刹那间都在她脑子里闪过;她良心上认为布里谷来看她并没什么不好,便决意咬紧牙关,隐瞒到底。她听了多么难堪的猜测,多么尖刻多么恶毒的话,走进厨房胃里一阵抽搐,大吐了一场。她不敢叫苦,知道绝不会得到照料。她面无人色的回进去说身子不好过,随即上楼预备睡觉,抓着楼梯的扶手一步一步的捱上去,只道马上要死了,心上想:

"可怜的布里谷!"

洛格龙道:"她病了!"

"病了！还不是装腔！"西尔维大声回答，故意要比哀兰德听见，"得了吧！今天早上她还好好的。"

比哀兰德受着这个最后的打击，手瘫脚软，掉着眼泪上床，只求上帝把她从这个世界上召回去。

已经有个把月，洛格龙用不着把《立宪报》送往古罗家；古罗特别客气，自己来拿，顺便和洛格龙谈谈天，逢着天晴还带他出去散步。西尔维知道等会准能看到上校，盘问他一番，便打扮得极有风情。她所谓风情只是穿上一件绿袍，围一条小小的红边黄开司棉围巾，戴一顶白帽子，上面插几根稀稀刺刺的灰色羽毛。上校快来的时候，姊弟俩都坐在客厅里；西尔维不管兄弟只穿着晨衣和软底鞋，硬把他留在楼下。

洛格龙听见上校沉重的脚声，便道："上校，今天天气很好。我还没换衣服，姊姊也许要出门，一直要我留在这里。请你等一等。"

洛格龙丢下上校和西尔维，走开了。

古罗对西尔维道："你要上哪儿去啊？哎唷！您打扮得像天神一样。"他已经注意到老姑娘那张肉疱累累大阔脸神气一本正经。

"我本想出去；小姑娘病了，只能留下。"

"她什么病啊？"

"不知道，她只说要去睡觉。"

古罗自从和维奈联盟，看到联盟的结果以后，始终小心谨慎，几乎处处防着一著。事情很清楚，甜头都是维奈得的。报纸由维奈主编，由他当家，收入都归编辑部；上校虽是出面的发行人，只沾到一些小便宜。维奈和戈囊帮了两个洛格龙很大的忙，退伍的上校却没法报效。将来当国会议员的是谁？维奈。做国会选举人的是谁？维奈。人家请教的是谁？维奈！其次，美丽的巴蒂尔特·特·夏日伯甫小姐把洛格龙的痴情煽动到什么程度，大到什么范围，上校至少同维奈一样明白。上了年纪的男人动起情来多半昏天黑地，洛格龙就是这样。他一听见巴蒂尔特的声音就直打寒噤。他被情欲吞没了，可是紧紧瞒着，觉得高攀不上，不敢存此希望。上校试探过针线商，故意说他打算向巴蒂尔特求婚；洛格龙看见撞出这样一个可怕的情敌来，顿时脸色发白，对上校冷淡了，甚至于暗中怀恨。由此可见，维奈无论在哪方面都能支配两个洛格龙；而上校只仗着并不可靠的感情做联系，以他自己而论，这感情本是虚假的，至于西尔维，至今还不曾有所表示。维奈告诉他教士耍的花招，劝他放弃西尔维，掉过头去追比哀兰德，固然迎合古罗心意；但古罗把这个劝告真正的用意分析之下，再细细观察了周围的环境，认为他的盟友巴望他和西尔维闹翻，由维奈来利用老姑娘的恐惧使两个洛格龙的家私一齐落在夏日伯甫小姐手里。因此，洛格龙让古罗一个人陪着西尔维的时候，精明的古罗立即从西尔维的某些表情上看出她心神不定，也觉得她今天有心盛装以待，不要第三者在场。上校已经非常疑心维奈在阴损他，更以为这次谈话是恶讼师在背后挑出来的；他便加倍提防，仿佛在敌人阵地上刺探军情一般打起精神，眼观六路，耳听八方，手里紧紧捏着武器。他生平有个缺点，对女人的话一句都不信；所以老姑娘一提到比哀兰德，说她中午躺在床上，上校便认定是西尔维吃醋，特地把孩子关在房里。

"小姑娘越长越好看了。"上校神气很随便的说。

"大起来才漂亮呢。"西尔维回答。

上校又道："你该送她上巴黎去学生意了。她准会发财。如今帽子店里就喜欢要挺漂亮的女孩子。"

"你真的这样劝我吗?"西尔维声音有些紧张。

上校私忖道:"对啦!我猜着了。维奈劝我将来娶比哀兰德,目的是要老妖婆恨我。"——他高声说:"要不然你把她怎办呢?你不看见吗,像巴蒂尔特·特·夏日伯甫这样一个绝色的美人儿,世家贵族的小姐,有的是阔亲戚,结果还是个老姑娘,没有人肯娶她。比哀兰德一无所有,一辈子都嫁不出去。就拿我来说吧,年轻漂亮对我有什么作用?帝国禁卫军才成立,我就是骑兵连连长,欧洲哪一个京城没到过?什么美人儿没见识过?年轻,漂亮,有什么稀罕!相信那一套才傻呢!……还是别跟我提的好。活到四十八岁,"上校把自己的年龄加了几岁,"吃过莫斯科的败仗,在国内又打得好苦,我腰酸背疼,已经是个不中用的老头儿了。要一个像你这样的女人才会服侍我,疼顾我;把你的家私和我可怜的三千养老金合起来,我尽可受用到老:比起娶一个装腔作势的女孩子来不知胜过多少倍!那才是自讨苦吃,将来我到六十岁,浑身闹着关节炎,她还只有三十岁,一心想着爱情!我活了这把年纪,总会打算了吧?而且我对你保证,我要结婚的话,绝不想生儿育女。"

西尔维听着这一大篇议论,对上校始终眉开眼朗,而她接下去说的一句话愈加使上校相信维奈对他不老实。

她说:"那么你不喜欢比哀兰德吗?"

上校叫道:"啊!亲爱的西尔维,你不是疯了吗?难道一个人牙齿掉完了还想咬核桃不成?谢谢老天,我头脑清楚得很,我有自知之明。"

西尔维暂时不愿牵连进去,自以为很调皮,拉出她兄弟来。

"我弟弟倒有意思让你和比哀兰德结婚。"

"你弟弟不会有这样荒唐的念头。不多几天，我有心试探他秘密，对他说我爱巴蒂尔特，他面孔就白得像套领。"

西尔维道："他爱巴蒂尔特？"

"爱得发疯呢！当然啰，巴蒂尔特只是看中他的钱。（上校心里想：哼，维奈！让我回敬你一下。）那么你弟弟怎么会谈到比哀兰德呢？不会的，西尔维；（他抓着西尔维的手，意味深长的握着。）不过既然你说到这个题目……（他把身子移过去挨近西尔维。）那么……（他亲了亲西尔维的手，做过骑兵团团长的人当然有这点儿勇气。）请你相信我，除了你，我绝不要别的女人做老婆。虽则这头亲事好像只讲门第财产，我可是对你真有感情。"

"不过我倒有心要你娶比哀兰德。倘若我把我的家私给她……嗯，上校，怎么样呢？"

"我可不愿意家庭不和，十年之后来一个于里阿那样的小白脸，跟着我老婆打转，写情诗登在报上。对这种事情我是男子汉大丈夫！年龄不相称的女人，我绝不会娶的。"

"好吧，上校，咱们以后正式再谈。"西尔维对上校飞了一个母夜叉似的眼风，自以为多情到极点。她咧着冰冷发紫的嘴唇，露出一排黄牙齿，算是微笑。

"我收拾好了。"洛格龙一边说一边带上校出门，上校挺殷勤的向老姑娘告辞。

古罗决意加紧进行他和西尔维的亲事，以便到洛格龙家去当家做主，利用他新婚期间对西尔维的影响，把巴蒂尔特和赛莱斯德·阿倍一齐打发掉。他散步的时候告诉洛格龙，上回的话只是开玩笑：他对巴蒂尔特毫无意思，他两手空空，怎么能娶一个没有陪嫁的女人呢？接下去说出他的计划，表示他久已看中西尔维，赏识她的许多好处，要是能做洛格龙的姊夫，他就觉得很荣幸了。

洛格龙叫道："噢！上校！噢！男爵！倘若只等我一个人同意，那么满了法定期限[1]，你就好办事了！"洛格龙少了这个劲敌，心中很高兴。

西尔维整个上午在自己住的一套房间里转来转去，看有没有地方安顿一个家。她决意给兄弟添造一个三层楼面，把二楼好好装修一下，作为她和丈夫的房间。可是她脱不了一切老姑娘的怪脾气，打算先在各方面试试上校的心，看看他的品行，再作决定。她心里还在怀疑，要确实知道比哀兰德和上校毫无来往才行。

吃饭的时候，比哀兰德下楼来摆刀叉。西尔维不得不自己做菜，弄脏了衣服，骂了声："该死的比哀兰德！"倘若比哀兰德料理饭菜，西尔维的绸衣衫当然不会沾到这个油迹。

"啊，你来啦，呜哩呜啦的美人儿？你真像铁匠养的狗，整天在炉子底下睡觉，一听见锅子响就醒了！嘿，还要人相信你不舒服吗？你这个骗人精！"

这话骨子里等于说："今天早晨广场上的事，你不肯老实对我说，所以你每句话都是骗人。"从此西尔维拿这个意思当作锤子一般时时刻刻打在比哀兰德的头上和心上。

吃过饭，西尔维要比哀兰德去换衣服，晚上在客人前露面；

---

[1] 法国民法规定，男女结婚之前必须向当地的乡（或村或镇或市）公所报告，由公所张贴"征询异议"的通告，满十天后方可举行婚礼：即所谓法定期限。——此外尚须向教会报告，在教堂门外张贴征询公告，为期七天。

比哀兰德听着大出意外。老姑娘起了疑心转起念头来，便是想象力最活跃的人也望尘莫及。在当时的情形之下，连政客，讼师，公证人，债主和守财奴都比不上西尔维。她把周围的形势打量了一番，预备同维奈商量。她要比哀兰德留在身边，从孩子的态度上看古罗说的是不是真话。特·夏日伯甫母女两人先到。巴蒂尔特听着堂姊夫的话，打扮得越发娇艳：穿一件挺好看的蓝灯芯绒衫，照常披着浅色围巾；戴一副红宝石坠子的耳环，一连串的头发卷儿完全是英国式，脖子里挂一个十字架，格外显得妖冶；底下是灰色丝袜，轻巧的黑缎鞋；手上戴着瑞典货的皮手套；加上一副王后般的神气，还有那风情十足的姿态，大可以叫所有洛格龙一流的男人上钩。那母亲庄重沉着，像女儿一样带点儿贵族的傲慢；这股气息使母女俩还能保持体统，同时流露出她们的阶级意识。巴蒂尔特生来聪明绝顶，可是只有维奈，和她母女同住了两个月以后，能够看出她的才气。那位姑娘虚度了青春，辜负了美貌，气愤不平；又因为瞧不起当时的男人只崇拜金钱，脑子特别清醒：维奈没料到她心思那么深，不由得叫道：

"巴蒂尔特，我当初要娶了你，现在快做到司法部长了。我的姓可以改为维奈·特·夏日伯甫，在国会里坐在政府党一边。"

巴蒂尔特想嫁人的目的和一般人不同，既不是要儿女，也不是要丈夫，而是要取得自由，要一个出面的发行人，要能称为太太，像男人一样的自由行动。对她说来，洛格龙是块招牌；她打算捧脓包上台，叫他去当一个只管投票的议员，由她在背后牵线。族里的人冷淡她这个穷姑娘，这口气非出不可。维奈除了佩服她，赞成她之外，还进一步扩大并且加强她的计划。他把妇女的影响和活动的天地解释给她听，说道：

"亲爱的小姨子，蒂番纳算是最没出息的人了，你以为他自个儿爬得上巴黎初级法庭的位置吗？他当选议员，能够到巴黎去，都是靠老婆的力量。蒂番纳太太的娘罗甘太太是个厉害角色，把那出名的银行家杜·蒂埃捏在掌心里，为所欲为。杜·蒂埃是纽沁根的同党，两人和格莱弟兄通同一气。三家银号帮着政府的忙，也替最热心拥护政府的人出力；大小衙门同那批财阀打得火热，而且他们在巴黎交游广阔。蒂番纳将来不愁做不到州府的高等法院院长。我劝你嫁给洛格龙，等我在塞纳-玛纳州另外弄上一个选区之后，捧洛格龙出来做普罗凡的议员。那时你们好弄个税局局长来做，洛格龙只消签签字就行。要是反对派得势，我们就做反对派；倘若波旁家不下台，咱们就慢慢的转到中间去！再说，洛格龙不会长命百岁，你还能嫁一个有爵位的男人。总而言之，你得造成一个优越的地位，夏日伯甫的人自会来趋奉咱们。你以前像我一样吃足了苦，人是什么东西想必看穿了吧：一定要尽量利用他们，当作驿站上的牲口。不管男的女的，反正要他把我们送到一个站头才罢。"

维奈把巴蒂尔特训练成一个小型的凯瑟琳·德·梅第奇[1]。他让老婆留在家中，老婆守着两个孩子倒也高兴。他自己经常陪着夏日伯甫母女上洛格龙家，气概不凡，俨然是香巴涅地区的群众领袖。漂亮的金丝眼镜，丝背心，白领带，黑裤子，上等皮靴，巴黎做的大氅，金表，金链条。从前维奈苍白瘦弱，沉着脸，老是一副生气面孔；如今完全是政客风度了：走路的功架表示他前

---

[1] 十六世纪法国亨利二世的王后，出名的阴谋家。

程远大,信心十足,因为是熟悉司法内幕的法院中人,特别流露出一种有恃无恐的神气。狡猾的小脑袋,头发梳得整整齐齐,胡子剃得精光,眉开眼笑,虽是冷冰冰的,也好像很和气,不过是罗伯斯比哀式的和气。当然他可以做一个出色的检察长,不但口才一等,而且随机应变,有本领制人死命;或者在国会里做一个演说家,和朋雅明·公斯当一样口角俏皮。当年满腹的牢骚和仇恨,一变而为笑面虎似的软和。毒物变成药品了。

"亲爱的,你好?"特·夏日伯甫太太招呼西尔维。

巴蒂尔特一径走向壁炉架,脱下帽子照镜子,一只美丽的小脚搁在挡灰的铁栅上存心叫洛格龙欣赏。

"先生,你怎么啦?"她瞧着洛格龙说,"你不理我吗?人家特意为你穿起丝绒衣衫来……"

她走过去预备把帽子放在一张靠椅上,迎面碰到比哀兰德,让她接了帽子,仿佛那布勒塔尼姑娘天生是个小丫头。男人和老虎都以残忍出名;可是老虎也罢,毒蛇也罢,外交家也罢,吃法律饭的也罢,刽子手也罢,帝王也罢,即使最残酷的时候也比不上小姐们相互之间那种杀人不见血的恶毒,笑里藏刀的假殷勤,冷酷无情的轻蔑;而所有这些恶意无非是为了婚姻,为了争席位的上下,为了许许多多吃醋的事,自以为在出身,财产,风度方面比别人高出一等。

巴蒂尔特对比哀兰德说的"谢谢你,小姐",意义深长,不亚于一首十二章的长诗。

她叫作巴蒂尔特,对方叫作比哀兰德。她是夏日伯甫出身,不像洛兰的姓默默无闻!比哀兰德身子矮小,病病歪歪,巴蒂尔特身材高大,生气勃勃!比哀兰德靠人家做好事养在家里,巴蒂尔特和她母亲过着独立生活!比哀兰德只穿一件上半截绣花的哗叽衫,不像巴蒂尔特的蓝灯芯绒袍子穿在身上一波三折!巴蒂尔特肩膀丰满,在一州内没人比得上,胳膊长得像王后的一般;比哀兰德的肩胛和手臂都瘦得可怜!比哀兰德是睡在灰堆里的丫头[1],巴蒂尔特是天上的仙女!巴蒂尔特快结婚了,比哀兰德到死也嫁不出去!巴蒂尔特受人疼爱,比哀兰德没有一个人喜欢!巴蒂尔特头发梳得多么好看,趣味多么高雅;比哀兰德把头发塞在小帽子底下,一点不知道时行的款式!结论是:巴蒂尔特十全十美,比哀兰德一文不值。这首难堪的诗,心高气傲的比哀兰德完全懂得。

特·夏日伯甫太太老气横秋招呼比哀兰德:"你好,孩子。"老太太鼻尖瘪下去了,声音很特别。

她们这样欺负孩子,维奈还火上加油,瞧着比哀兰德叫道:"噢!噢!噢!"三个噢是三个不同的音调,"比哀兰德,你今晚多美啊!"可怜的孩子道:"美?这个字儿应该对你姨妹说才对,我哪里当得起!"

律师道:"噢!我姨妹向来漂亮。——不是吗,洛格龙?"他转身向着主人,拉着他的手拍了一下。

"是的。"洛格龙回答。

"干吗要他说口是心非的话呢?他从来没赏识过我,"巴蒂尔特说着,直站在洛格龙面前,"你说是不是?干吗不瞧我啊?"

洛格龙把她从头到脚欣赏了一遍,迷迷糊糊的阖上眼睛,好

---

[1] 童话《灰姑娘》中的女主角,被后母及姊妹虐待,终年关在厨房里,别号叫作桑特里翁,就是睡在灰堆里的意思。

比猫儿有人给它搔头一样。

他说:"你太美了,太危险了,看不得的。"

"为什么?"

洛格龙望着壁炉里的木柴一声不出。那时来了阿倍小姐,后面跟着上校。赛莱斯德·阿倍如今成为大众的公敌,只能靠西尔维一个人偏护;但大家对她越是记恨,越是礼貌周到,又敬重又亲热。她一方面受到这些关切,一方面听着哥哥的警告暗中提防。副堂长虽不露面,对洛格龙家的情形是完全料到的。他一看出妹子的希望归于泡影,就成为两个洛格龙的死对头。阿倍小姐即使不是私塾里威风凛凛的女主人,至少脱不了小学教员的气味;读者不难从这一点上想象出她是怎么一个人物。单说戴帽子吧,小学教员就另有一种款式。英国老婆子裹头巾有独得之秘,小学教员戴帽子也有独得之秘:帽坯子特别大,插的花简直看不见;而那些假花也假得可怜;帽子在衣柜里放久了,老是像新的,也老是像旧的,便是第一天戴在头上也是如此。这些姑娘拼命模仿画家用的木头人[1],坐在凳上身子发僵。你跟她们说话,她们不是掉过头来,而是整个上半身一齐扭过来;她们的衣衫悉索一响,你会当作木头人的弹簧出了毛病。阿倍小姐便是这种类型的代表:她眼神很凶,嘴巴四边全是皱纹,打褶的下巴底下扣着软答答的磨烊了的帽带,随着她的动作滑来滑去。脸上两颗棕色的痣非常刺眼,长着两根毛,像乱七八糟的仙人草。她还吸鼻烟,可是毫无吸烟的功架。

大家玩起波斯顿来。西尔维对面是阿倍小姐;上校坐在侧

---

[1] 画家不用真人做模特儿时,也用木头人,穿上衣服,可任意摆出各种姿势来。

里，对着特·夏日伯甫太太。巴蒂尔特坐在母亲和洛格龙身旁。西尔维把比哀兰德安插在她和上校之间。洛格龙摆起另外一张牌桌，说不定奈罗和戈囊夫妇会来。维奈和巴蒂尔特像戈囊夫妇一样会打韦斯脱。从夏日伯甫娘儿俩——城里人都这样称呼她们——常到洛格龙家之后，壁炉架上座钟和烛台之间的两盏灯老是大放光明，牌桌上另外点着两法郎一斤的蜡烛，好在有抽头的钱，蜡烛和纸牌都有地方开销。

西尔维发觉表妹瞧着上校手上的牌，便装作和气的样子说："喂，比哀兰德，你做你的活儿吧。"

她在外人面前老是装作待比哀兰德很好。正直的布勒塔尼姑娘最讨厌这种卑鄙的假戏，因此瞧不起表姊。比哀兰德拿起绣作，一边做活一边仍旧瞧着古罗的牌。古罗好像不知道女孩子在他身边。西尔维暗中打量，觉得他这个态度十分可疑。到了一个时候，老姑娘手中的牌正好做一副清一色的红心；篮子里筹码已经积了不少，还有二十七个铜子赌注。戈囊夫妻和奈罗医生都来了。助理老推事台丰特里也到了。司法部任命台丰特里做预审推事，明明是承认他有法官的才干，但要升做正式推事的时候，好像他永远能力不够；两个月以来，他离开蒂番纳的帮口转到维奈圈子里来了。他背对着壁炉，撩起后面的衣摆烤火，眼睛望着华丽的客厅，觉得屋内全是夏日伯甫小姐一个人的光彩，客厅的大红装饰好像是特地为衬托这位美人儿设计的。屋内寂静无声。比哀兰德看着桌上那副满贯的牌，西尔维一心在牌上，也顾不到孩子了。

比哀兰德指着红心对上校说："打这个。"

上校打出一连串的红心。十三张红心都在西尔维和上校两人手里；西尔维的爱司虽有五张小牌保护，也被攻下来了。

她说："这个打法不公平，比哀兰德看了我的牌，上校听着她的话出牌的。"

赛莱斯德说："可是小姐，上校发觉你有红心[1]，自然要连着进攻了。"

台丰特里听着微微一笑；调皮的老人冷眼旁观，把普罗凡城中一切争权夺利的事都当作把戏看，他在当地所扮的角色赛过《房屋奖券》中的列谷登[2]。

戈囊根本不知道是怎么回事，也跟着说："上校的牌应当这样打。"

西尔维对阿倍小姐瞧了一眼，难看得要死，可是装得很甜，只有老姑娘望老姑娘才有这种眼风。

"比哀兰德，你看了我的牌。"西尔维瞪着表妹说。

"没有，表姊。"

研究考古学的法官说："你们每个人的动作我都看在眼里，我可以证明孩子只望着上校。"

古罗听着慌了，说道："啊！女孩子家偷看的本领真大。"

西尔维叫了声："噢！"

古罗又道："是啊，说不定她瞧了你的牌和你捣乱。是不是，漂亮的小姑娘？"

老实的比哀兰德说："不，我不是这种人；要是看了，我就关心表姊的牌了。"

---

1 西尔维与古罗正在为了婚姻而捉迷藏，赛莱斯德说的红心等于双关语。
2 比卡编的独幕喜剧《房屋奖券》，一八一七年在巴黎上演。剧中的列谷登是个驼子，专门冷嘲热讽。

西尔维道:"你明明是骗人精,又是个傻丫头。有了今天早上的事,人家还能相信你的话吗?你是一个……"

比哀兰德不让表姊当着她的面把那句话说完。她料到底下准是一顿臭骂,便站起身来走出客厅,摸黑上楼。西尔维气得脸孔发青,含含糊糊说了一句:"非跟她算账不可。"

特·夏日伯甫太太道:"你输了这副牌,算不算账呢?"

台丰特里没有关上过道的门,比哀兰德出去撞在门上。

西尔维道:"撞得好!"

台丰特里问道:"她怎么啦?"

西尔维道:"是她活该。"

阿倍小姐道:"可是撞得不轻呢。"

西尔维想趁此机会赖掉那一牌,站起身来预备去看比哀兰德;特·夏日伯甫太太拦着她,笑道:

"付了账再去吧,回头你什么都记不起了。"

针线商出身的老姑娘逢到算赌账或者跟人吵嘴,经常赖皮,所以特·夏日伯甫太太要说那样的话,众人听了也一致赞成。西尔维重新坐下,把比哀兰德完全忘了;她对孩子这样漠不关心,没有一个人觉得奇怪。西尔维整个黄昏心事重重。九点半左右,波斯顿打完了,她坐在壁炉旁的大靠椅上发呆,直到客人向她告辞方始站起身子。她受着上校的折磨,弄不清他究竟是怎样的人。

她阖上眼睛睡觉的时候心上想:"男人真会作假!"

08

比哀兰德和布里谷的爱情

比哀兰德的头撞在门框上受了重伤，地位的高低跟耳朵差不多，正是女孩子家开始用纸卷儿卷头发的部分。第二天肿起一大块。吃早饭的时候表姊和她说："这是上帝罚你的。你不服从，不愿意听我说话，我一句话没完，你站起身来就走，对我毫无规矩，应该吃这个苦。"

洛格龙道："可是还得用湿布敷着盐，包起来啊。"

比哀兰德道："噢！表兄，不要紧的。"

监护人的话，可怜的孩子已经觉得是关切了。

那个星期的结束同开始一样，只是连续不断的受罪。西尔维变得心思越来越巧，蛮横霸道的手段越来越细到，越来越凶狠。伊利那人，彻罗基人，马希康人[1]，大可向她请教。比哀兰德头里作痛，说不出的难过，只是不敢声张。表姊生气是因为她不肯招出布里谷来，比哀兰德偏偏拿出布勒塔尼人的固执脾气死不开口，这种沉默也很容易了解。孩子瞧着布里谷的时候是什么一种

---

[1] 三种都是北美的印第安族，白种人认为这些民族"最残忍"。

眼风，现在读者体会到了吧？她相信人家一发现布里谷，她和布里谷的关系就要断绝；但她的本能只希望朋友留在身边，知道他在普罗凡心里很高兴。真的，她看到布里谷不知有多么快活！见着童年伴侣的面，她当时的眼神好比放逐的人远远望着家乡，殉道的人望着天国，他们凭着热情熬受毒刑的时候往往有这种奇妙的幻象。比哀兰德最后一个眼风是什么意思，布里谷完全懂得；他刨板子，拉开两脚规，或者量尺寸，配木料的时候，老是搜索枯肠，要想个方法和比哀兰德通信。临了想出一个最简单不过的计策。更深夜静之后，只要比哀兰德从楼上放下一根绳子，他就好把信系在上面。比哀兰德头上的伤正在变成脓肿，身体的发育本来受着阻碍，双重的病使她痛苦不堪；幸亏她也转着和布里谷通信的念头，才能支持。两人心中抱着同样的愿望；虽则分离，彼此的心思完全一致。比哀兰德精神上每受一次打击，剧烈的头痛每发作一次，总是私下想："布里谷在这里！"这么一想，她就熬着痛苦，一声不出。

在教堂里遇到比哀兰德以后的第一次赶集，布里谷在菜市上偷偷的等他的小朋友。比哀兰德脸色苍白，身子摇摇晃晃，像十一月里快要脱离枝干的树叶；布里谷看了竭力定下心神，走过去和卖水果的女人还起价来，因为凶悍的西尔维也在和那个女的争多论少。他塞了一张字条给比哀兰德，传递的手法非常自然，一边照样和卖水果的说笑，像老奸巨猾一样镇静，若无其事的神气仿佛是一辈子干这个勾当的。其实他的血在心房里沸腾，静脉动脉几乎都要爆裂；耳中只听见嘶嘶的声音。表面上他的坚决果敢不亚于老资格的苦役犯，内心却天真老实，直打哆嗦，完全像做妈妈的夹在两种危险，两座悬崖之间进退不得。比哀兰德和布里谷同样头昏目眩，把字条塞入围裙口袋，腮帮上一块块的红晕变成火辣辣的樱桃红。两个孩子当时精神上的激动，普通人便是经历十次爱情也不过如此。他们以后单单想到这一段时间就觉得心惊肉跳。西尔维听不出布勒塔尼口音，料不到布里谷是比哀兰德的情人；比哀兰德便带着宝贝回家了。

两个可怜的孩子的信，后来在一场丑恶的官司中成为重要文件；要不闹出可怕的事，那些信永远不会有人知道。下面就是比哀兰德晚上躲在房里看的字条——

亲爱的比哀兰德，半夜里大家睡觉的时候，我要为你熬夜，每天晚上守在厨房窗下。你从楼上放一根绳子下来，让我的手能够抓到；你有什么话，写下来缚在绳上；那不会有一点儿声音。我用同样的方法给你回信。听说你经过他们教导，已经认得字，会得写了。你的可恶的亲戚应当待你极好，偏偏待你极坏！比哀兰德，你是为国牺牲的上校的女儿，两个混账东西胆敢逼你替他们做饭！……你的鲜艳的皮色，强壮的身体，原来是这样送掉的！我的比哀兰德，你现在怎么样？他们怎样摆布你呢？我看得出你不舒服。噢！比哀兰德，咱们回布勒塔尼去吧！我挣的钱尽够供给你：你可以有三法郎一天，我每日挣到四五法郎，只花掉一法郎半。我重新见到你之后，就向老天爷祈祷，求他把你所有的痛苦给我，所有的快乐给你。你替他们干了什么，他们会收留你啊？你奶奶比他们好多了。两个洛格龙竟是两条蛔虫，弄得你生气全无。你在普罗凡走路的样子，跟你在布勒塔尼的时候不同了。咱们回家乡去吧！不管怎样，反正我留在这儿帮助你，听你吩咐；你要什么，你说吧。你需要钱的话，我有六十银洋[1]；可是我没法吻着你的手交在你手中，只能扣在绳上递给你。唉！比哀兰德，在我眼中，久已没有晴朗的青天了。自从送你上了那辆该死的班车，我没有快活过两小时；等到我重新和你相会，你又不是原来的面目，只剩一个影子了；那老妖精的表姊扰乱了我们的幸福。现在我们的安慰只有每星期日一同向上帝祷告，这样也许上帝更容易接受我们的要求。我不同你说再会，亲爱的比哀兰德，今天夜里等你。

比哀兰德读着信感动得不得了，看了又看，念了又念，直消磨了一个多钟点；一想到手头没有纸笔，心里急起来。她马上在顶楼与客厅之间作了一次艰苦的旅行，拿了纸笔墨水，总算不会惊醒凶横的表姊。半夜前一会儿，她写成下面一封信，后来也在庭上宣读的：

  我的朋友，噢！是的，我的朋友，只有你雅各和我奶奶是爱我的。但求上帝不要见怪，的确只有你们两个人，我不多不少，一样的爱。我年纪太小，记不得好妈妈；可是我爱你雅各，还爱我奶奶，还爱我爷爷——求上帝允许他进天堂，他活着的时候为了破产痛苦极

---

[1] 合一百八十法郎。

了,而他的破产也就是我倒霉的根源——如今只剩你们两个,我爱你们的程度同我受罪的程度一样!所以要知道我多么爱你们,就得知道我多么痛苦;可是我不愿说出来,免得你们受不了。我们对狗说话也不像他们对我那么凶。他们简直不当我人看。我曾经像面对上帝一样盘问自己,也没找出对不起他们的地方。你不曾跑来唱那支新婚歌以前,我把所受的痛苦看做上帝的慈悲,因为我老是求告上帝让我离开世界,既然我病得厉害,准是上帝听见了我的祷告。可是布里谷,如今你来了,我就要同你回布勒塔尼去投奔我奶奶。她是爱我的,他们说她吞没我八千法郎,我也不在心上。我会有八千法郎么,布里谷?倘使有,你能不能打听出来?那一定是胡说:有了八千法郎,奶奶怎么会住在圣·雅各堂呢?奶奶是天底下最好的好人,我不愿她知道我的苦处,叫她活了这么大年纪还要牵肠挂肚:她晓得了会气死的。当初她倒霉之后我要帮她做活,她拦着我说:"不用,不用,小宝贝;好好一双手别弄坏了!"现在人家叫她孙女洗碗,给她知道了还了得!唉!你没看见我的手指甲才干净呢!我常常买了粮食提不起篮子,从菜市上回家胳膊酸疼得要死。可是我不相信表兄表姊天性恶毒,只是喜欢一天到晚嘀咕埋怨,还认为我不能离开他们。表兄是我的监护人。有一天,我忍耐不住,想逃走,对他们老实说了,表姊回答说警察会把我抓回的,监护人有法律撑腰。我完全明白,表兄表姊代替不了爸爸妈妈,正如圣者代替不了上帝。可怜的雅各!叫我拿了你的钱干什么呢？还是留着，将来咱们做旅费吧。噢！我多想念你，想念邦霍埃，想念大池塘！咱们的好日子在那边过完了，因为我身体一天不如一天。雅各，我病得厉害。头疼的时候真要叫起来，还有骨头疼，背脊疼，不知为什么腰酸得要命；只想吃古古怪怪的东西，像草根树叶之类；也喜欢闻印刷品上的油墨味儿。没有人的时候，我哭了；因为他们不让我有一点儿自由，连掉眼泪都不许。我们所谓伤心原是上帝赐给我们的恩典，但我对上帝淌眼泪也得躲在一边才行。你会有那个好主意，到我窗下来唱新婚歌，不是受了上帝的启示吗？啊！雅各，表姊听见你的歌，说我有一个情人。倘若你想做我的情人，就得好好的爱我。我永远像过去一样的爱你，做你忠实的仆人。

比哀兰德·洛兰

你永远爱我的，是不是？

比哀兰德在厨房里拿了一个面包头，挖了一个洞，把信嵌在里头，使绳子有个重心。半夜里她小心翼翼打开窗子，吊下面包和信，碰到墙或者百叶窗都没有声音。她感觉到绳子被布里谷抓住了。布里谷拉断了线，蹑手蹑脚的慢慢走开。他走到广场中间，比哀兰德才趁着星光模模糊糊的看见他。布里谷借着屋内的烛光打量比哀兰德。两个孩子呆望了一个钟点。比哀兰德挥手要布里谷回去，布里谷走了，比哀兰德仍旧站在窗口；布里谷回到老地方，比哀兰德又叫他回去。这样的戏做了好几次，直到比哀兰德关了窗，躺上床去吹熄了蜡烛才罢。她一上床，虽则浑身难过,也快快活活的睡着了,枕头底下放着布里谷的信。她那一觉睡得像受难者一样,天使们把她的梦装点得花团锦簇,金光闪闪,充满异国情调,还有拉斐尔所看到而表现出来的那些天国的景致。

精神作用对这个体质娇弱的孩子影响极大,比哀兰德第二天起来像云雀一般轻松愉快,容光焕发,说不出的高兴。这变化当然逃不过表姊的眼睛;她这一回不骂比哀兰德了,只像喜鹊那样把她细细打量。她哪儿来的这许多得意呢?西尔维这个想法不是由于霸道,而是由于嫉妒。要不是一心在上校身上,西尔维就会像从前一样对孩子说:"比哀兰德,你太吵闹了,人家和你说话,你只当耳边风!"现在她决意拿出老姑娘刺探秘密的手段来刺探比哀兰德。那天屋子里无声无息,沉闷得很,好比大雷雨以前的一刹那。

吃饭的时候,西尔维说道:"小姐,你可是不难过了?"她不等比哀兰德回答,大声对兄弟说:"我不是告诉你么,她闹来闹去无非要我们不得安宁!"

"表姊,我还是不舒服,好像在发烧……"

"发什么烧?你开心得像小雀子,大概又同什么人相会过了吧?"

比哀兰德浑身一震,低下眼睛望着菜盆。

西尔维嚷道:"太丢狮!十四岁已经这样了!哼!什么性格!这样下去,将来不变做一个下流东西才怪!"

"我不懂你的意思。"比哀兰德说着,抬起一双好看的眼睛亮晶晶的望着表姊。

表姊说:"今晚你替我点一支油蜡,坐在饭间里做活。客厅里没有你的位置，我不要你看了我的牌替你心爱的人出主意。"

比哀兰德听着眉头都不皱一皱。

"假惺惺！"西尔维说着走出去了。

洛格龙听着姊姊的话莫名其妙，只是对比哀兰德说：

"你们俩怎么啦？比哀兰德，你得想法讨表姊喜欢。她气量大，性子好，要是对你生气，准是你不对。你们干吗要吵架呢？我喜欢安静。你该看看巴蒂尔特，拿她做榜样。"

比哀兰德无论什么都能忍受；半夜里布里谷准会送回信来，这个希望使她能挨过白天，可是剩下的一些精力为此消耗完了。她熬着不睡，听外面的大钟一小时一小时的敲着，只怕闹出声响来。终于敲了十二点，比哀兰德轻轻的开了窗，这一回是用好几根线连起来做的绳子。她听见布里谷的脚声，便放下绳去，吊上信来，她念着信快乐极了：

> 亲爱的比哀兰德，既然你这样不舒服，就不应该再等我，把你累坏了。以后我学鸱枭叫，包你听得见。幸亏我跟爸爸学会那种鸟儿的声音。倘若连叫三声，就表示我来了，要你放下绳子。可是这几天我不会来。我希望能报告你一个好消息。噢！死吗？比哀兰德，你真的想死吗？我心都发抖了，想到这一点，好像我自己已经死了。不，比哀兰德，你不会死的，你会快快乐乐的活下去，不久就能从虐待你的人手里释放出来。为了救你，我现在用的办法要不成功，我就告到法院去，我要对着天，对着地，说出两个卑鄙的亲戚怎样待你！你只消再受几天的罪，这是我有把握的；耐着性子等吧，比

哀兰德！你该记得，当年咱们滑在池塘里，两人几乎一齐送命，我把你从大窟窿里拖出来；现在和那时一样，你仍旧有布里谷保护。再见了，亲爱的比哀兰德，只要上帝保佑，几天之内咱们就幸福了。只有一件事情使我们不能结合，我可不敢告诉你。不过上帝是喜欢我们的！要不了几天，我能自由自在，毫无顾虑地看到比哀兰德了，没有人出来阻拦了，因为我真想看见你啊，比哀兰德！比哀兰德竟然肯爱我，并且对我说了。是的，比哀兰德，我要做你的情人，但是要等我挣起一份家业来，不辱没你的时候；在此之前，我只想做你忠心的仆人，让你来支配我的生命。再会了。

雅各·布里谷

布里谷没有告诉比哀兰德他写了一封信到南德去给洛兰太太：

洛兰太太，你的孙女不堪虐待，你要不来领回去，她就要死了。我差点儿认不得她。附上比哀兰德给我的信，你看了可以估计她的处境。此地的人说你拿了孙女的财产，你应当把这个名声洗刷干净。总之，只要可能，你快快来吧，我们还能有快乐的日子；再拖下去，比哀兰德不会在世界上了。

你的恭敬的忠诚的仆人　雅各·布里谷
住普罗凡城内大街，木工弗拉比哀先生家

布里谷唯恐比哀兰德的祖母死了。

比哀兰德一片天真称为的情人,这一次的来信对比哀兰德简直是个猜不透的谜,但她信心很强,绝对相信布里谷的话。她仿佛沙漠中的旅客远远望见了水井四周的棕榈。她的苦难几天之内就可以完了,这是布里谷告诉她的;她把童年伴侣许的愿当作定心丸。可是她拿两封信叠在一起的时候有个可怕的念头,被她形容得好不凄惨。

"可怜的布里谷,"她心上想,"他哪知道我落在虎口里呢!"西尔维听见比哀兰德的响动,也听见窗下布里谷的响动,起来赶到窗口,从百叶窗里张望,看见月光之下有个男人走到上校住的屋子前面站住了。老姑娘轻轻开了房门上楼,发觉比哀兰德房内有灯光,十分诧异,从锁眼里望进去什么都看不出。

她叫道:"比哀兰德,你可是病了?"

比哀兰德吓了一跳,回答说:"没有,表姊。"

"那么干吗半夜三更点着火?开开门。我要瞧瞧你做什么来着。"

比哀兰德光着脚开了门。她没防到有人撞来,摆在旁边的绳子不曾收好,表姊看见了,抓着绳子问:

"你拿这个干什么?"

"不干什么,表姊。"

"不干什么?好!老是扯谎!这样你将来可进不了天堂。快睡吧,要着凉了。"

西尔维不再往下追问,走了。比哀兰德不懂表姊为什么这样客气,心中怕得要死。西尔维忽然打定主意不马上发作,而要把上校和比哀兰德一齐捉住,当场拿到他们的信,叫两个欺骗她的情人无地自容。比哀兰德感觉到危险,用布包着两封信缝在胸褡的夹层里。

比哀兰德和布里谷的爱情故事至此为止。

布里谷决定暂时不来，比哀兰德非常高兴：没有了材料，表姊尽管猜疑也是白搭。果然，西尔维一连三夜没睡觉，从黄昏起就暗暗注意那毫不相干的上校；可是不论室内室外或者比哀兰德房里，都看不出两人沟通的痕迹。她打发比哀兰德去忏悔，趁此把孩子的卧室全部搜了一遍，那种老练和细到不亚于间谍和巴黎税卡上的关员。结果一无所得。她气恼到极点，要是比哀兰德在场，准会被她痛打一顿。像西尔维这种性格的老姑娘，忌妒不像一种情欲，而是一种消遣，让她精神有所寄托：有了忌妒，她才觉得自己活着，心在跳动，感到从来未有的紧张兴奋：一有什么风吹草动，她就醒着不睡，哪怕是极细微的声响，都仔细听着；她憋着一肚子怒火，聚精会神的打量比哀兰德。

她对自己说："该死的丫头把我的命都要送掉了！"

西尔维对表妹的严厉变成细磨细琢的残忍，使比哀兰德严重的病势愈加恶化。可怜的孩子经常发烧，头越来越疼，简直无法忍受。八天以后，洛格龙家的常客都看得出她满面病容，只要大家不是利欲熏心，看了那样子也会表示同情。可是奈罗医生一个多星期没有出现，也许是受了维奈的嘱咐故意不上门。上校受着西尔维猜疑，生怕破坏自己的亲事，不敢对比哀兰德露出一点儿关心。巴蒂尔特认为孩子的变化是青春期应有的现象，没有什么危险。一个星期日晚上，比哀兰德终究受不住那么多痛苦，在客厅里当着许多客人晕过去了；上校第一个发觉，过去抱着她放倒在一张长沙发上。

"她是故意的。"西尔维望着阿倍小姐和牌桌上别的客人说。

上校道:"你表妹的确病得厉害。"

西尔维狞笑着回答上校:"她让你抱着不是很好吗?"

特·夏日伯甫太太道:"上校说得不错。你该请个医生来瞧瞧。今天早上从教堂里出来,个个人都在谈论洛兰小姐身体不好,那已经一望而知了。"

比哀兰德叫了声:"我要死了。"

台丰特里唤西尔维替表妹解开衣服。西尔维一路走过去一路说:

"装腔!"

她解开比哀兰德的袍子,正要摸到胸褡,比哀兰德忽然用足力气硬撑起来,叫道:

"不用!不用!让我去睡吧。"

西尔维已经摸过胸褡,觉得里头有纸张。她让比哀兰德溜走了,对大家说:

"哎!你们对她的病还有什么话说?完全是假戏!你们才想不到这孩子多么坏呢。"

客人散后,西尔维留着维奈。她气愤极了,非报复不可。上校向她告辞,她态度十分恶劣。上校恶狠狠的把维奈瞪了一眼,好像威吓他要取他性命,连子弹打在他肚子上什么地方都决定好了。

西尔维要维奈留下。只有他们两人的时候,老姑娘说道:

"我一辈子也不嫁给上校,死也不嫁给他!"

维奈道:"既然你对这件事打定了主意,我可以说话了。上校是我的朋友,但我同你们的交情比跟上校的深得多:洛格龙帮我的忙,我永远忘不了。我能做一个势不两立的冤家,也能做一个极好的朋友。不用说,一朝我进了议院,大家就看得出我能爬到什么地位，凭我的势力，洛格龙一定能当上税局局长……不过你先得发誓，咱们今天谈的话永远不说出去！"

西尔维点点头表示同意。

"第一，这位了不起的上校是个大赌棍！"

西尔维叫了声："啊！"

律师接着说："要不是吃这个嗜好的亏，说不定他已经做到法兰西元帅了。所以你的家私会给他败光的！不过他是个厉害家伙。你别以为结了婚要不要生孩子可以随你的便：那完全操在上帝手里；后果怎么样，你早已知道了。你要结婚，等我进了国会再说，那时台丰特里老头可以升到法院院长，你不妨嫁给他。你想报仇，眼前就让你兄弟和夏日伯甫小姐结婚，她那方面由我去说不会不同意。她有两千法郎进款，你们也能像我一样攀上夏日伯甫了。相信我的话，早晚有一天，夏日伯甫族里的人要来跟咱们认亲戚的。"

西尔维回答说："古罗爱比哀兰德呢。"

维奈道："很可能，也可能在你身后和比哀兰德结婚。"

"倒是如意算盘。"她说。

"我刚才不是告诉你吗，他那个人狡狯得像魔鬼！还是让你兄弟娶亲，只说你打算终身不嫁，把财产留给侄儿侄女，那就一举两得，把古罗和比哀兰德一齐打中了，他要不哭丧着脸才怪！"

"啊！不错，"老姑娘叫道，"他们逃不出我手掌。我送比哀兰德进铺子去当学徒，分文不给，让她赤手空拳，像我们从前一样自个儿挣饭吃！"

维奈把他的计划装进了西尔维的头脑，走了。西尔维脾气执拗，他素来知道。老姑娘慢慢儿会把这计划当作自己想出来的。

维奈走到广场上看见上校抽着雪茄等他。

古罗道:"慢点儿走!你拆我的台,可是倒下来的砖瓦石子尽可把你活埋。"

"上校!"

"别假惺惺!我要对你不客气了,第一,叫你永远当不成议员……"

"上校!"

"我手中有十票,选举的结果要靠……"

"上校,你听我说啊!单单是为了西尔维那老姑娘吗?我刚才还替你洗刷呢。她一口咬定你写信给比哀兰德,说看见你半夜里走出屋子到她窗下去。"

"故事编得不错!"

"她要让兄弟和巴蒂尔特结婚,把她的一份产业留给兄弟的孩子。"

"洛格龙会生孩子吗?"

维奈道:"事情是这样。可是我答应你替你找一个年轻漂亮的女人,给你十五万法郎陪嫁。你不是糊涂吗?咱们俩怎么能吵架?我尽了我的力量,事情还是变得对你不利。唉!你还没认识我是怎样一个人呢。"

上校道:"对,应当弄弄清楚。选举之前,你得介绍我一个女人,要有十五万陪嫁;要不然对你不起!我不喜欢睡样儿恶劣的人,被窝都被你一个人卷过去了。再见。"

"将来必有分晓,你瞧着就是了。"维奈说着,好不亲热地和上校握手。

09

家族会议

半夜过后一点光景,广场上响起三声清楚嘹亮的鸱枭叫,学得再像没有。比哀兰德发着高烧睡着,听见了,浑身汗湿的起床,打开窗子看见布里谷,立即丢下一个丝线团,让布里谷扣上字条。西尔维一则当晚出了事,二则打不定主意,心中烦躁,睡不着觉,以为真是鸱枭叫。

"讨厌!这种鸟最不吉利了。咦!比哀兰德起来了!什么事啊?"

西尔维听见顶楼上开窗,赶紧跑到窗口,只听得布里谷的纸条在百叶窗上擦过,便系上衬衫带子赶快上楼,走进比哀兰德卧房,发觉她在解着丝线拿信。

"啊!这一回可给我捉住了。"老姑娘嚷着扑向窗口,正好看到布里谷拔脚飞奔。她对比哀兰德说:"把信给我。"

"不,表姊。"比哀兰德回答。她受着少年人巨大的热情鼓舞,靠着精神的力量支持,英勇非凡的表示抵抗了。某些民族陷于绝境的时候,历史上就有这种令人钦佩的表现。

"嗯!你不肯?……"西尔维怒容满面,杀气腾腾的走近表妹。

比哀兰德退后几步,从线团上拿下字条,用足气力捏在手里。西尔维看她这样,伸出龙虾爪似的手掌抓住比哀兰德娇嫩洁白的手,想挖开她手指。当下展开了一场恶斗,残酷无比的恶斗,正如一切侵犯到思想的斗争一样。思想原是受到上帝保护,不让任何势力触犯的宝物,上帝特地留着这条路让世界上的可怜虫能和他暗中沟通。那两个女的,一个气息奄奄,一个精神抖擞,互相瞪着眼睛。比哀兰德望着她的刽子手,一副眼神好比寺院派的骑士在漂亮腓列普面前胸部挨着锤子时的眼神[1],当时腓列普也受不住那气势猛烈的目光,觉得浑身震动,走开了。西尔维既是女人,又是妒火中烧,自有一种凶光闪闪的眼风和比哀兰德动人心魄的眼风对抗。两人一声不出,屋子里静得可怕。比哀兰德握紧拳头,硬得像钢铁一般,对付表姊的攻击。西尔维扭着比哀兰德的胳膊,死命扳她的指头扳不开,无可奈何的把指甲掐到她肉里去。西尔维愤恨交加,拿比哀兰德的拳头拉到嘴边,想咬她手指,使她痛极了不能不松开。比哀兰德始终用清白无辜的威严的眼风抗拒。老姑娘火气愈来愈大,竟然失去了理性,抓着比哀兰德的胳膊,拿她的拳头往窗口的栏杆上,壁炉架的白石面子上乱碰乱砸,好像我们想砸破一个核桃似的。

比哀兰德嚷道:"救命啊!救命啊!"

"好!你嚷!半夜里跟情人相会,被我捉住了,你还嚷……"

---

[1] 十一至十二世纪有一个半宗教半军事性质的团体,称为寺院派,有财有势,终于被法王腓列普四世(俗称漂亮腓列普,一二八五至一三一四年间的法国国王)借端迫害,将成员判火刑烧死;团体亦于一三一二年被教皇勒令解散。

她说着把比哀兰德的手拼命乱砸。

"救命啊!"比哀兰德的拳头已经在流血了。

那时只听见楼下一阵猛烈的打门声。表姊妹俩都筋疲力尽,停了下来。

洛格龙从梦中惊醒,心慌意乱,不知道是怎么回事;起来跑到姊姊房里,一看没有人,吓了一跳,下楼打开大门,险些儿被布里谷撞翻,还有一个鬼影似的人跟着布里谷进来。正在那个时候,西尔维瞥见比哀兰德的胸褡,想起摸到过纸张,便像饿虎扑食似的冲上去,撕下胸褡卷在手里,对比哀兰德扬了扬,冷冷一笑,正如伊利那人把敌人抽筋剥皮以前的笑容。

比哀兰德跪在地下叫道:"啊!我要死了!谁来救救我啊?"

"我来救你!"一个满头白发的女人冲进来说。比哀兰德只看见一张老人的脸,皱得像羊皮纸,一双灰色眼睛闪闪发光。

"啊!奶奶,你来得太晚了。"可怜的孩子嚷着,眼泪簌落落的直掉下来。

比哀兰德过去倒在床上,气力全无;病人经过这样一场恶斗,完全瘫痪了。高大干瘪,赛过鬼出现似的老婆子,像保姆抱小娃娃一般把比哀兰德抱在怀里,由布里谷陪着走出房间,对西尔维一句话都不说,只用悲痛的眼神瞪了她一眼,表示庄严的控诉。威风凛凛的老人,一身布勒塔尼打扮,头上的披风像一件黑呢大氅;她的出现,再加狠巴巴的布里谷跟着,吓得西尔维魂不附体,当是催命鬼来了。老姑娘走下楼去,听见大门关上的声音,劈面撞见了兄弟。兄弟问她:

"他们没有伤你性命吗?"

西尔维道:"你去睡吧。该怎么办,明儿早上再谈。"

她上了床，拆开胸褡，一看布里谷的两封信，怔住了。她没睡着之前只觉得心乱如麻，可没想到她的行事会惹出一场大祸来。

布里谷给洛兰寡妇的信寄到的时候，洛兰寡妇正在高兴，说不出有多么快活，没想到布里谷的来信扰乱了她的快乐。可怜那七十多岁的老人身边没有了比哀兰德，伤心得要命；唯一的安慰是想到自己的牺牲是为着孙女的利益。她人老心不老，能够用牺牲精神来支持自己，鼓励自己。她的老男人只有见了孙女才快活，对比哀兰德想念不已，每天在身边找她。老年人往往在这种痛苦中讨生活，结果为之而死。所以我们不难想象，住在老人堂里的可怜的老婆子，一知道那种少有的，但在法国还会见到的行事，会快乐到什么程度。高里南商行的主人法郎梭阿-约瑟·高里南，遭了横祸，带着孩子们上美洲去了。他心高气傲，眼看自己在南德倾家荡产，信用扫地，害得许多人吃苦，不愿再住在本乡。一八一四至一八二四年中间，勇敢的商人靠着孩子们和出纳员帮助，重新挣起一份家业来。出纳员对他忠心耿耿，借钱给他做开业的资本。高里南千辛万苦的经营，终于事业成功了，到第十一年上把海外的铺子交给大儿子掌管，亲自回南德申请复权[1]。他在圣·雅各堂找到了邦霍埃的洛兰太太，亲眼看见被他拖累的人中最不幸的人，听天由命的在救济院里熬苦受难。

老婆子和他说："但愿上帝原谅你！我没进坟墓之前，你居然使我能够让孙女儿过到好日子。可是我永远没法替可怜的丈夫复权[2]的了。"

---

[1] 复权是法律名词，商人破产后丧失的许多权利（包括出入交易所的权利），必须将所欠债务全部偿清，经法院检定后方能恢复。
[2] 第二章内提到，洛兰的铺子当时也是破产的。

高里南按照生意上的利率，连本带利还她四万二千法郎。别的债主都是有钱的商人，聪明，活跃，吃了高里南破产的亏还能对付过去；唯有洛兰两夫妇的不幸，老高里南觉得无法挽回，便答应洛兰寡妇代她丈夫追补复权手续，好在只要多花四万法郎，就能偿清洛兰欠人的全部债款。南德交易所得悉高里南补偿债主如此慷慨，想在兰纳高等法院裁定以前提早接待他，他却谢绝了这个荣誉，不愿违反商法的规定。布里谷的信寄到的前一天，洛兰太太正好收进四万二千法郎。她在收据上签字的时候第一句话就是：

"我能够和比哀兰德住在一起了，将来让她嫁给布里谷；他拿我的钱去做资本，一定能挣一笔家私。"

她兴奋得坐立不安，只想动身往普罗凡去。念完了两封消息恶劣的信，她更像疯子一般冲进城内，打听有什么方法能风驰电掣的赶到普罗凡。听说邮车是政府办的，走的最快，她就搭上邮车。在巴黎换了脱洛阿的班车，夜里十一点半到了弗拉比哀家。布里谷看见布勒塔尼老太太愁眉不展，又气又急，便三言两语告诉她比哀兰德的情形，答应马上把她孙女儿带来。祖母听着吓坏了，迫不及待，跟着赶到广场。比哀兰德一叫救命，布勒塔尼老婆子和布里谷一样痛彻心肺。要不是洛格龙惊慌之下跑来开门，他们会把所有的居民都闹醒的。小姑娘绝望的叫喊使祖母恐怖得不得了，突然之间有了力气，把心爱的比哀兰德一径抱到弗拉比哀家。弗拉比哀的女人匆匆忙忙收拾起布里谷的卧室，预备安顿比哀兰德的祖母。病人就给放在那寒酸的房里，床还没完全铺好；她躺下去就昏迷了；受着伤，流着血，皮肉被指甲掐过的手还捏着拳头。布里谷，弗拉比哀，弗拉比哀的女人，老祖母，都一声不出的望着比哀兰德，说不出的诧异。

祖母的第一句话是："为什么手上全是血呢？"

比哀兰德消耗了那么多精力，只想睡觉，又知道不会再受攻击，便松开手指，掉下布里谷的信，好像是对祖母的回答。

布里谷跪下去捡起字条，说道："原来人家要抢她的信。"他在信里要他的小朋友悄悄的从洛格龙家出来。他心里又敬又爱，吻着受难者的手。那时洛兰老太太像庄严的鬼影一般站在孩子床头，叫两个木工看着惊心动魄。皮色赛过发黄的象牙，无数的皱裥中间闪出恐怖和报复的火焰。脑门上稀稀朗朗剩着一些花白的头发，有一股义愤填胸的表情。她来的时候一路想着比哀兰德，此刻凭着快死的老年人常有的直觉，体会到比哀兰德的全部生活。她猜到她的宝贝孩子害着少女们特有的病，生命遭到了威胁。她一生吃了许多苦，眉毛和眼睫毛都脱光了；灰白的眼睛里好容易冒出两大颗眼泪，结成两颗痛苦的珠子，使眼睛有一种怕人的光彩；泪珠愈来愈大，滚在干枯的腮帮上。

临了她合着手说："他们把她的小性命送掉了。"

她跪了下去，一双膝盖硬邦邦的碰在地砖上。她准是向布勒塔尼最有威力的保护神，奥莱的圣女阿纳祈祷。

她说："布里谷，到巴黎去请个医生来，赶快！"

她抓着小木匠的肩膀，用威严的手势推他走。

接着又叫他回来，说道："我本要到这儿来；我有钱了，你瞧！"

她解开胸前的带子，从上衣的双叠襟内掏出一个纸包，里头放着四十二张钞票。她说："要多少尽管拿！替我请巴黎最有本领的医生来。"

弗拉比哀道："你收起来吧。这个时候没有地方兑钱；我有零的，等会班车经过这里，准有位置。不过先向马德南先生请教一下，要他介绍一个巴黎的医生，不是更好吗？车子还得一个钟点才到，咱们还来得及。"

布里谷跑去叫醒马德南，把他请来了。医生听说洛兰小姐在弗拉比哀家，好生奇怪。布里谷告诉他刚才洛格龙家的事。医生听了心中忧急的情人一阵子唠叨，才弄清楚那幕家庭活剧，可是还想不到范围之大，情形之惨。马德南给了名医荷拉斯·皮安训的地址。布里谷听见班车声音，和师傅一同出门了。比哀兰德手伸在床外，马德南坐下来先察看手上的青肿和伤痕，说道：

"她这些伤不会自个儿弄出来的！"

祖母说："当然不是。我倒了霉，把孩子交托给那可恶的姑娘，被她这样糟蹋。可怜的比哀兰德喊救命的声音，叫刽子手听了也会心软的。"

"为了什么事呢？"医生说着替比哀兰德按脉，拿床边的蜡烛移近去瞧了瞧病人的脸，"她病得厉害。恐怕不容易救转来。她一定痛苦得很，不懂人家怎么不给她医治的。"

祖母说："我要告到法院去。他们写信来问我要孙女，自称有一万二千进款。他们可有权利叫孩子做烧饭丫头，干那些重活？她怎么吃得消？"

马德南先生说："在女孩子们常犯的一些病痛里头，这是最容易发觉的一种，需要小心调理才好。难道他们闭着眼只做不看见吗？"

弗拉比哀太太拿蜡烛照着病人的脸，让大家看得更清楚；比哀兰德受着亮光刺激，再加恶斗过后的反应，头痛欲裂，醒了。

"啊！马德南先生，我痛得好厉害啊。"她用她那好听的声音说。

医生问道："小朋友，哪儿不舒服啊？"

她指着头部说："这儿，在左眼睛上面。"

医生老半天摸着她的头，问了比哀兰德头痛的情形，说道："唔，有个脓肿！孩子，你得把经过情形一齐说出来，我们才好替你治病。你的手怎么会这样？这些伤你不会自己弄出来的。"

比哀兰德天真的说出她跟表姊的打架。

医生吩咐老祖母说："你想法逗她说话，把所有的事情盘问清楚。等巴黎的医生到了，再请医院的外科主任来会诊。我觉得病情严重。回头我叫人送一瓶安神的药水来，你给小姐喝了睡觉；她需要休息。"

只有祖母和孙女两人的时候，布勒塔尼老太太把什么都打听出来了；一则孩子信任她，二则她告诉孩子，现在家私足够养活她们三个人，以后布里谷可以和她们住在一起。可怜的孩子诉说受难的经过，想不到会引起一场什么性质的官司来。两个没有感情的人一点不懂家庭中的情义，行事的残酷给祖母看到许许多多意想不到的苦难，正如进入美洲大草原的第一批旅客想象不出野蛮人的生活习惯。比哀兰德服了药，肉体镇静下来；想到祖母来了，以后好和祖母同住，心也定了，睡着了。布勒塔尼老婆子守在孙女旁边，吻着她的额角，头发，手，好比虔诚的妇女在基督下葬的时候吻着基督。

早上九点马德南先生就赶往法院院长家，报告隔夜西尔维和比哀兰德的争吵，还有平时两个洛格龙对被监护人身心的磨折，种种的虐待，以及由虐待所致的两种致命的病。院长派人去请公证人奥弗莱，他是比哀兰德母系方面的亲戚。

那时，维奈派和蒂番纳派的斗争到了高潮。洛格龙和他们的党羽在普罗凡大宣传罗甘太太和银行家杜·蒂埃的私情，那原是大家知道的；还讲起蒂番纳太太的老子卷款潜逃的经过，说他是个骗子：诸如此类的话都是揭发阴私，不是凭空造谣，因此对蒂番纳派的打击特别有力。这些阴损直刺到人家心里，伤害对方的利益。当初把美丽的蒂番纳太太和她朋友们的刻薄话搬给洛格龙姊弟听的人，又把洛格龙圈子里的闲话说给蒂番纳一帮人听，培养双方的仇恨，而且从此以后，仇恨中间还夹着政治因素。特别激烈的党派成见，当时在法国弄得人心烦躁；到处都像普罗凡那样，党派的成见总跟受威胁的利益，受到伤害而好斗的人，牵连在一起。每个帮口遇到能破坏敌对帮口的机会，无不兴高采烈的利用。对于一些芝麻绿豆的琐碎事儿，党派之间的仇恨也会和面子问题发生同样作用，闹得不可收拾。某些纠纷，在全城激动的情形之下，往往扩大范围，成为政治上的轩然大波。蒂番纳院长认为普罗凡地方上反对君主政体的计划，反对政府的报纸，都是在洛格龙沙龙中策动的；如今出了比哀兰德和洛格龙姊弟的案子，正好借题发挥，叫那个沙龙的两个主人名誉扫地，出乖露丑，从此不得翻身。

检察官被请来了。勒苏先生，比哀兰德的副监护人奥弗莱先生，法院院长，加上马德南先生，开了个秘密会议，讨论进行的步骤。商量下来，决定由马德南去通知比哀兰德的祖母，要她向副监护人告发。副监护人随即召开家族会议，根据三个医生的诊断，提议撤销原监护人。这样一来，事情到了法院，勒苏先生就好想法交付侦查，把那桩纠纷变成刑事案子。

中午，洛格龙家隔夜出的事成为离奇的新闻，在普罗凡城里闹得沸沸扬扬。比哀兰德的叫喊曾经隐隐约约传到广场上，但时间很短，没有一个人起来；大家只在第二天互相探问：

"一点钟光景的响声和叫喊，你听见没有？什么事啊？"

七嘴八舌的议论把那幕丑恶的活剧越来越夸大，引得许多人挤在弗拉比哀铺子前面争着打听；忠厚的木匠形容小姑娘到他家里时的情形，说拳头上全是血，手指都断了。下午一点左右，皮安训医生的包车在弗拉比哀家门口停下，医生旁边坐着布里谷。弗拉比哀的老婆忙去医院通知马德南先生和外科主任。城里的闲话因之完全证实。大家说两个洛格龙存心欺侮表妹，她受尽虐待，性命难保了。消息传到法院，维奈立刻丢下一切，赶往洛格龙家。洛格龙刚好和姊姊吃完饭。西尔维三心二意，不敢对兄弟说出隔夜遇到的失意事儿，兄弟一再盘问，她只回答一句："跟你不相干。"她一会儿上厨房，一会儿上饭厅，免得和兄弟多口舌。维奈进来，西尔维正好一个人在场。

律师问道："难道你没听见风声吗？"

西尔维回答说："没有。"

"比哀兰德的事这样发展下去，你要吃刑事官司了。"

洛格龙撞进来说道："刑事官司！为什么？怎么回事啊？"

律师望着西尔维说："第一，你得把昨天夜里的事像对着上帝一样老老实实讲出来，人家说比哀兰德的手要锯掉的了。"

西尔维听着面无人色，浑身发抖。

维奈道："那么真的出了事了？"

洛格龙小姐说出吵架的经过，还想替自己撇清；可是被维奈紧紧追问之下，只得承认打架的确打得很凶。

"倘若只扭断她的手指头,你不过上轻罪庭;倘若要锯掉手,你就有资格上重罪庭;蒂番纳他们准会想尽办法,逼你到那个田地。"

吓得半死不活的西尔维这才说出她的嫉妒,而更难堪的是还得承认她的猜疑完全落空。

维奈道:"哎哟!这样的官司!你和你兄弟可能就此完事大吉;即使官司打赢,许多人也要和你们断绝来往。要是输了,非离开普罗凡不可。"

洛格龙大吃一惊,说道:"噢!亲爱的维奈先生,你是个了不起的大律师,替我们出出主意吧,救救我们吧!"

手段高明的维奈先叫两个脓包吓得魂不附体,一口咬定特·夏日伯甫太太和特·夏日伯甫小姐不便再上他们家。这两位女太太一朝不理他们,就等于最严厉的谴责。他的精彩把戏玩了个把钟点,然后得出一个结论:要维奈肯出头救两个洛格龙,必须让地方上看到他为了重大利益不能不替他们撑腰。因此,洛格龙和特·夏日伯甫小姐的亲事当晚就得宣布。教堂的公告下星期日就该贴出来。婚书马上要在戈囊事务所签订,洛格龙小姐必须亲自到场,表明为了兄弟的婚姻,愿意放弃自己一份产业的虚有权,作为给兄弟的生前赠予。维奈向洛格龙姊弟解释,婚书上的日期要填在出事之前两三天,使夏日伯甫母女在外人眼中没有退缩的余地,以后继续到洛格龙家来也不怕没有借口了。

律师说:"只要你签了这婚约,我担保你太平无事。当然那是一场剧烈的斗争,不过我会拿出全副精神来对付,你们过后还得重重的酬谢我呢。"

"啊,当然啰。"洛格龙回答。

十一点半，律师做了洛格龙的全权代表，订立婚书和进行诉讼都归他主持。中午，院长收到一张要求紧急审理的状子，维奈指控布里谷和洛兰寡妇，诱拐未成年女子洛兰脱离监护人的住处。无耻的维奈竟先下手为强，使洛格龙处于无懈可击的地位。法院里就有这种说法。院长决定下午四点开庭。

　　小小的普罗凡城为这些事骚动到什么程度可以不必多叙。院长知道几个医生的会诊大约三点钟完毕，希望代祖母说话的副监护人能够拿了医生的文件出庭。洛格龙娶美丽的巴蒂尔特·特·夏日伯甫，以及西尔维赠送他们产权的消息一传出去，洛格龙姊弟立刻得罪了两个朋友：阿倍小姐和上校的希望都完了。表面上两人照旧和洛格龙姊弟很好，为的是阴损起来更有效果。马德南先生才说出被两个针线商虐待的小可怜儿头上有个脓肿，赛莱斯德和上校立即提到有天晚上西尔维如何逼比哀兰德走出客厅，撞在门上，洛格龙小姐说了如何狠心和刻毒的话；也讲起一些事实，说明在两个洛格龙监护之下的孩子害了病，老姑娘漠不关心。因此，朋友们表面上代西尔维姊弟辩护，其实是承认他们的行为岂有此理。这些风波早在维奈意料之中；可是他眼看洛格龙的家私就要归夏日伯甫小姐掌握，不出几星期，夏日伯甫小姐就能住进广场上的漂亮屋子，维奈和她两人可以在普罗凡耀武扬威了；因为他为自己的野心着想，已经在考虑和勃莱奥代家打成一片。

　　从中午到下午四点，蒂番纳派所有的妇女，迦色朗，甘班，于里阿，迦拉同，葛南几家的太太，还有县长太太，都派人来探问洛兰小姐的病情。比哀兰德完全不知道她的事闹得满城风雨。她有了两个最心爱的人，祖母和布里谷陪着，便是在剧烈的痛楚中也感到说不出的快乐。布里谷老是眼泪汪汪；祖母对宝贝孙女百般疼爱。比哀兰德在洛格龙家的生活，祖母连细枝小节都向孩子问明了，一丝不漏的讲给三个医生听。

荷拉斯·皮安训大抱不平，说了许多愤慨的话。他觉得这样惨无人道的行为简直骇人听闻，要求把当地别的医生一齐请来。奈罗先生也在被请之列；因为是洛格龙家的朋友，人家要他对诊断书有什么异议尽管提出。诊断书把病情说得非常严重，而且经过全体医生一致同意，对两个洛格龙更不利。外边早已认为比哀兰德的外婆是被奈罗气死的，此刻奈罗处的地位也就十分尴尬，被调皮的马德南利用上了；马德南巴不得打击洛格龙姊弟，同时叫和他竞争的同行受累一下。诊断书后来也成为案子里的一宗文件，内容不必照抄了。莫里哀戏中用的医学名词固然鄙陋不堪，现代医学的长处却是说话清楚明白，因此比哀兰德害的虽是普通的，不幸也是普遍的病，经过医生的解释，听起来着实可怕。

会诊有荷拉斯·皮安训那样大名鼎鼎的医生作证，毫无批驳的余地。当天的案子审完了，院长看见比哀兰德的祖母已经到场，便不再退庭；陪祖母来的有奥弗莱先生，有布里谷，还有一大堆群众。维奈只是孤零零的一个人。这个对比使旁听的人看着很触目，而那天看热闹的人也特别多。维奈本来穿着公服，他把架在绿眼睛上的眼镜扶正了，抬起一张冰冷的脸朝着院长，用他刺耳的尖嗓子发言，说有两个陌生人半夜闯入洛格龙先生和洛格龙小姐家，拐走未成年的女孩子洛兰。监护人主权所在，不能不要求追回被监护人。奥弗莱先生以副监护人身份站起来要求发言。

他说："庭长只要看了这份诊断书，由巴黎最高明的一位医生，会同普罗凡全体内外科医生签发的诊断书，就知道洛格龙先生的要求多么无理,同时庭上也能明白女孩子的祖母在何等紧急的形势之下把孩子从刽子手家中抢救出来。事实是这样:从巴黎请来急诊的一位名医和本地全体医生会诊的结果,一致认为女孩子近乎致命的病状确是洛格龙先生和洛格龙小姐的虐待造成的。按照法律规定,我们要在最短期间召开家族会议,讨论是否应当撤销原监护人。我们主张比哀兰德·洛兰不能回到监护人家里,请庭长在洛兰的家族中另派一人照料。"

维奈还想答辩,说诊断书应当给他一份副本,好让他提出反驳。

"诊断书副本用不着给维奈的当事人,"院长很严厉的回答,"也许倒要送检察署。本案现在审理完毕。"

院长随即在申请状上批道:

> 鉴于本地诸位医生和巴黎医学院医学博士皮安训的诊断,一致认为监护人洛格龙要求追回的未成年女子洛兰身患重病,形势危险,且系在监护人家中待遇恶劣,备受洛格龙之姊虐待所致;本院特裁定在副监护人不久即将召开的家族会议未有决定以前,未成年女子洛兰不应回至监护人家中,应即迁入副监护人家中居住。
>
> 又鉴于未成年女子的目前状况,以及诸位医生在其身上检定的伤痕,本院指定普罗凡医院内科主任与外科主任负责诊视。倘或虐待罪证确凿,本院得将案件移送检察署处理,届时副监护人奥弗莱仍可进行民事诉讼,不受任何约束。

蒂番纳院长当场宣读这份措辞严厉的判决书,声音又响亮又清楚。

维奈道:"干吗不马上判徒刑呢?哼,为一个小姑娘同一个小木匠勾勾搭搭,大做文章!"他又态度蛮横的嚷道:"案子这样处理,我们要请求移转管辖,派别的法官审问了。"

维奈离开法院,跑到他党内一些重要机构去解释洛格龙的事,说洛格龙对表妹连一根汗毛都没动过。法院主要不是当他比哀兰德的监护人看待,而是当作普罗凡的国会选举人看待。

照他的说法,蒂番纳派完全是小题大做;尽管他们闹得天翻地覆,将来还不是一场空!西尔维明明是个又安分又虔诚的姑娘,她发觉受兄弟监护的女孩子勾搭一个布勒塔尼的小木匠,叫作布里谷。那坏蛋知道小姑娘快要得祖母的一份家私,想把她诱拐出去。(维奈竟有面孔提到诱拐两字!)洛格龙小姐并没像蒂番纳帮口说的犯什么大错;暴露小姑娘品性恶劣的信就捏在她手里。西尔维拦下信来的时候,被布勒塔尼人的倔强脾气惹恼了才动手的;并且即使西尔维动武,也扯不到洛格龙头上!

这么一来,案子在律师口中变为党派的倾轧,有了政治色彩。从那天夜晚起,地方上的舆论就有了分歧。

一般聪明人说道:"一面之词不可尽信。你听见维奈怎么说吗?他把事情解释得头头是道。"

弗拉比哀的屋子声音嘈杂,刺激比哀兰德的头痛,不宜再住;她在医疗上和在法律上同样需要搬往副监护人家。移动病人的措施郑重得了不得,目的是要激动人心。比哀兰德躺在担架上,下面垫着厚褥子,由两个男人抬着,仁爱会的一个女修士捧了一瓶以太在旁看护,后面跟着祖母,布里谷,奥弗莱太太和她的贴身女仆。一路都有人在窗口门口看队伍经过。当然，比哀兰德的病状，白得像快要死过去似的脸色，一切都使反对洛格龙的一派占很大便宜。奥弗莱夫妇要全体居民都看到院长的判决多么确当。比哀兰德和祖母给安顿在奥弗莱家的三楼上。公证人和他老婆照顾周到，有心做得很阔气。病人由老祖母服侍。马德南和外科医生当夜就来出诊。

可见从那天晚上起，两方面都开始夸大其词。洛格龙家宾客满堂。维奈为这件事在进步党内着实做了一番工夫。夏日伯甫母女在洛格龙家吃饭，当夜就要签订婚书，白天维奈已经要求市政府张贴宣布婚事的公告。他认为比哀兰德的案子根本无关重要。他说倘若普罗凡法院有偏心，高等法院一定会实事求是，奥弗莱他们绝不敢贸贸然打这样一场官司。

洛格龙和夏日伯甫的婚姻对某些人影响极大。在他们心目中，洛格龙姊弟俩白璧无瑕，比哀兰德却是阴险透顶，人家养了她被她反咬一口。在蒂番纳太太客厅里，大家被维奈党恶口毒舌，说了两年坏话，正好借此报仇，认为两个洛格龙是吃人的野兽，将来监护人非上重罪庭不可。据广场那边的人说起来，比哀兰德活泼鲜跳，康健得很；照上城方面的说法，比哀兰德必死无疑；洛格龙家的人说，比哀兰德不过手腕抓伤了一些；蒂番纳太太家的人说，她断了手指，不久就要锯掉一只。第二天，《普罗凡邮报》登出一篇措辞巧妙的文字，不但指桑骂槐，充满了暗示，还夹一些有关法律的议论，简直是篇杰作，替洛格龙开脱罪名。晚两天出版的《蜂房报》若要批驳，不免变成毁谤，只能回答说这样的事情最好让法院去决定。

家族会议的成员由法定主席普罗凡区的治安法官指派：先是

近亲洛格龙和两个奥弗莱；然后是比哀兰德外婆的侄子西泼雷。另外还请阿倍先生和古罗上校参加，一个是比哀兰德的忏悔师，一个素来自称为洛兰少校的老伙伴。大家称赞治安法官办事公正，因为普罗凡个个人认为阿倍和古罗是洛格龙家的好朋友，现在都参加了家族会议。

洛格龙鉴于形势严重，要求在家族会议中由维奈律师协助。这个计策明明是维奈教唆的，使洛格龙能够把家族会议拖到十二月底举行。那时国会开会，院长夫妇到巴黎去了，住在罗甘太太家。普罗凡的政府党变得群龙无首。院长本来有心把案子弄成刑事官司，维奈防到这一着，早已拉拢好预审推事台丰特里老头。维奈在家族会议中作了三小时的辩护，证明布里谷和比哀兰德有勾搭，不能怪洛格龙小姐严厉；他说监护人托姊姊管教一个未成年的女孩子完全合情合理；又强调他的当事人对于西尔维的一套教育并未参加。尽管维奈花尽气力，家族会议仍旧一致通过撤销洛格龙的监护权，指定奥弗莱先生为监护人，西泼雷先生为副监护人。出席家族会议作证的有老妈子阿妲尔，指责老东家行为不对；有阿倍小姐，讲到那天晚上大家听见比哀兰德猛撞之后，洛格龙小姐说的刻毒话，还有夏日伯甫太太指出比哀兰德病容满面，需要医治的话。布里谷交出比哀兰德写给他的信，证明他们俩完全清白。事实证明，未成年的女子落到这个悲惨的田地确是由于监护人不加照料所致，而监护人对被监护人的一切本来都有责任。所有的人，连不相干的外人在内，听了比哀兰德的病情都很震动。因此，洛格龙虐待的罪名无法推翻。案子要变为刑事官司了。

洛格龙听着维奈的主意，反对法院批准家族会议的决定。检察署看到比哀兰德的病日重一日，出来干涉。这桩古怪案子虽则在法院的受理册上很快的登记了，直到一八二八年三月才手续齐备。

那时洛格龙已经和特·夏日伯甫小姐结婚。西尔维搬上三楼；为了安顿她和特·夏日伯甫太太，三楼的房间重新改装；二楼全部归洛格龙太太使用。从此美丽的洛格龙太太接替了美丽的蒂番纳太太。他们的亲事在地方上影响极大。现在大家不是上西尔维小姐的沙龙，而是上美丽的洛格龙太太的沙龙了。

靠着丈母撑腰，再加保王党银行家杜·蒂埃和纽沁根帮忙，蒂番纳院长有机会替政府出了一番力，成为中间派最受重视的一个国会演说家，调到巴黎去当塞纳州初级法院推事。他想法让外甥女婿升为普罗凡法院院长。这个任命发表以后，台丰特里大不高兴，看来这位考古学家只能永远当一名助理推事的了。司法部长派了手下一个亲信来填补勒苏的位置。蒂番纳的高升因此并没在普罗凡提拔一个人。维奈抓住这一点，很巧妙的利用了一下。他早就对普罗凡人说过，他们只是给狡猾的蒂番纳太太做升官发财的垫脚石。院长完全是玩弄他的一般朋友。蒂番纳太太骨子里瞧不起普罗凡，她永远不会回来的了。果然，蒂番纳老先生死了，儿子承继了法伊那边的田产，把上城的漂亮住宅卖给于里阿先生。屋子的出让说明他没有意思再回普罗凡。维奈说得不错。维奈料事如神。这些变化对洛格龙关于监护权的诉讼大有影响。

两个专制的脓包用粗暴蛮横的手段给比哀兰德的迫害，使马德南取得了皮安训医生同意，采用危险的穿骨手术。可是丑恶的惨剧一朝缩小为司法事件以后，就陷入法院所谓规章制度那个垃圾堆里。每个手续都有期限，上一个手续的期限未满，不能进行下一步手续，程序的复杂赛过一堆头绪纷繁的乱麻，再加一个可恶的律师千方百计，纡回曲折地从中阻挠，那场官司愈加拖延时日。另一方面，比哀兰德受着污蔑，一天比一天憔悴，痛苦的残酷便是在医学史上也绝无仅有。所以我们在回到她苟延残喘，终于死在里头的卧室之前，不能不把舆论如何莫名其妙的转变，法院的行动如何颟顸等等，先解释清楚。

10

判 决

比哀兰德和祖母都品性极好，不多几天就赢得马德南先生和奥弗莱一家的好感。沼泽区的老太太活像普卢塔克传记中的人物：情感，思想，举动，都带着罗马人的古风。马德南决意要抢救小姑娘，不让死神带走，因为从第一天起，巴黎和内地的两个医生已经认为比哀兰德没有希望。马德南仗着比哀兰德年轻，竭力和病魔抵抗，那种斗争只有做医生的能领会；万一成功，报酬既不在于诊费，也不在于病人的感激，而是在于欣然自得，心中感到满足，获得一种精神上的无形的胜利，像真正的艺术家完成了一件杰作一样。艺术家追求的是美，医生追求的是健康，督促他的是一种高尚的心情，就是我们所谓道德。尽管维奈派和蒂番纳派勾心斗角，给人许多无聊的刺激，马德南却每天忙着与病魔战斗，不受影响，正如大难当前的人急于克服困难，没有心思顾到别的琐碎事儿。

马德南先生最初想在巴黎开业；但京城里生活过于紧张，病人既多，凶险的病症也多，弄得医生都变做麻木不仁；马德南天性柔和，生来只配过内地生活，见了巴黎害怕。何况他还迷着美丽的故乡，割舍不得。于是他回到普罗凡，结了婚，安顿下来，差不多怀着亲切的心意替本地的居民治病，把他们当作一个大家庭看待。在比哀兰德病中，他从头至尾避免提到这个病人。大家问他可怜的孩子情形怎样，看他极不愿意回答，甚至表示厌恶，慢慢的就不再打听。在他心目中，比哀兰德是一首奥妙深刻的诗，包含着无边的痛苦；做医生的经历多半很凄惨，往往会遇到类似的情形。他对那娇弱的姑娘暗中钦佩，可是绝对不愿意告诉一个人。

医生对病人的这份感情，和一切真实的感情一样，感染了奥弗莱夫妇。在比哀兰德借住的时期，他们的家始终温暖，安静。孩子们从前和比哀兰德玩得挺高兴，此刻拿出儿童的情意来自愿不吵闹，不淘气。他们因为比哀兰德有病，觉得一定要安分老实才对。奥弗莱的住宅坐落在上城，在古堡的废墟之下，地基是旧日的城墙拆毁以后的空地。屋子有个小小的果园，四周砌着厚实的围墙；在园中散步的时候，居高临下，可以望到普罗凡的盆地。伸在园子外面的墙基差不多接着前面屋子的屋顶。沿着平台有条小路，一径通到奥弗莱先生书房的玻璃门。另外一头有个葡萄架，有一株无花果树，葡萄架下放着一张绿漆圆桌，一条凳子，几把椅子，比哀兰德的卧室在新任监护人的书房楼上。洛兰太太搭一张帆布床睡在孙女旁边。比哀兰德从窗中可以远眺风景优美的普罗凡盆地，过去她不大看到，因为在倒霉的洛格龙家出门的机会太少了。天气晴好的日子，比哀兰德喜欢让祖母扶着，慢慢的走往葡萄架。布里谷不做工了，每天三次来看他的小朋友；他痛苦得昏昏沉沉，对生活方面的一切都失去了知觉，只是像猎狗一般机灵的盯着马德南先生，和他同来同去。每个人为疼爱的小病人做的一些疯疯癫癫的事，简直难以想象。

祖母伤心绝望达于极点，可是绝不流露，在孙女前面依旧装着她在邦霍埃时期的笑脸。为了满足自己的幻想，老人把比哀兰德戴着到普罗凡来的帽子收拾起来，替她戴上，觉得这样一打扮，小病人更像她本来的样子。比哀兰德脑后像光轮似的围着一圈细麻布，镶着浆过的镂空花边，叫人看了更觉可爱。面色白得像饼干，饱尝痛苦的结果，脑门上颇有近乎深思的表情，病中的清瘦使线条越发细腻，眼睛转动很慢，有时竟定着不动，总之比哀兰德的一切都是表现忧郁最精彩的画面。大家迷着这孩子，觉得她那么和顺，那么温柔，感情那么丰富！马德南太太把自己的钢琴搬往妹妹奥弗莱太太家，替比哀兰德解闷，比哀兰德也常常为着音乐出神。听着韦白，贝多芬或者埃洛的曲子，一声不出，朝上抬着眼睛，大概在惋惜她为日无多的生命；那神态的确充满诗意。两个安慰她的教士，本堂神甫班罗和阿倍先生，都佩服她听天由命，皈依上帝的精神。凡是被死神看中，烙着红印，像树林中做过记号的小树一般的青年男女，往往十全十美，近于天使：这个事实不是非常凸出，既值得思想家注意，也值得对精神生活漠不关心的人注意吗？无论是谁，对于死得如此庄严的例子只要见过一个，就不会再怀疑上帝的存在。那种人仿佛在呼吸中散出一股天国的香气，眼睛的表情等于和你提到上帝，便是说的无关紧要的话，声音也特别动听，往往像奏着天上的乐器，吐露未来的秘密。有时医生规定的治疗很麻烦，比哀兰德居然做到了，马德南赞她几句，她眼中带着意味深长的表情当着众人回答说：

"亲爱的马德南先生，我巴望活下去主要不是为我自己，而是为了祖母，为了布里谷，为了你们大家，免得我死了害你们难过。"

十一月圣·马丁节那天,阳光明媚,比哀兰德第一次出来散步,全家的人都陪着她,奥弗莱太太问她是否累了,她说:

"现在只有上帝赐给我的痛苦,那是我能够担当的。有人爱我,我就有力量受苦。"

在洛格龙家受的残酷的虐待,仅仅这样暗示过一次;平日她绝口不提,而且对她多么难堪的事也没有一个人提。

有一天中午,在平台上眺望阳光遍地的山谷,到处点缀着暗红的秋色,比哀兰德对奥弗莱太太说:"亲爱的太太,我在你们家熬受临终痛苦,比最近三年的日子幸福多了。"

奥弗莱太太瞧了瞧她的姊姊马德南太太,凑着她耳朵说:"你看她感情多重!"

的确,比哀兰德的口气,眼神,使她说的话格外动人。

马德南先生和皮安训医生经常通信,每一项重要的治疗都先征求他同意。马德南希望先恢复身体的正常发展,然后想法让头部的伤化了脓从耳中排泄。比哀兰德越痛得厉害,医生越存着希望。在第一点上他略微得到一些效果,那已经是大大的成功了。几天之内,比哀兰德胃口转好,滋补的菜,以前因身体反常而见了厌恶的,现在要吃了,脸上也有了血色;可是头部的病势非常恶劣。马德南要求他的顾问医生下乡。皮安训来了,在普罗凡耽了两天,决定动手术;可怜的马德南的热心感染了皮安训,亲自去邀请著名的台北兰。所以手术是由古往今来最了不起的外科医生做的;但这位可怕的预言家带着他心爱的学生皮安训动身的时候,对马德南说:

"你的病人只有奇迹才能挽救。皮安训早和你说过,骨头上已经开始生疽。在这个年龄上骨头嫩得很呢。"

一八二八年三月初动了手术；一个月之内，马德南看着比哀兰德剧烈的痛苦，急坏了，上巴黎去了好几次，同台北兰和皮安训商量，甚至提议做一种和切除膀胱结石相仿的手术，用一样凹陷的器械插入头部，引进猛烈的药物，不让骨疽发展。马德南无可奈何想出来的办法，便是大胆的台北兰也不敢冒险尝试。

医生最后一次从巴黎回来，朋友们看见他垂头丧气，郁闷不堪。到了一个完全绝望的晚上，当着奥弗莱夫妇，洛兰太太，忏悔师和布里谷的面，马德南宣布医学对比哀兰德已经无能为力，她能否得救完全操在上帝手里。大家听着心惊肉跳，呆住了。祖母发了一个愿，央求本堂神甫每天清早在比哀兰德起来之前做一台弥撒，由她和布里谷去祈祷。

官司仍在进行。两个洛格龙的牺牲品快死了，维奈还在庭上污蔑她。法院批准了家族会议的决定，律师立即声明上诉。新任的检察官提起公诉，把案子交付侦查。洛格龙姊弟俩免得扣押，交了现金保。侦查的程序必须讯问比哀兰德。台丰特里先生来到奥弗莱家，比哀兰德已经进入弥留阶段，床头站着忏悔师预备给她受临终圣体。家族都在场，比哀兰德正在要求他们和她一样原谅她的表兄表姊，她极明事理，说这一类的事只能由上帝裁判。

她说："奶奶，你把你的家私统统留给布里谷吧。"（布里谷听了哭做一团。）又道："你还得送一千法郎给阿但尔，她一片好心，偷偷的替我暖被窝。要是她留在表姊家，我就不至于送命……"

复活节前的星期二，一个天朗气清的日子，下午三点，那天使般的孩子受罪受完了。刚强勇敢的祖母一定要和教士们一同守夜，用她僵硬的手亲自把孙女缝入尸衣。傍晚，布里谷从奥弗莱家出来，到弗拉比哀家。

师傅道："可怜的孩子，我用不着开口问你，一看就知道了。"

"不错，老爹；她是完了，我的事可没有完。"

小木匠睁着又抑郁又尖利的眼睛瞅着铺子里的木料。

弗拉比哀老头说道："布里谷，我懂得你意思。"他指着一堆两寸厚的橡木板说："你要的材料在这里。"

"先生，你别帮忙，"布里谷说；"我要从头至尾一个人做。"

布里谷整夜的刨板，配料，做比哀兰德的棺材，好几次把洒满泪水的木花一刨子刨下来。弗拉比哀抽着烟看他工作，直到徒弟把四块板拼拢的当口才说了两句话：

"盖板还是做成活络的好：那些该死的亲戚不会让棺材马上钉起来的……"

天亮了，布里谷去买钉在棺材里的白铁皮。事情再巧没有，买白铁皮的钱不多不少，正好同他给比哀兰德从南德到普罗凡的旅费相等。布勒塔尼人尽管勇气十足，忍着剧烈的悲痛，一边温着过去的一切，一边替心爱的童年伴侣做棺木，对这一点巧合却是支持不住：他手瘫脚软，拿不动白铁皮了。铅皮匠陪他一同出门，答应等尸身下棺以后帮他把面上的白铁皮焊好。布勒塔尼人把刨子和工具一齐烧了，和弗拉比哀算清账目，道了再会。可怜的小伙子凭着壮烈的精神不但和祖母一样料理比哀兰德的后事，还在千钧一发之际出来干涉，不让两个洛格龙变本加厉，再下一次毒手。

布里谷和铅皮匠赶到奥弗莱家，不早不晚，正好用他们俩的武力解决了一个丑恶而残酷的法律问题。两个工人看见停尸的房里挤满了人，有个意想不到的场面。洛格龙姊弟狰狞的面目，又在他们的牺牲品的尸身旁边出现；比哀兰德死了，他们还要给她受一次毒刑。可怜的孩子陈放在祖母的帆布床上，美丽极了。她双目紧闭，头发往两边对分，身上裹着粗棉布的尸衣。

床前跪着洛兰老太太，披头散发，伸着手，满面通红的嚷着：

"不行，不行，我不答应！"

床前围着监护人奥弗莱先生，本堂神甫班罗和副堂长阿倍。蜡烛还没有熄。

站在老祖母前面的是医院的外科医生和奈罗先生，还有那笑面虎维奈在场替他们助威。另外有一个法院的执达吏。外科医生穿着手术服，一个助手打开器械包，正拿了一把解剖刀递给医生。

布里谷走在前面，和铅皮匠一同抬着棺材进来，发现洛兰老太太跪着哭喊，吃了一惊，不由得把棺材扑通一声撂在地下，惊动了屋内的人。

"什么事啊？"布里谷站到老祖母身边问，手里捏着带来的剪刀像抽筋一般的牵动。

"布里谷，"老太太说，"他们要破开孩子的身体，劈开她脑袋，活的时候戳碎了她的心，死了还要来剜她的心。"

"谁？"布里谷大吼一声，几个吃公事饭的差点儿给他震破耳膜。

"两个洛格龙。"

"该死的东西！……"

奥弗莱先生看见布勒塔尼人舞动剪刀，忙道："慢点儿，布里谷!……"

布里谷脸色和死了的姑娘一样白,说道:"奥弗莱先生,我还听着你,因为你是奥弗莱先生;可是现在我再也不听……"

奥弗莱道:"别忘了法律!"

"还有法律吗?"布勒塔尼人叫起来,"法律在这里!"他拿着在阳光中发亮的剪刀指着律师,医生和执达吏。

本堂神甫道:"朋友,洛格龙先生担的罪名很重,这是他的律师向法院要求的。被告要洗刷,你可不能拒绝。洛格龙先生的律师认为,只要孩子的死是由于头部的溃疡,她从前的监护人就不负责任;因为据说比哀兰德把头上撞的伤瞒了很久……"

布里谷道:"别多说了!"

维奈道:"我的当事人……"

布里谷嚷道:"你的当事人!他入地狱,我上断头台。你当事人害死了孩子,谁要再敢碰她一下,医生要不收起他的家伙来,我当场要他性命!"

维奈道:"这不是造反吗?咱们去报告法官。"

五个外人一齐退出去了。

老太太从地下爬起来,搂着布里谷的脖子说:"噢!我的孩子!赶快把她放进去,他们还会来呢!"

铅皮匠道:"棺材封了口,大概他们不敢再动手了。"

奥弗莱先生赶紧去见他的连襟勒苏先生,想法了结这件事。维奈正是求之不得。关于监护人的案子既不曾宣判,比哀兰德死了,可以不了了之,没有人能再出来指摘洛格龙姊弟的是非:事情就变成悬案,没有结论。要求解剖的后果,精明的维奈料得一点不错。

中午，台丰特里先生把侦查的经过报告上去，法院根据充分的理由，宣告不予起诉。

城里的人都来送比哀兰德下葬，洛格龙不敢露面。维奈劝他到场，可是退休的针线商怕引起公愤。

布里谷看着比哀兰德坟上盖好了土，便离开普罗凡，走往巴黎。他写了一份请愿书给太子的妃子，要求看在他父亲面上允许他进王家禁卫军。他的要求马上批准了。远征阿尔及利亚的时候，他又上书妃子请求参加。他本是军曹，菩蒙元帅发表他在作战部队中当副排长。他的行动好像有心要死在战场上；偏偏死神至今不来侵犯布里谷，最近几次的出征，他都立了功，却不曾受过一次伤。现在他是作战部队中的营长，没有一个军官比他更沉默，品行更好的了。下班以后，他差不多是哑巴，常常一个人散步，过着机械生活。每个人都猜到而且体恤他心里藏着隐痛。他有四万六千法郎财产，是一八二九年死在巴黎的洛兰太太留给他的。

维奈在一八三〇年的选举中当选为议员，替新政府出的力换来一个检察长的职位。如今他势力雄厚，议员尽可连任下去。洛格龙在维奈任职的城里做税局局长；而事有凑巧，当地的高等法院院长便是蒂番纳先生，因为那法官毫不踌躇，投靠了七月王朝[1]。以前的美丽的蒂番纳太太和美丽的洛格龙太太感情很融洽。维奈和蒂番纳院长也相处极好。

洛格龙那个脓包说过这样的话："路易-腓列普要能封一批新的贵族，才够得上称为真正的王上！"

这话明明不是他自己想出来的。他身体虚弱，洛格龙太太有

---

[1] 即一八三〇年七月革命后登台的奥莱昂家。

希望不久嫁给蒙德里伏将军,蒙德里伏又是侯爵,又是贵族院议员,带领本州的驻军,对洛格龙太太十分殷勤。维奈从来不信世界上有冤枉的被告,遇到案子总是振振有词的要求把被告判处死刑。在法院的管辖区内,那位标准检察长被认为最和气的一个人物;在巴黎的交际场中,在国会中,他同样风头十足;在宫廷里又是一个逢迎吹拍的能手。

按照维奈许的愿,男爵古罗将军,我们的光荣部队[1]留下来的老军人,娶了龙巴街上一个药材商的女儿玛蒂法小姐,二十五岁,带来十五万法郎陪嫁。维奈的预告果然不错,古罗在巴黎邻近的一个州内带领驻防军。他在卡西米·贝里埃内阁镇压群众运动中的表现,使他当到贵族院议员。攻占圣·美利教堂的几位将军中就有古罗男爵在内;那些军人受了十五年老百姓的气[2],有机会揍他们一顿真是太高兴了。政府拿荣誉团最高勋章酬劳了古罗的热情。

对比哀兰德的死多多少少担些干系的人没有一个感到良心不安。台丰特里先生还在考古;维奈检察长为了要自己连续当选,想法使他升了法院院长。西尔维在家自有一小帮人来奉承巴结;她替兄弟管理财产,一年的家用花不到一千二。

偶尔有个普罗凡出身的子弟离开巴黎住到本乡来,在洛格龙小姐家应酬完了走到小广场,听见一个以前的蒂番纳党羽说:

"当初洛格龙姊弟为了监护一个未成年的姑娘,有过一桩不光鲜的事儿……"

---

[1] 指拿破仑时代的军队。
[2] 一八一五年以前,法国的军人气焰高涨;拿破仑失败以后,民间对军人远不及以前敬畏,甚至怀有敌意。

台丰特里院长回答说:"那是党派的倾轧。有人硬是说得惨无人道。他们一片好心收留了一个小姑娘,叫作比哀兰德,长得还好看,没有一点儿财产。她在发育的年龄上和一个小木匠勾搭,光着脚跑到窗口和小木匠谈话,小木匠就站在那个地方,看见没有?两个情人用一根绳子传递情书。那姑娘本来没有血色,哪里经得起在十月十一月中光着脚跑来跑去,自然把身体弄坏了。洛格龙姊弟俩行事再好没有,不曾提出要求分小姑娘的遗产,统统让祖母拿了去。唉,朋友们,这件事的教训还不是做了好事,魔鬼就来跟你捣乱!"

　　"啊!事情不是这样的。弗拉比哀老头跟我讲的完全不同。"洛格龙小姐家另外一个常客说:"弗拉比哀老头喝得醉醺醺的,还记得什么!"

　　"可是阿倍老先生也……"

　　"噢!这个家伙!你知道他的底细没有?"

　　"没有。"

　　"他那时想把他妹子嫁给税局局长洛格龙先生。"

　　只有两个人,马德南医生和布里谷少校,天天想着比哀兰德,只有他们俩知道可怕的真相。

　　这种事情要是扩大范围,时代换了中世纪,舞台换了一个风云变幻的罗马,你就可想到俾阿特利斯·生契的悲剧。那个英勇卓绝的少女受尽毒刑,遭到惨死,背后的原因和黑幕同断送比哀兰德的差不多。替俾阿特利斯·生契辩护的只有一个画画的艺术家。到了今日,根据琪杜·雷尼画的肖像,历史和社会的舆论一致谴责教皇,认为俾阿特利斯是党争和卑鄙的情欲的最壮烈的牺牲者[1]。

　　总之，我们之间不妨这样说：要没有上帝的话，法律倒是为非作歹的人极好的保障。

一八三九年十一月　作
一九六一年二月　译

---

[1] 这是十六世纪末有名的惨案，情节复杂，至今未完全弄清。俾阿特利斯是一个罗马旧世家的女儿，被教皇下令处死时只有十六岁。琪杜·雷尼（1575—1642）是意大利画家。

欢迎你从《人间喜剧》进入

读客精神成长文库

不同的精神成长书单,为你提供更多选择

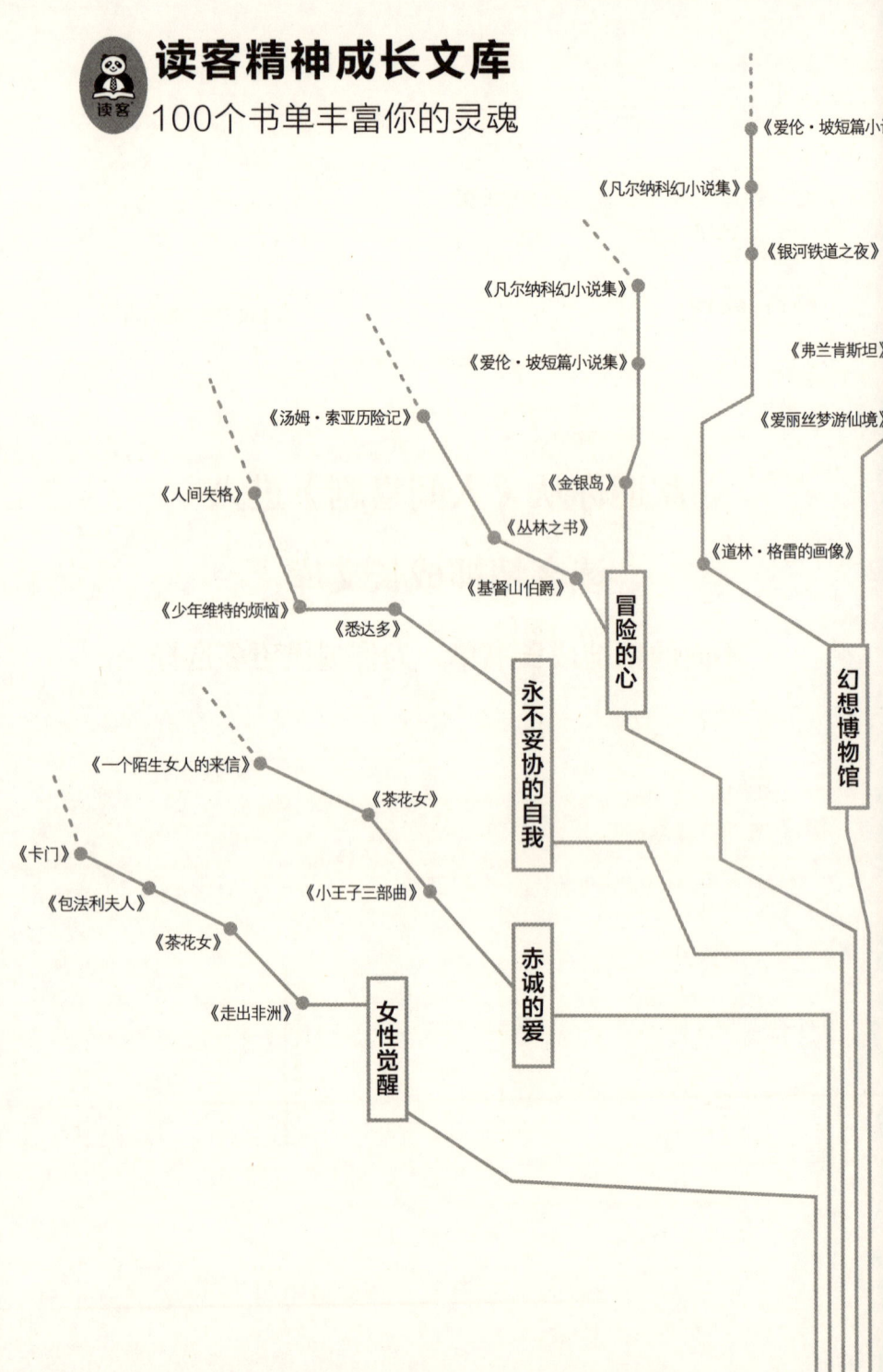

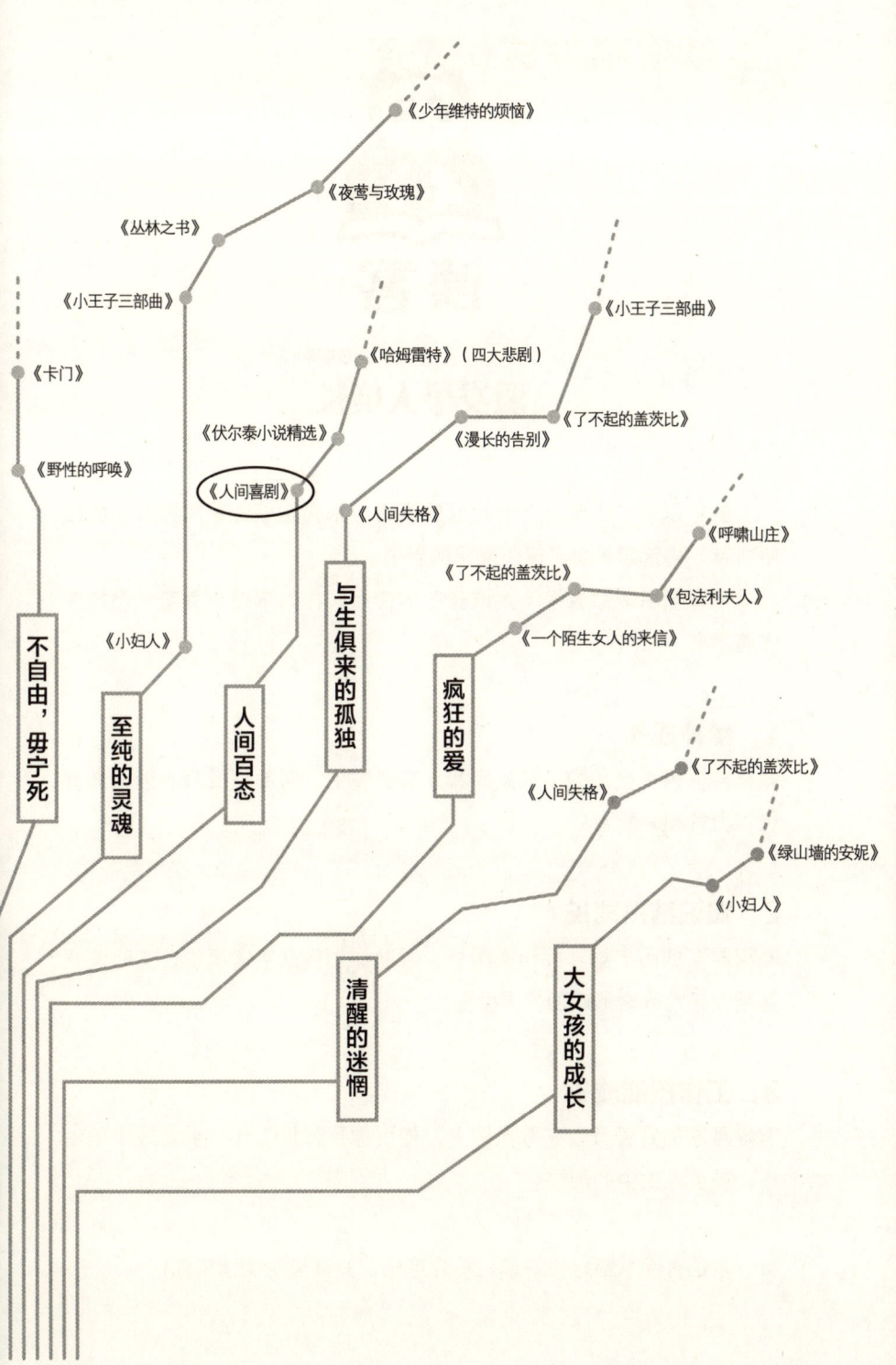

激发个人成长

多年以来,千千万万有经验的读者,都会定期查看熊猫君家的最新书目,挑选满足自己成长需求的新书。

读客图书以"激发个人成长"为使命,在以下三个方面为您精选优质图书:

1,精神成长

熊猫君家精彩绝伦的小说文库和人文类图书,帮助你成为永远充满梦想,勇气和爱的人!

2,知识结构成长

熊猫君家的历史类,社科类图书,帮助你了解从宇宙诞生,文明演变直至今日世界之形成的方方面面。

3,工作技能成长

熊猫君家的经管类,家教类图书,指引你更好地工作,更有效率地生活,减少人生中的烦恼。

每一本读客图书都轻松好读,精彩绝伦,充满无穷阅读乐趣!

认准读客熊猫

读客所有图书，在书脊，腰封，封底和前后勒口都有"**读客熊猫**"标志。

两步帮你快速找到读客图书

1，找读客熊猫　　　　　　2，找黑白格子

马上扫二维码，关注"**熊猫君**"

和千万读者一起成长吧！

图书在版编目（CIP）数据

人间喜剧：欧也妮·葛朗台 /（法）巴尔扎克著；
傅雷译. -- 上海：文汇出版社，2018.3
　ISBN 978-7-5496-2326-6

Ⅰ. ①人… Ⅱ. ①巴… ②傅… Ⅲ. ①长篇小说－法
国－近代 Ⅳ. ①I565.44

中国版本图书馆CIP数据核字（2018）第070686号

欧也妮·葛朗台

| 作　　者 / （法）巴尔扎克 |
| 译　　者 / 傅　雷 |

责任编辑 / 周小诠
特邀编辑 / 周　娇　闵　唯
封面装帧 / 李子琪　刘　倩

出版发行 / 文匯出版社
　　　　　　上海市威海路755号
　　　　　　（邮政编码200041）
经　　销 / 全国新华书店
印刷装订 / 北京盛通印刷股份有限公司
版　　次 / 2018年5月第1版
印　　次 / 2018年5月第1次印刷
开　　本 / 890mm×1270mm　1/32
字　　数 / 249千字
印　　张 / 12

ISBN 978-7-5496-2326-6
定　　价 / 489.90元（全十册）

侵权必究

装订质量问题，请致电010-87681002（免费更换，邮寄到付）